无 题

[清]曹雪芹

满纸荒唐言，
一把辛酸泪，
都云作者痴，
谁解其中味？

李国文 2016.4

万卷楼

李国文说

清

李国文 著

北方联合出版传媒（集团）股份有限公司

万卷出版公司

目录

清朝的太后下嫁

　　1934 年 6 月 26 日，胡适给孟森一信："《太后下嫁考实》大稿送还，承赐先读为快，感谢感谢。今早别后，车中读此文，至佩先生不轻置信之精神。惟读后终不免一个感想，即是终未能完全解释'皇父'之称之理由。"随后，孟森回胡适一信："惟因摄政王既未婚于太后，设有暧昧，必不称'皇父'以暴其恶。故知公然称'皇父'，既未下嫁，即亦并无暧昧也。复请再鉴，并示当否。"

　　以上是 20 世纪 30 年代北京城里两位学者的通信，现在读来，其彬彬有礼，其翩翩风度，让我们感受到上一代知识分子的"学"和"养"两方面的高度。不过，胡适之的质疑，孟心史的反诘，对于清初三大疑案之一，清世祖之太后孝庄下嫁摄政王的说法，究竟是有是无，还是未能解答。

　　其实，这件疑案，只能有两个答案，非此即彼，非彼即此。持正方观点者认为，多尔衮极其好色（非一般的好色），孝庄为巩固其子福临大位，而以孤孀身份下嫁这位强人，通过婚姻手段，实现政治结盟；持反方观点者认为，异族统治的高压政策，造成满汉民族之间的抗争，那些持不合作态度的文人，那些持抵触情绪的民众，便努力抹黑新兴政权。恶意丑化多尔衮与孝庄过从甚密的关系，无中生有，制造谣诼。

孟森是否定论者，否定的理由就是"求其明文则无有也"。学者重史料，轻传闻；重文字记载，轻口头文学，遂撰文析驳。对这种"不轻置信"的治学态度，胡适表示"至佩"。至佩是一回事，不因至佩而认可孟森的观点，这就是胡适的风格了。从顺治四年起，年刚十岁的幼帝福临，对多尔衮的称呼，忽然由"皇叔父摄政王"改为"皇父摄政王"，这是孟森最难自圆其说的。胡适并非肯定论者，但也不是否定论者，因为"终未能完全解释'皇父'之称之理由"。

一字之改，兹事体大。

第一，早不改，晚不改，半路上想起来改，莫名其妙。

第二，早不嫁，晚不嫁，几年过去了想起来嫁，悖于常理。

第三，汉民族，当然也包括满族，对于血缘、血亲、嫡系的父子关系，看得绝对的重，非常的重。

只有在下列三种情况下，才可以承认另外一个男性，为继父，为养父，或为干爹。

第一，父死母嫁。

第二，同宗继祧。

第三，结拜干亲。

对福临来讲：皇太极为努尔哈赤第八子，多尔衮为努尔哈赤第十四子，称为叔父摄政王，是顺理成章之事。孝庄嫁皇太极，孝庄之妹嫁多尔衮，即使改称姨父摄政王，也是说得过去的。突然间改称为皇父摄政王，明摆着授人以柄，抗清志士张煌言有诗："上寿称为合卺樽，慈宁宫里烂盈门，春官昨进新仪注，大礼恭逢太后婚。"与孟森文中所说"无南北，无老幼，无男妇，凡爱述老传说者，无不能言之"的太后下嫁，决非空穴来风，平地而起，而是见诸诏书，相当于那时政府的红头文件，这才沸沸扬扬，成为历史疑案。

这份公诸天下的《顺治五年冬至郊天恩诏》，让孟森颇费口舌。他的论点是，因为多尔衮"有大勋劳，宜增加殊礼，以崇功德""由报功而来，非由渎伦而来"。这个"父"，孟森认为"实符古人'尚父''仲父'之意"。这种牵强之至的解释，休想说服胡适，即使普通的老百姓也难认同。

倘因多尔衮"有大勋劳，宜增加殊礼"，对偌大王朝而言，诸如封侯拜爵，世袭罔替；诸如裂土分茅，莫与之京。只要想做，只要能做，无论精神上的最高褒奖，还是物质上的最重酬谢，无不说到做到，立刻兑现，足以报答摄政王的不世之功。只是尊之为"尚父"，恭之曰"仲父"，除非多尔衮一时性脑残，才不会接受这一份空头人情呢！只有一个可能，那就是顺治的母亲与多尔衮的"叔嫂"关系，改变为"夫妻"关系，由"叔"而成"继父"，"皇父摄政王"才站得住脚。

据章开沅氏《清通鉴》，顺治四年七月乙巳（初六日）："摄政王多尔衮谕示，前令辅政德豫亲王（其同母弟多铎）、和硕郑亲王（其堂兄济尔哈朗）共听政务，今和硕郑亲王已经停罢，止令辅政豫德亲王与闻。"顺治十二月丙申（三十日）："辅政德豫亲王多铎及和硕亲王济尔哈朗率大臣请摄政王多尔衮在皇帝（即时年十一岁的顺治）前率众臣行礼毕，不必跪拜。谕曰：'以后凡行礼处，跪拜永行停止。'"顺治五年二月戊辰（初三日）："定远大将军肃亲王豪格自四川班师回朝。三月初六日，诸王、贝勒、贝子、大臣会议，以其出征无功，且将希尔艮冒功事隐瞒，显系旧念未除；又将为其而死之罪人杨善之弟机赛升为护军统领，实乃乱念不忘。虽三次戒饬，犹不引咎，应拟死。得旨：'免肃亲王死，幽系之，夺其所属人员。'豪格后瘐死狱中。"

发生在这两年间的政治事件，其实是多尔衮全面"谋篡"的系统工程：第一，本是双摄政王之一的济尔哈朗被免；第二，其弟多铎登上权位高峰；第三，他不再行跪拜礼，凌驾于顺治之上；第四，处置肃亲王豪格，"幽系"，然后"瘐死狱中"。豪格为皇太极的长子，从理论上讲，为王位的第一继承人，也是他唯一的障碍。那么，顺治之母孝庄皇太后，还看不出来路人皆知的司马昭之心吗？很显然，下一步，明朝建文帝朱允炆被其叔父永乐帝朱棣夺位的结果，就可能落到福临头上。时年三十六岁的孝庄，下嫁时年三十七岁的多尔衮，以此化解她儿子可能面临的危机，也不是没有可能。

从《清史鉴》顺治七年正月己卯（二十五日）"摄政王纳已故肃亲王豪格妃福晋博尔济锦氏为妃"的记载看，好色而且毫不在乎的多尔衮，与孝庄这场政治婚姻，绝不能因为"求其明文则无有也"而断言其无。在中国广袤的土地上，文化落后地区，兄长死后，叔嫂通婚，并不被认为是伤风败俗之举，这不是可以用汉族的礼教伦理观来判断是非的。再而言之，清廷入关，经三百年的逐渐汉化，对其祖辈失德的记录，肯定删改得了无痕迹。

这种从帝王起居注起，到正式国史，动辄修正的恶习，也并不是清政权的首创，历朝历代，都这样干的。所以，我对于史，从司马迁的《史记》开始，无论过去的，还是后来的，当然更包括现在的，都持半信半疑态度。可以读，不可以信；可以引以思考，不可以据以当真。大概没有偏见，无以成文人；没有矫情，难以成历史。鲁迅先生曾经说过一句极其睿智的话："一部中国历史，概括起来，无非欺和瞒这两个字。"细细想去，真是很有道理的。

也许，这话说得有点绝对，但有助于我们自省，如何避免去做别人思想的奴隶。

清朝的皇帝嘴脸

一

康熙二十一年（1682）正月十九，玄烨谕令，将吴三桂骸骨分发各省。

这种发泄仇恨的奇特做法，堪称首创。如此高智商的皇帝，情急之下，做出这样的事情，只能证明他气极败坏到了无以复加的程度。说白了，即使将其骸骨磨成齑粉，对死了四年之久的吴三桂，除了落一个笑柄外，又有什么意义呢？再说，将其骸骨分发各省，予以展示，更是匪夷所思。如此野蛮的报复手段，不但起不到警诫作用，反而使人徒增反感。

他为什么非这样做不可，因为这位皇帝差一点栽在吴三桂手上。

吴三桂为中国历史上最大的汉奸之一，如果他真赢了的话，我相信也没有几个中国人会高兴的。但是，康熙有相当一段时期，被这个吴三桂逼到墙脚，老百姓还是觉得很开心，因为这个汉奸居然弄得他很丢脸。康熙当然知道汉人看他的笑话，你养了一条狗，你又惹了这条狗，这条狗转过屁股来咬你，活该！所以，他恨这个吴三桂，恨到极点。

他有"两个想不到"，一是想不到局促在云南一隅的他，挥师北上，来势凶猛。广西、四川、贵州、湖南、福建、广东诸省响应，江西、陕西、甘肃等省波及，让他不知如何是好。二是更想不到八旗子弟兵，尤其不成器。"观望逗留，不思振旅遄进，竟尔营私适己希图便安，或诿兵甲之不全，或托舟楫之未具，借端引日，坐失时机者。甚而干预公事，挟制有司，贪昌货贿，占据利薮。更有多方渔色，购女邻疆，顾恋私家，信使络绎。尤可异者，玩寇殃民，攘夺焚掠，稍不如意，即指为叛逆。不知怎样应对？"

《清通鉴》记他在永兴之战失利以后，"忧心忡忡，现于词色"，虽然，他最后险胜了，但是，这是一道最简单的算术题，谁都能算清这笔账。吴三桂死时已七十四岁，这年玄烨刚二十五岁，两人相差四十九，快五十岁，有足够的时间等到他自然死亡后，"三藩"肯定是树倒猢狲散的局面。何必打八年仗，生灵涂炭，满目疮痍？然而，年轻气盛的他等不及。自以为是天纵过人的他，不能等。康熙的道理非常简单，非常自信，朕八岁登基，十四岁亲政，十六岁就不动声色地拿下辅臣鳌拜，独掌朝政大权。那么，朕二十岁了，还不撤除三藩，以去心腹之患，更待何时？

于是，康熙信心满满，志在必得，因为先前有决策权的大臣，如鳌拜等，不是被杀头，就是被打倒，再也无人阻挡、谏劝此事之不可为。玄烨遂在处置吴三桂、耿精忠、尚可喜三位汉族藩王的策略上，改变多尔衮、顺治一直到鳌拜的利用之、收买之、尊崇之的同时，采用逐步削减之的手段。这班人未必喜欢这个为清廷王朝立下汗马功劳的平西王，但是相信年龄不饶人，是个绝对真理，相信时间最后可以摆平一切，也是客观规律。

然而，康熙高估了自己，他以为能把拥有至高权力者，如四辅臣，如鳌拜等统统拿下，吴三桂岂在话下？可他没有仔细思量，鳌拜之流固然在朝廷里有党羽，有耳目，可都在陛下的视线之内，掌控之中啊！而吴三桂却远在南疆，鞭长莫及，何况那是有地盘、有军队的实力派？现在，你一纸谕令，要他和他的部属，撤出经营了十年之久的云南、贵州，再去驻防山海关，再去拓荒垦边，分明是激其生变，促其反叛。

别看如今对康熙的吹捧，甚嚣尘上，对盛世的渲染，离奇过分。其实，他不高明，至少在"撤藩"上，走了一步臭棋。在中国历代王朝中，建国三十年后逼反功臣，引发内战，而且一打就是八年，是只有康熙这个太自信的笨蛋，才能干得出来的糗事。其狂妄，其愚蠢，其冒险，可想而知。

结果，这场仗，打了八年，吴三桂差不多打下了长江以南的半壁江山，其间，双方进行过六次殊死决战，吴军胜四，清军胜二，吴是占上风的。几年的仗打下来，吴的总兵力为清军的两倍，无论数量还是质量，玄烨都不是吴的对手。因此，如果不是吴三桂病死，战争未必很快结束。既然战争还要进行下去，那么，他被吴三桂打败的可能是存在着的。至少还要再打上若干年，才能定胜负，正因如此，玄烨的赢，赢得有些忐忑。

"幸荷上天眷佑，祖宗福庇，逆贼遂尔荡平。倘复再延数年，将若之何？"这是发自他内心的话，说明他怕得了神，而送不了神的尴尬，曾经也使他六神无主过。

在中国历史上，撤藩，是一种最高统治者不得不做，然而最好不做的危险游戏。因为涉及地方利益，所以被剥夺者通常要进行反抗，而剥夺者也就必然要进行"反"反抗。于是，剥夺者成功也罢，被剥夺者胜利也罢，双方都没有好果子吃，都得付出代价。公元前154年，汉景帝刘启用晁错计，削夺诸侯国部分土地，归中央直接管理，吴王刘濞、楚王刘戊与其他五位侯王，以"清君侧"的名义起兵反抗中央政府，史称"七国之乱"。刘启派太尉周亚夫、大将军窦婴率大军镇压，历时三月，叛乱平定。公元1399年，明惠帝朱允炆纳齐泰、黄子澄削藩之策，是年七月，驻北京的燕王朱棣，以诛齐、黄为名，举兵反。这一仗打了四年，朱棣攻入南京，惠帝下落不明，叔叔夺了侄儿的江山。唯有公元961年与969年的宋太祖赵匡胤的两次"杯酒释兵权"，算是一次成本极低的"削藩"行动。

看来，这位少年天子，并没有从中国历史上学到怎样使尾大不掉的各路诸侯，削权降格；使拥兵自重的地方军阀，解除武装；使功高震主的开国元勋，不再干政的事，而是一意孤行，非要逼吴三桂就范。结果，他自己也承认这场险胜，与失败无异。"伪檄一传，在在响应，八年之间，兵疲民困。"然而，掀起这场战乱的这个主谋，并不责备自己，却振振有词地反问大家：

忆尔时惟有莫洛、米思翰、明珠、苏拜、塞克特等言应迁移，其余并未明言迁移吴三桂必致反叛。议事之

人至今尚多，试问当日曾有言吴三桂必反者否？（《清通鉴》）

听听，这等错了不认账，把责任都推给别人的口吻，多么无赖，又多么可笑啊！

二

雍正三年（1725）十二月辛巳，一位名叫汪景祺的文人被"弃市"。

那时在北京，只要"弃市"，就是押往菜市口杀头。雍正嗜杀，当然，康熙和乾隆也并不少杀，不过，雍正更残忍更可怕些，手段和花样，也更促狭更阴损些。这次杀汪景祺，大家原以为看一场热闹，随后作鸟兽散，回家喝二两，庆幸自己脑袋还在脖子上，也就罢了。谁知这次菜市口秋决，出了点麻烦，监刑官、刽子手，对着这具身首分离的死尸，直吭牙花子，不知如何办才是？因为一位刑部衙门的文案，指着这份将汪景祺斩立决的谕旨上雍正爷的朱批，有"立斩枭示"四个字，"立斩枭"遵旨照办了，还有这个"示"字，什么意思呢？臣僚们琢磨了半天，才明白陛下的意思，不光要砍下脑袋，还要把这颗脑袋悬挂在菜市口示众。示者，公示也，也就是公开展览。让大家看看，跟皇帝老子作对，会有什么下场？

枭首砍头，戮尸燔骨，这是康雍乾三朝时不乏见的场面，然而像雍正如此恃刻酷暴，将汪的头颅一直挂到他驾崩，也没说一句免了、去掉、拿下的话，在中国文人受迫害的全部历史上，还真是少见的暴虐。对知识分子恨到如此咬牙切齿，除了变态心理，哪里还有一点点当下文人鼓吹的"盛世"帝王的胸怀？整体看来，康雍乾三帝，一个赛过一个不是东西。

汪景祺在年羹尧的西宁大营中，当过两年的幕僚，他的灾难，即由此而来。

一个文学家，最好不要跳上政治家的船，哪怕是最豪华的游艇，也要敬而远之才是。唐朝的李白，一开始是绝对明白这个道理的。杜甫《饮中八仙歌》就写过他"天子呼来不上船"。李白心想，我要登上皇帝的船，不被皇帝吃了，也会被皇帝身边的人吞了，岂是我能去的地方？可后来，估计酒喝高了，下了庐山，竟登上永王李璘的旗舰，检阅起水师，还大唱赞歌，"为君谈笑静胡沙"，结果好，永王失败以后，他也就充军流放到夜郎了。

这位汪景祺，号星堂，浙江钱塘人氏。康熙举人，小有文声，但仕途蹭蹬，一直不那么发达，萍踪浪迹，落魄秦晋，并无定处。清代的武官，粗鄙少文，地位较高的统帅，通常要礼聘一些文人为幕客。名气大的，为客为宾，起参谋僚属的作用；名气小的，为职为员，司管文书笔墨等事。年羹尧，康熙进士，内阁学士，一代鸿儒，也非等闲之辈。康熙年间，他西征噶尔丹、郭罗克、罗卜藏丹津诸役的赫赫战功，总不能自己动手撰文吹嘘。恰好，这位汪师爷，一心想上他这艘艨艟巨舰，于是，给年大将军写了一封信，极尽歌功颂德之能事。

盖自有天地以来，制敌之奇，奏功之速，宁有盛于今日之大将军者哉？仆向之所向慕，归往于阁下者，台阁之文章，斗山之品望而已。……朝廷深赖贤佐，天下共仰纯臣。朗若青天，皎如白日。夫是以宸翰宠贲，天子倚阁下等山岳之重也。今阁下英名如此其大，功业如此其隆，振旅将旋，凯歌竞奏。当吾世而不一瞻仰宇宙之第一伟人，此身诚虚生于人世间耳。（《西征随笔·上抚远大将军太保一等公川陕总督年公书》）

这样，雍正二年，此公被年羹尧延请入幕，聘为文胆。

期间所著《西征随笔》，在查抄年羹尧杭州邸宅时，被侍郎福敏发现，呈上。喜欢作批示的雍正在这方面有强烈的表现欲，在书上亲笔写上："悖谬狂乱，至于此极，惜见此之晚，留以待他日，弗使此种得漏网也。""此种"两字之间，也许雍正漏写了一个"杂"字，这个文人太招他的恨了。

我一直忖度，同案的钱名世，也是因年羹尧获罪的，同样，也是因写捧年大将军的马屁诗被参，但雍正并没有将他送往菜市口秋决，而是御书"名教罪人"匾额，要他挂在自家大门口，每日叩拜忏悔。虽然每天磕头，但保住了这颗脑袋。最滑稽的是，将钱遣返回乡时，雍正让朝廷所有官员，都写诗表态，认为钱罪该万死，幸皇上宽大为怀，令其居家思过。这部大批判集，故宫博物院作为文字狱一案，曾经印行过的。

雍正恨汪，胜于恨钱，道理很简单，汪和钱都拍年的马屁，但钱只止于写谀诗而已，而汪则参与机要，为虎作伥，出谋划策，助纣为虐，这是雍正早在储位的时候，就种下来的仇。

康熙晚年选嫡，举棋不定，年羹尧的一票，起到一言兴邦、一言丧邦的关键之时，雍正也对这位军门，殷勤致意，示好巴结，联络拉拢，不遗余力的。而汪景祺，对于这位功高震主的军事统帅，所能起到的左右作用，是非同小可的。这才使雍正始终戒之惧之，而留下刻骨铭心的影响，必狠狠报复而后快的。

这本《西征随笔》，让雍正逮了个正着。应该说，汪景祺不傻，他不是有小聪明而是有大聪明，不是有小野心而是有大野心，书中有《功臣不可为》一文，就是为年大总督写的，其意所指，年是会心的。不但会心，很可能首鼠两端过，雍正不会没有知觉。但文人从政，很难成气候，虽然他们喜欢染指权力，但十个文人至少有九个，在政治上属于无韬略无谋划的低能之辈。尤其稍稍得了点意的文人，无一不是狗肚子装不了几两香油，那张管不住的嘴巴，先就给自己挖好了墓穴。

雍正的情治系统，其效率之高，野史演义，多有记载，早把年大将军与另一可能接班对象允禵，在西宁的来往，密报上来。雍正三年四月，这位陛下最初发难，谕责年羹尧僭越之罪时，无心之言，泄露天机："朕曾将御前侍卫拣发年羹尧处，以备军前效力，并非供伊之随从也。然伊竟将侍卫不用于公务，俱留左右使令。"这些侍卫，其实就是雍正安排在年羹尧身边的"克格勃"，而汪师爷的一言一行，岂能逃脱这班皇家特工的眼睛。于是，这一年的十二月十一日，赐年羹尧自裁。一周后，雍正就将这位年府首席文人，枭首示众，那身躯和脑袋分别挂在菜市口的通衢大道上，任其鸦啄蝇聚，风吹雨淋。而且株连家小，"其妻发黑龙江给穷披甲人为奴，其期服之亲兄弟，亲侄俱革职，发宁古塔，其五服以内之族亲现任、候选及候补者俱革职，令其原籍地方官管束，不得出境。"

这个雍正，近年来被奉为盛世之主，小说写过，电视演过，但是，从他对汪景祺这样一个文人的刻薄歹毒，以致那尸骸骷髅，在菜市口一挂十年，这位陛下的小人嘴脸，还不昭然若揭了吗？

三

公元1735年八月二十三日，雍正去世，乾隆（1711—1799）继位，这年他二十五岁，正值年富力强之际。不过，他的老子临终嘱托里特别交代："大学士张廷玉器量纯全，抒诚供职……鄂尔泰志秉忠贞，才优经济……此二人者，朕可保其始终不渝，将来二臣著配享太庙，以昭恩礼。"这让刚坐上龙椅的弘历，心里很不是滋味。

一朝天子一朝臣，任何一位新皇帝，对前朝老臣都不会太欢迎的。

鄂尔泰（1677—1745），为满洲镶蓝旗人，任过广西巡抚，云贵总督，雍正朝授保和殿大学士。雍正十年，为首席军机大臣，备受器重。雍正还为皇子时，曾拉拢他作为私党，被断然拒绝，没料想雍正反而对他肃然起敬，为帝后立授重任。鄂尔泰力主西南诸省的少数民族地区，施行废土司、设府县、置流官、驻军队的"改土归流"政策，此举对于巩固边疆，起到很大作用。

张廷玉（1672—1755），汉人，因授课皇子，得雍正赏识，擢礼部尚书，后兼翰林院掌院学士并调户部任职。雍正对他十分信任，先后授文渊阁大学士、文华殿大学士、保和殿大学士，以表其辅佐之功。雍正八年，设立军机处，交张廷玉全权规划，厘定制度，订立章程。由于其擘画周详，设计完密，深得帝心，倚为股肱。据说，有一次张廷玉告病假，雍正坐卧不安。近侍趋问安详，他说："朕连日臂痛，汝等知之否？"众人惊讶不止，他说："大学士张廷玉患病，非朕臂痛而何？"

鄂尔泰比乾隆长 34 岁，张廷玉比乾隆长 38 岁，对这两位等于父辈的前朝老臣，第一，能不能驾驭得住？第二，他们会不会买自己的账？让年轻皇帝有点郁闷。乾隆是个强人，强人的特点是他替别人做主，而绝不接受别人替他做主。现在，父皇强加给他两位老臣，而且几乎找不出来什么破绽和瑕疵，可以退货。更何况，他的老子不但考虑到两位生前的安排，连死后哀荣也想周全了。遗嘱里说得清清楚楚，还要配享太庙，给予帝国的最高荣誉。弄得这位刚上台的皇帝，一是毫无作为；二是无法作为；三是不敢作为，只有接受既成事实，能不教他恼火窝心吗？

虽然，历史的经验告诉他，他的祖父康熙登上大位后，处心积虑，搞掉了碍手碍脚的前朝老臣鳌拜；他的父亲雍正登基以后，马上就出重拳，将前朝老臣年羹尧，打入十八层地狱。现在，轮到他主政，却拿这两位被强行安排的左膀右臂无可奈何。再说，皇帝要除掉大臣，并不需要理由，一般都是利用其出错，革职查办；或者，诬其叛逆造反，彻底铲除。但是，姜还是老的辣，雍正显然不愿意大清王朝的江山，一下子落在这个年轻人肩上时出现什么交接班的问题。其实，这还真是雍正为他儿子着想：首先，刚坐江山，定然执政经验不足；其次，千头万绪，难以把握轻重缓急；再其次，也许是知其子莫如其父，也许是为父的确切了解其子，乾隆有做大事之决心和野心，但并无做大事之本领和功夫（他的一生也证实了这一点）。所以，给他派定两个政治辅导员，扶上马，送一程。

当然，乾隆横下一条心，硬要干掉他俩，也许并非难事，"欲加之罪，何患无辞"，脸一抹，什么下作事做不出来？雍正似乎预知他的儿子会有这想法，提前给这两位老臣打了政治上的保票，"朕可保其始终不渝"，写在遗言中并公诸于世。这就是雍正的厉害了，如果小子你真要将鄂、张二人如同鳌拜、年羹尧那样除掉，也就等于向世人宣告，你老子说的话等于放屁。雍正想到这里，心里说：谅你这小子也没这份挑战的胆子。于是合上眼睛，撒手西去。这样，在太和殿的登基大典上，两位老臣，一左一右，跪在他面前，低头偷着乐，而乾隆，却好像心头堵着两块石头。

然而中国人窝里斗的劣根性，根深蒂固，积习难除，两位老臣在雍正朝就互不相能，到乾隆朝，更针锋相对。各自划分势力范围，大小官员逐一排队。鄂尔泰树大根深，其追随者为封疆大吏，为地方督抚，为带兵将帅，为满洲要员。因曾"节制滇南七载，一时智勇之士多出幕下"，所以，执掌内阁以后，更获雍正帝的眷注恩渥，授首席军机大臣一职，权倾天下。于是，在他周围，形成一个以满臣为中坚，包括一部分汉臣在内的政治集团，主要成员有庄亲王允禄、军机大臣海望、湖广总督迈柱、河道总督高斌、工部尚书史贻直、巡抚鄂昌、总督张广泗、学政胡中藻等，人称"鄂党"。

张廷玉长期经营，其拥护者为府院高层，为六部长官，为文化名流，为门生子弟。尤其张氏一门登仕者达十九人，其弟廷璐、廷璩，其子若霭、若澄、若淳均为朝中高官，可谓显赫世家，顶戴满门。张著文自诩"近日桐人之受国恩登仕籍者，甲于天下"，"自先父端而下，三世入翰林者凡九人，同祖者二人，是廷玉一门受圣朝恩至深至厚"。如此广通的关系网，如此深厚的软实力，自然是朝中举足轻重的政治组合，人称"张党"。

鄂尔泰具有居高临下的满洲背景，骄横跋扈；张廷玉具有精通汉文化的精神优势，名声遐迩。鄂尔泰背后是颐指气使的满族豪贵集团，气焰嚣张；张廷玉身边是炙手可热的汉人精英分子，极具人脉。于是壁垒分明，不相水火。由此也证明，中国人是不能太成功的，成功而不清醒，必得意，得意而不谦谨，必忘形。忘形之人，哪里还会有警惕之心，自省之意？这两位老臣最晕头之处，最混账之处，就是没有把这位有点轻浮，有点虚荣，有点小聪明，有点小才华的年轻皇帝，真正放在眼里。他们很自信，你老子我们都侍候过来，还摆不平你？

乾隆是什么人？自负、记仇、心狠，翻脸不认人。一直等着两位老先生，出格、犯规、惹事、闯祸，有个什么闪失，好来收拾他们。他通过一系列的案件：一、乾隆元年，鄂党张广泗、张党张照，先后出兵贵州的相互攻讦案；二、乾隆六年，鄂党仲永檀、张党张照，泄密受贿彼此揭老底案；三、乾隆十三年，处死鄂党张广泗兵败金川案；四、乾隆十五年，张廷玉姻亲涉及吕留良文字狱被罚巨款案，以及发动朝臣攻击张廷玉不当配享案；五、乾隆二十年，胡中藻的《坚摩生诗抄》文字狱案发，因系鄂尔泰门生，虽死也遭清算案。极尽打打拉拉，拉拉打打之能事，极尽翻手为云，覆手为雨之手段，终于将他俩修理得体无完肤而离开人世。

应该说，乾隆前期的治绩，很大程度上得益于两位辅导员，承续着雍正时期"澄清吏治，裁革陋规，整饬官方，惩治贪墨"（章学诚语）的大政方针，"励精图治"。我估计，"前朝是怎样办理的？""宪皇帝是怎样教导的？"肯定是这两位执政大臣，一天到晚挂在嘴边的辞令。而且，我还估计得到，其实挺小人、挺小气、挺记仇、报复心挺强的乾隆，一定会对这种使他耳朵生茧的训诲，打心眼里起腻。也许越是说这种类似"按既定方针办"的话，年轻的皇帝越是反感，也就越发加大收拾二位的力度。

显然，两位老人家没料到这位年轻对手，竟是"鹬蚌相争"的得利渔夫。多年以后，乾隆笑谈这两位老臣的不识时务，不知进退时，以调侃的口吻说："朕初年，鄂尔泰、张廷玉亦未免故智未忘耳！"这话说得有点阴，有点损，什么叫"故智"？即"玩不出新花样的老把戏"，即"起不了大作用的老手段"，这种如同耍猴戏似的，挥鞭驱使的主宰语气，这种完全在其掌控之中，跳不出掌心的从容口吻，也可窥见乾隆绝非善类的嘴脸一二。

清朝的文人克星
——写诗四万首的"盛世"乾隆

乾隆死后 41 年,鸦片战争就爆发了,这绝对是那些"盛世"论者最为忌讳的一个提示。

因为大家知道乾隆之死,也知道鸦片战争,但大家并不在意这两者之间,只相隔了仅仅 41 年。按"盛世"论者的误导,好像乾隆以后,又过了好久好久"盛世",大清王朝才衰败的。其实不然,半个世纪都不到,英国军舰就开到了大沽口。这就是说,乾隆朝既是浮夸起来的盛世结局,也是终于败落的衰世开端。

这正好说明乾隆,爱新觉罗·弘历,绝对是"盛世"论者,无限拔高的"英主"。

这个乾隆生于 1711 年,死于 1799 年,1735—1795 年在位,他登基的时候,刚刚二十六岁,还是有所作为的。执政前期,尚称谨慎,是一个"励精图治,开拓疆土"的皇帝。他的父亲雍正给他留下三百万两白银,经他多年积攒,国库存银一度达到七千万两,那时的他,很有一点英主的气象。执政后期,此人骄傲了,懈怠了,会大消费了,会大享受了,于是,成为一个"倦勤骄荒,蔽于权幸"的庸主。尤其晚年,

"柄用和珅，贪婪掊克"，大清王朝，步入中衰，这时的他，基本上就是一个昏君了。最可笑者，因为康熙在位六十年，乾隆说他执政年份，不能超过乃祖，可他又不肯彻底地退位，公元1796年内禅嘉庆，他又当了三年太上皇。一般当太上皇，都是甩手掌柜，他真抓实干，弄得嘉庆很尴尬，老爷子的话，不敢违拗，老爷子宠臣和珅的话，不能不听。

综观乾隆一生，在中国全部帝王中，他算得上是最为快活、最为轻松的皇帝之一，不过，他也是最为消耗、最为铺张的皇帝之一。因十全战功，因大兴土木，因六下江南，因赏赐豁免，就使得他从英主到庸主、到昏君的三个阶梯跌落下来，不但将那七千万两白银用光，连他老子攒下的老本三百万两白银，也挥霍一空。有人统计，乾隆统治六十三年，前后消耗掉了一亿五千万两白银，大清王朝的元气，就这样透支殆尽。

赵翼《檐曝杂记·军需各数》中载："上用兵凡四十五次，乾隆十二三年，用兵金川，至十四年三月止，共军需银七百七十五万。十九年用兵西陲，至二十五年止，共军需银二千三百十一万。三十一年，用兵缅甸，至三十四年，共军需银九百十一万。三十六年，用兵安南，至四十二年，共军需银六千三百七十万。以上乃章湖庄在户部时，所见军需局结算之数。五十二年，台湾用兵，本省先用九十三万，邻省增拨五百四十万，又续拨二百万。又拨各省米一百一十万石，本省米三十万石，加以运脚，共银米一千万。"战争，是一个国家永远止不住流血的创口，凡穷兵黩武者，如西方的古罗马帝国，如东方的秦帝国，乃至于当下大洋彼岸的那个超级大国，当国力耗竭的那一刻，必然也是丧钟敲响之时。孙子曰：

"兵者，国之大事，死生之地，存亡之道，不可不察也。"而虚荣矜夸，欲立万世之名的乾隆，希借康、雍之根基，图建汉、唐之国威，动辄用兵，消竭国帑，十全武功以后，大清王朝基本成了油将耗尽的灯，他还没有死，这盏灯已经奄奄一息了。

乾隆的继任者为嘉庆，智商不高，能力有限；但不聋不瞎，国库空空如也，他心里是有数的。所以乾隆死的当天，下令和珅守灵，将其内外隔绝。然后，不出半个月，勒令其自尽，全部财产没收。说实在的，这个嘉庆，一辈子就做了这一件漂亮事。可有什么办法呢？民间有一说："和珅跌倒，嘉庆吃饱。"其实，正确的说法，应该是嘉庆为了吃饱，才非让这位宠臣跌倒的。因为他知道，这个中国有史以来的最大贪污犯，被他爹养得太肥了。据《梼杌近志·和珅之家财》一文，"其家财先后抄出凡百有九号，就中估价者二十六号，已值二百二十三兆两有奇。未估者尚八十三号，论者谓以比例算之，又当八百兆两有奇。甲午、庚子两次偿金总额，仅和珅一人之家产，足以当之。政府岁入七千万，而和珅以二十年之宰相，其所蓄当一国二十年岁入之半额而强。虽以法国路易第十四，其私产亦不过二千余万，四十倍之，犹不足当一大清国之宰相云。"

《曾国藩奏稿·议汰兵疏》："高宗不惜散财，以增兵力，阿桂即上疏陈言，以为国家经费，骤加不觉其多，岁支殊难为继，至嘉庆十九年，仁宗睹帑藏之日拙，遂思阿桂之远见。"老子败了家，儿子又能奈何？何况一个不争气的儿子？

衡量一个统治者的政绩，最简单的指标，就是看他交出政权时，这个国家，是强了，还是弱了，是富了，还是穷了。

现在看来，除了乾隆的宠臣和珅的金山银山外，大清王朝已经一弱二穷，内忧外患。所以，41年后，发生了第一次鸦片战争。

在中国人的心目中，对这位皇帝的第一印象，就是他不断地下江南。康熙六次，乾隆也六次，一切步其祖父后尘。而更多中国人不知道的一点，他还是中国的诗歌高产冠军，一说41800首，一说43000首。写了这么多首诗，却没有一首被中国人记住，也算是一个奇迹，更是一个笑话。诗写得不怎么样，偏要写，还写了许多，说明这个人在精神上是有毛病的。《东华录》乾隆二十年五月上谕："近日满洲薰染汉习，每思以文墨见长，并有与汉人较论同年行辈往来者，殊属恶习。此等习气不可不深加惩改，嗣后八旗满洲，须以清语骑射为重。着通行晓谕八旗部院知之。"但这位口含天宪的皇帝，却是一个不仅"薰染汉习"，而且极端汉化，极喜舞文弄墨之满人。清·昭梿《啸亭杂录》称他诗写得极多。"高宗万几之暇，惟事丹铅，御制诗文至于十万余首。自古骚人词客，未有如此之多者。每一诗出，尝令儒臣注解，不得原委，许其归家涉猎，然多有撷破万卷而不能得其解者。"御用文人纪昀，在《四库总目提要》里吹捧他诗写得不光多，还快。"勤政莅民之余，紫殿凝神，别无嗜好，惟以观书乙夜，悦性恬情。是以圣学通微，睿思契妙，天机所到，造化生心……顷刻间便数十首，侍臣受简，吮墨沉思，前韵未赓，新题又作，丹毫宣示，日以为常。"看来，这台"乾隆牌"造诗机器，是一个创作组合体，有若干文臣润饰，有若干枪手执笔，有若干马屁精献句，有若干跟屁虫缮改，更有若干恬不知耻的文人越俎代庖。于是，这位皇帝成为中国诗歌的高产冠军。

国学大师钱穆在其《国史大纲》一书中，对"盛世"的三位主角，最不看好的正是这位乾隆。他没有说他诗作之烂，也没有说他好下江南，而是将他与其父，与其祖比较，认为："乾隆好大喜功，不如雍正之励精图治。雍正刻薄，不如康熙宽仁。"这三代"帝王精神，一代不如一代"，所以，"到乾隆中叶以后，清室即入衰运"。

钱穆对"盛世"一说，不以为然。在他看来，所谓"盛世"，其实不盛。"然言世运物力，则实在清不如明，康熙五十年所谓盛世人丁者，尚不及明万历时之半数。"到了乾隆手里，斯时，江山牢固，国泰民安，因此，这个幸运儿无须像他祖父康熙那般好学敏求，也无须像他父亲雍正那样事必躬亲。俗话说，"前人栽树，后人乘凉"，是好事，也是坏事，父祖差不多用了一个世纪，打造出来的江山基业，如同一棵枝繁叶茂的大树，足够他树下纳凉。这种用不着辛苦，坐享其成的局面，让这位皇帝得以从心所欲，想干什么，就干什么。前期的乾隆，尚有一些谨慎；中期的乾隆，便多了一些放肆；晚期的乾隆，就不可避免地昏庸起来；最后，就是老糊涂。很简单，他觉得自己有资本，敢于放手花钱，遂有六下江南，庆寿盛典的巨大靡费；觉得自己很神武，敢于大胆用兵，遂有频繁开战，东征西讨的消耗国力；觉得自己天纵奇才，无所不能，不但为所欲为，而且刚愎自用，遂有宠信近臣，任用非人的政治腐败。

"好大喜功"，是乾隆一生全部弊端的根本。《清史稿》在《高宗本纪》末，论曰："运际郅隆，励精图治，开疆拓宇，四征不庭，揆文奋武，于斯为盛……惟耄期倦勤，蔽于权倖，上累日月之明，为之叹息焉。"清朝之败，始于乾隆，其实，中国之沦为殖民地与半殖民地，又何尝不是这位写了四万首诗的皇帝，所作的孽呢？

他为什么要写这么多的诗，难道因为有那么多马屁精捧场，他就会相信自己写出来的东西，果真就是绝妙好诗吗？难道他不知道不会有人敢当面对他说，陛下，您的诗写得不怎么样。但他还是笔耕不辍，我想，固然有其好大喜功的一面，其实，还在于他根深蒂固的民族自卑感。

乾隆精通汉文化，不亚其父，稍逊其祖，但他始终觉得是一个来自关外的异族主子，始终觉得是一个少数人统治着大多数人的外来政权，而且，始终觉得汉人知识分子看不起他们的来历，看不起他们的发源地，看不起他们落后的文化，野蛮的风俗，粗鄙的生活方式和低下的文明程度。所以他的屡兴大狱，进行镇压，钳制思想，屠杀文人，是出自于他灵魂中的一种自卑的心病，或者，一种屈辱的情结。他上台后，整起知识分子，比其父、比其祖，更为残酷。其实，从顺治（在位 18 年）起，到康熙（在位 61 年），到雍正（在位 13 年），已经对汉民族士人修理、整肃、洗脑、奴化了快一个世纪，即使明朝灭亡那年诞生的汉人，至此也已经是近百岁之人，还会有一丝反清复明的力气吗？乾隆仍旧觉得自己是一个孤家寡人，尤其看到八旗子弟，一天天地汉化，不识满文，不习满语，连他们进关打天下、坐江山的骑射本领，也日益生疏。因此，他深为这大势所趋，感到紧张。使得他对其实已是他忠实臣民的汉人知识分子，时刻保持着戒惧、警惕、敌视的情绪。

满人见主子，自称奴才。皇帝为最大的主子，满人无论地位多么高贵，官职多么显要，叩见陛下，也是一口一声"奴才"，佐之以"喳"的应答，表示奴性的俯首帖耳，这种自甘下贱的称谓，竟成了满洲官吏引以为荣的标志。因为，汉人想得还得不到这种自称"奴才"的待遇呢！乾隆三十八年（1773），满臣天保和汉臣马人龙，联名上奏关于科场舞弊案的折子。由于天保的名字在前，便一起称为"奴才天保、马人龙"。乾隆一看，大为光火，你马人龙算什么东西，竟敢冒称奴才，这两个字是尔等汉人能用的吗？遂规定："凡内外满汉诸臣会奏公事，均一体称'臣'。"宁可让满人委屈一时，权且陪着称"臣"，也永远不让汉人沾光而"奴才"起来。

其实，怪不得马人龙攀附，而是有前车之鉴的。乾隆三十五年（1770），满臣西宁、达翎阿与汉臣周元理，联名上奏"搜捕蝗孽"一折。前二人自称奴才，周元理自称臣，这应该符合乾隆的意思，不该受到责备，而应嘉奖才是。但乾隆他不愿别人抢尖卖快，他还没有发话，此人就率尔行事，那还了得？遂找碴儿寻衅。周元理因"不屑随西宁同称，有意立异"，而落了很大不是。反正皇帝嘴大，怎么说怎么是，这先后两个汉臣，称奴才不是，不称奴才也不是，这个皇帝的刻薄和浅薄，也就可想而知了。

在他统治六十年间，文字狱案件发生数达到高潮，共一百三十余起。其中四十七起均被处以极刑，生者凌迟，死者戮尸，其家族连坐，男者坐立斩，女者被发配为奴。那时候，为文人者，闭门家中坐，祸从天上来，帝名该讳而没有避讳，圣上另行抬头而未照办，写错一个字，用错一个词，都是杀头之罪。据故宫出版的《清代文字狱档》：从乾隆六年（1741）至五十三年（1788）的47年中，有文字狱53起，案件遍及全国各地。你不能不佩服这位文人的克星，在六下江南，十全武功之日理万机之中，竟然没忘记每年收拾知识分子一次。碰上这样一位"爱"你的皇帝，哪怕一年只"吻"你一次，也是很要命的。

乾隆十三年（1748）十月二十日，翰林院撰孝贤皇后的冬至祭文，这本是一篇例行的应景文章。但文中出现了"泉台"这样的字眼，乾隆一看，挑起刺来。他说，"泉台"二字，用之常人尚可，岂可加之皇后之尊？皇后归天，只能去西天极乐世界，哪有进十八层地狱之理？所以，皇帝好文学，对文人而言，绝非好事。第一，他明白文学是怎么回事；第二，他也明白文人是怎么回事，你要不小心侍候，碰上这样一个鸡蛋里挑骨头的主子，不定哪段文字，哪句话，被他抓住，吃不了兜着走。做皇帝手下的御用文人，物质待遇也许丰饶，精神世界始终是紧张着的，谁知道"龙威"何时发作，所以那日子相当不好过的。

结果，大学士张廷玉，以及阿克敦、德通、文保、程景伊等几位翰林院承旨学士，自请处分。乾隆格外开恩，着罚本俸一年。这一年，从理论上讲，他们就只有喝西北风了。不过，挨饿大概是不至于的。但从乾隆的这种苛刻处分看，反映出他的内心世界：第一，是提防；第二，是镇压；第三，是轻蔑。即使对他身边的文人学士，一个个都是大师级的扛鼎人物，也像对一条狗似的呼来叱去。

清末民初天嘏所著《满清外史》载这位皇帝的一次"天威"，说到乾隆"尝叱协办大学士纪昀曰：'朕以汝文字尚优，故使领四库书，实不过以倡优蓄之，汝何敢妄议国事？'夫协办大学士，位亦尊矣，而曰'倡优蓄之'，则其视群臣为草芥，摧残士气为何如者。尹会一视学江苏，还奏云：'陛下几次南巡，民间疾苦，怨声载道。'弘历厉声诘之曰：'汝谓民间疾苦，试指明何人怨言。怨声载道，试指明何人怨言。'夫此何事也，岂能指出何人乎？尹会一于此，惟有自伏妄奏，免冠叩首已耳，乃谪戍远边。"

纪昀（1724—1805），即纪晓岚，河北献县人，一位于学无所不涉猎，无所不淹通的《四库全书》总编辑。尹会一（1691—1748），直隶博野人，一位精通程朱理学，文章道德悉为楷模的大家名吏。说来好笑，领袖儒林的堂堂大佬，被乾隆这一顿吹胡子瞪眼睛，差点吓得尿了裤子，连忙磕头掌嘴，认罪求饶不已。

纪晓岚以为自己是众望所归的文坛领袖，尹会一以为自己是国家栋梁的当朝一品，觉得弘历应该会对他们多么优容，多么礼让，便不知天高地厚，直言无讳。在乾隆眼里，这种给个梯子就上脸的狂妄，撇开满汉之隔，异己之嫌，主子和奴才的悬殊不论，凭借文章华彩，学识鼎望，儒林名声，士子仰慕的优势，敢对朕指手画脚，说三道四，简直就是是可忍，孰不可忍的大不敬。

也许乾隆并不拥有他们满肚子的学问，但拥有的绝对权力，却能置这两位顶尖文人于死地。在帝王眼里，两条腿的狗也许难找，两条腿的作家诗人却有的是。幸好乾隆没有秦始皇的坑人癖，否则，这两位大腕儿，很可能不是充军发配，而是自己挖坑埋掉自己了。

在这部《满清外史》中，还有一段关于乾隆与给他当差的御用文人沈德潜的记载，那就更有趣了。尽管，乾隆本人已经相当程度的汉化，诗词歌赋、琴棋书画，其造诣、其水平，也非寻常人所能及。但在他的潜意识中，那边外未开化的民族来历，始终是他的内心阴霾。所以，对汉族文人，始终持有戒心和敌意，哪怕输诚纳款，五体投地表忠心者，也要时不时进行修理，不能让他们活得太痛快，太夯翅，太翘尾巴。而且，凭借权力优势，你行，爷比你更行，乾隆一辈子所写的诗，总量超过《全唐诗》。他所以要打破这个纪录，其中既有赌气个人能力之心，更有湔雪民族耻辱之意。

乾隆一辈子写了四万多首诗，就算他一出娘胎就写，到八十多岁驾崩捯气儿时还在写诗，也写不出这么多。有好事者做过一道算术题，他一生活了 32220 天，按诗总量 40000 首除，平均每天要写诗 1.38 首。加上初稿、改稿、另起稿、未完成稿，这位老汉至少一天要作诗多首，这当然不可能，必须有枪手代劳，可能还不止一位，说不定有个写作班子，替他代庖。于是，蛰居苏洲，名闻江南的沈德潜，便交了好运。

　　长洲诗人沈归愚，为叶横山入室弟子，微时即名满大江南北。弘历闻而慕之，乃以庶常召试。不数年，遂跻八座，礼遇之隆，一时无两。尝告归，弘历以所著诗十二本，令其为之改订，颇多删削。迨归愚疾殁，弘历命搜其遗诗读之，则己平时所乞捉刀者咸录焉，心窃恶之。

沈德潜（1673—1769），江苏长洲人。此老直到六十多岁高龄，忽被乾隆看中，受聘京师。须臾之间，登上翰林讲席，擢为内阁学士，他当然明白，弄他到京师来，就是来为主子捉刀。这些高官厚禄的好处，等于付钱买断他的署名权。按理，这君子协定，是不可悔约的。可最后老先生编自己的全集时，竟然撕毁合同，收归己有，统统物归原主地"咸录焉"。

这样赖账，当然不像话，太不讲信义，太不够朋友了。你卖他买，一手付款，一手交货，那些代作的诗，版权已经属于皇帝大人了。

我发现，无论古今，文人上了年纪，就添毛病。为什么老文人总是做出些令人诟病的行止来呢？很大程度是生理原因。第一，脑浆子变稠了；第二，脸皮子加厚了。脑浆一稠，呈固化状态，这个人活着也像木乃伊了；脸皮一厚，则感觉失灵，便堂而皇之地下作，而且还不知耻。

他想得也有他的道理，横竖这是没签字的一纸合同，即使乾隆发现他违约，也对他无可奈何。

错了，这位背时的、昏聩的老先生，竟然不知道马王爷长几只眼！我们现在能看到的，故宫里收藏的乾隆像，那副尊容，酷似其祖康熙，绝非善类。尤其晚年，脸部瘦削，两腮内陷，眼角下垂，鼻准峻刻，透出一股阴鸷毒狠的神色，令人望而生畏。你老先生缺乏基本的商业道德，无视起码的买卖公平，以为老脸皮厚，假装糊涂，陛下就会放过你吗？于是，抓住他为扬州东台人徐述夔所作《一柱楼诗》的序，下令严办。有人报告，陛下，他已经死了！

睚眦必报的乾隆说，死了也得结账。

先前，此老八十多岁致仕，告老还乡，作为皇帝的笔杆子，光芒万丈，何其了得？肯定招摇过市，大出风头，苏州本不大，简直装不下他。在中国，大文人喜捧，小文人善捧，大文人唯恐捧不够，小文人生怕捧不上，于是，抬轿的，喝道的，筛锣的，打旗的，一起大捧特捧，被捧昏了头的他，没细看徐书中的"反动"内容，胡乱作了个序。结果，作者满门抄斩不说，老先生虽死，因这篇序，也受到"仆其碑，撤其祠"的处置。

皇帝，有时很小人的。文人遭遇这类小人皇帝，那就更没救了。乾隆歹毒一笑，你这个老东西，哪怕逃到阴曹地府，朕也能让你不得安宁。徐述夔的这本诗集之"反动"，就是一句"大明天子重相见，且把壶儿搁半边"。诗中反清复明的变天思想，固然罪不可赎，而以"壶儿"隐射"胡儿"来诽谤，尤其触犯这位异族主子的心理隐痛。这就如同阿Q因癞痢头而忌讳说亮说光一样，千万不能提到脑袋上的那块秃疤。地方官检举上来，遂定为大逆不道罪。于是，由序牵连到沈归愚，到底弄了个平坟仆碑的下场。

乾隆修《四库全书》对文化的毁灭，比起文字狱对文人之摧残，更是惨重。近人邓实在《国粹丛书》的跋中说："书自秦火之后，大厄凡十有一，而以有清乾隆之时，为最后而最烈。计共遭劫，可以稽之于史者，凡七十一万卷。"近人孟森在《心史丛刊》中论及："江西巡抚海成，以查办禁书最为出力之人，煽近世禁书之祸。今检清代禁书，不独明人著述，多遭禁毁，乃至自宋已来，皆有指摘，史乘之外，兼及诗文，充其自讳夷狄之一念，不难举自昔之记载而尽混淆之。始皇当日之厄，决不至离奇若是。盖一面既毁前人之信史，一面又伪撰以作补充，文字之劫，真是万古所无。"作为一个中国文人，鼓吹如此这般的"盛世"，实在太不应该了。

在中国诗歌史上，从来不把清代这位弘历皇帝列入。但是，他却是中国（甚至全世界）写诗最多的人。他的御制诗，数量着实惊人，超过清代收诗四万多首的《全唐诗》。有一个写得很多，却写得并不出色的诗人皇帝，对于其他真正的诗人而言，也许不是一件值得高兴的事情。

清朝的"己未特科"

一

1679 年，为清康熙十八年。距今三百三十多年，离我们实在太远了一点；然而，这一年离明亡，才三十多年，对当时的人来讲，明清易代之痛苦，还是记忆犹新的事情。

按照顾炎武的说法，易代，有两种：一、亡国；二、亡天下。前者是封建王朝更迭，后者则是整个民族被灭。他在《日知录》里说："有亡国，有亡天下。亡国与亡天下奚辨？曰：易姓改号，谓之亡国。仁义充塞，而至于率兽食人，人将相食，谓之亡天下。……知保天下然后知保国。保国者，其君其臣，肉食者谋之；保天下，匹夫之贱与有责焉耳矣。"所以，在他看来，天下兴亡，匹夫有责，对中国人来说，国亡，族犹存，族亡，则种灭，民族大义，是第一位的。

明朝之败于李自成，属于亡国性质的亡，是国灭。而接着清兵入关，为族灭，就是亡天下的亡了。李自成若是坐稳江山，不过姓朱的皇帝，换为姓李的皇帝而已，换汤不换药，老百姓还是过着和昨天没有什么差别的日子。而满洲入主中原，那可大不一样，中原人要做的第一件事，薙发；第二件事，易服。发薙服易，头如秃瓢，箭袖长袍，对大明臣民来讲，还是昨天的那个中原人吗？

明末的中国人，在民族大节上，表现得特别的坚定。所以，明末，殉国者很多，宋末，殉国者更多；而清末，几乎没有殉国者，就因为大家觉得没有义务为异族主子殉葬。薙发，不干，"身体发肤，受之父母"，哪能说剃就剃？易服，更不干，"孔雀翎，马蹄袖，衣冠中禽兽"，像个什么样子？所以，清廷入关，至少在最初的一二百年间，对于剃个光头，留根尾巴，张口奴才，闭嘴小的，在他们看来，衣冠变易便是真正的灭亡了。

清廷入关，在其征服汉民族的过程中，最遭汉人拒绝和抵制的，莫过于强迫实施薙发易服。尤其不能忍受"留发不留头，留头不留发"从生理到心理的降服措施。中国人因为反对薙发，反对"发虏"化，脑袋不知掉了多少。"发虏"，本是南北朝时，南朝对北朝的蔑称，后来则专指清朝的前身鲜卑、女真、金、建州等边外游牧民族。当初拓跋氏一撮毛从额前斜披下来，后来女真人将这一撮毛移至脑后结辫。堂堂中朝汉子，沦为野蛮发虏，自然要发自本能地反抗，那时候，所有对清廷薙发易服说不者，都死于非命。若想不薙发不易服地活下来，唯一的办法，就是逃到清廷统治不及的穷乡僻壤，湖湘文化奠基人之一的王夫之，就是这样做的。

王夫之（1619—1692），湖南衡州府人，是与顾炎武、黄宗羲并称的清初三大儒。他在满汉之大防上，比那两位还要坚决而且彻底。他不甘被人强剃其网巾兜结的明朝头发而削顶垂辫，不愿脱掉博袍宽带的明朝衣衫而"胡服左衽"，为此，他躲开市廛，远离人烟，逃亡到深岩壑谷之中，闭户索居，埋头著述，虽饔食不继，短褐不完，一辈子保持他那明朝衣冠的独立人格。这一点，连顾、黄二位也做不到。《清史稿》称："明亡，益自韬晦，归衡阳之石船山，筑土室曰观生居，晨夕杜门，学者称船山先生。"像王夫之那样冒着随时被杀头，随时要逃亡，随时存在着缺衣少食的风险，坚持了近半个世纪的硬骨头，是明清之际士大夫中的极少数。

绝大多数知识分子，在不对抗、不对立的状态下，也只好权且接受薙发易服。有什么办法呢？生命的意义，比头上那几根青丝更重要。于是，剃掉头发，留根辫子，表示归顺，降服大清。当然，归顺，不等于认同；降服，不等于效忠。但是，令人不禁呜呼的是，中国人多，知识分子多，多了便鱼龙混杂，泥沙俱下，败类相应也就多了起来。与当下万象纷扰的现实世界一样，引狼入室的带路党，那时也是有的。

于是，就不得不提及中国历史上最大的带路党吴三桂，因为，中国文人所面临的1679年的抉择，与他有着某种因果关系。

1673年，康熙十二年，十九岁的玄烨突然来劲，竟提出撤藩的主张。满朝文武，谁也不敢说不，但谁也不敢说赞同。可处于青春逆反期的陛下，态度坚决，说干就干，逼得吴三桂带头反叛。从此，大半个中国，雪上加霜，又打了八九年的仗。那最初几年，玄烨很被动，差一点要败回到满洲的发源地白山黑水。少年天子，相当败兴，本以为带路党吴三桂，不过哈巴狗而已，打一条狗会有多难吗？可是，陛下您疏忽了，一条狗，哪怕一条老狗，您要将他宰了炖狗肉汤喝，他也要奋起反抗的呀！其实，朝廷上下，持异议者多，吴三桂已经是云南王了，还想得到更多吗？何况他已是六十出头之人，能有多少日子蹦跶？本来，凭年龄优势，您熬得过他，他熬不过您，只要稍多一点耐性，吴三桂一闭眼，必是树倒猢狲散的局面。后来，果然如此，吴三桂老病，势衰，登基，完蛋，玄烨这才算喘过气来。明白人都明白，您打，是这个结果，您不打，也是这个结果，玄烨被捧为明主，撤藩，却是他的败笔。不过，开博学鸿词科，既温柔，又歹毒；既不伤筋动骨，又收到不错效果，值得一赞。

玄烨产生"己未特科"的设想，是他在与吴三桂较量的这些年里，得到的最大收获，比打败吴三桂更能起到长治久安的作用。有两件事，对玄烨产生决定性影响：

一、吴三桂反水，在誓师大会时，祭起反清旗号，这当然很滑稽。不过，凡带路党，无论过去的，当下的，相当无耻，是肯定的。"指其首曰：'我先朝曾有此冠乎？'指其身曰：'我先朝曾有此衣乎？'"然后，率众将士，脱满洲衣，下令百姓，割发房辫；然后，"各具汉官威仪，三桂易方巾素服，酾酒山呼"；然后，云贵川、两广两湖、江西福建、甘肃陕西，纷起响应；然后，满洲来的八旗兵，抵挡不住，半壁江山，全让吴三桂占了。吴军所到之地，先割辫子，再裂房装，一切悉照汉人旧制。如果吴三桂不背着带路党的恶名，能得到更多中原人的信任和支持，即使打不赢，至少会形成相峙的分裂局面。玄烨反思，不禁后怕，他领教到"薙发易服"，引发中国人的反满情绪，必须缓解。

二、就是王夫之给他的启发了。玄烨不可能深知这位明清之际大儒中之大儒，但他的汉人大臣，不可能不向他禀报这是知识分子中不曾薙发易服的唯一；他的情报官员，不可能不向他报告吴三桂僭号于衡州，在深山里找到这位前朝大儒，借重他的名声，敦请他写《劝进赋》，王夫之拒绝给吴三桂抬轿子，"某本亡国之臣，扶倾无力，抱憾天壤，国破以来，苟且食息，偷活人间，不祥极矣，今汝亦安用此不祥之人为？"更作了一篇辟邪避鬼的《祓禊赋》，以示鄙视吴三桂反复叛逆之行径。这给玄烨很大鼓舞，看来，士大夫，并非铁板一块，更非反满中坚。他们的号召力，他们的影响力，相当程度上可以作用于一大部分持观望态度的中原人。再而言之，帝王心术，无非两端，一曰绥靖，一曰怀柔。玄烨觉得自己是个有本事的帝王，既敢于在绥靖中怀柔，也能够于怀柔中绥靖。于是，他下令征集天下贤才俊士。这时，为1678年，康熙十七年，吴三桂之败已成定局，着手举办博学鸿词科，次年，也就是史称之"已未特科"开考。

玄烨实施这次惊世骇俗的文化盛举，并不指望那些知识分子与他同心同德，他的要求很低，若是能够做到不太离心离德，就万事大吉了。这一点，不愧为圣祖。

二

于是，天下有学问的人，大乱；有学问但不大的人，更乱。

据《清实录》，康熙十七年（1678）三月乙未（二十三日）：

> 凡有学行兼优，文词卓越之人，不论已仕未仕，令在京三品以上及科道官员，在外督抚、布按，各举所知，朕将亲试录用。其余内外各官，果有真知灼见，在内开送吏部，在外开报督抚，代为题奏，务令虚公延访，期得真才，以副朕求贤右文之意。

相当于红头文件的康熙谕旨，传到西安，省里督抚、布按四套班子，自然要聚集研究，商讨对策。大家一致认为，关中三李，应该是保荐的不二人选。在联席会上，关中三李都是些啥，有的清楚，有的也未必清楚。在中国历朝历代的官衙中，以清代的各级政府机构中饭桶最多，甚至有目不识丁者，因为那时候，官是可以花钱买到的。这类官叫"捐官"，而"捐官"充斥的清代衙门，居然还能转动起来，全靠"师爷"运作。于是有在旁的"师爷"解答，三李者，乃盩厔李颙，郿县李雪木，富平李天生。尤其这位李颙（1627—1705），二曲先生，为关学领袖。明末清初，讲学盛行，以关中书院为代表的关学，在学术界的地位不输南学、北学，自成一家。当时南学的重磅人物顾炎武，就经常到盩厔来拜访李颙，探求学问。明亡以后，很惭愧未能随之殉国的李颙，便成年闭门治学，与世隔绝，不事应酬，唯有顾炎武来了，才开门待客，于是，大家听到他们切磋学问的言谈笑语。

当时，士大夫可分三类：一类凛然大义，与明俱亡；一类苟活下来，绝不仕清；一类死心塌地，投机新朝。大概在中国，任何一次政治上的大变动、大改组、大分化，每一位知识分子都要面临着这样的抉择。小托尔斯泰在其《苦难的历程》一书中，有过这样一句题词："在清水里泡三次，在血水里浴三次，在碱水里煮三次，我们就会纯净得不能再纯净了。"我记得张贤亮在他的一篇小说中引用了这句名言，拜读以后，不禁哈哈大笑，这实在太美化中国知识分子了。事实上，对中国称得上"士"的这个阶层成员来说，除了清水、血水、碱水以外，还得在粪水里滚三次，没有什么"纯净得不能再纯净"，只有脏和更脏的区别。

李颙很痛苦，自打崇祯上吊，闯王败走，清兵进关，顺治登基，已经抉择过一次。三十多年过去，想不到"抉择"竟不敲门又进来了。

他当然不能去应试，虽然已经脏过一次，他不想糟塌自己，再脏一次。树活一身皮，人活一张脸，名节，或者脸面，虽然属于精神方面，浑不要脸的人可以不在乎，二曲先生却将它看得很重。那时他长住富平，对特地从盩厔县赶来向他传达当今圣上雅意的知县说，我病了，病得不轻，实在不能应命，还请父母官多加体谅。县官到省里复命，抚台大怒，什么东西，竟敢如此不识抬举！在官府眼里，文人还不如一个唱秦腔的，至少，戏子具有一点娱乐功能。因为中国的官，只怕皇帝，不怕百姓，如果皇帝怪罪下来，你连一个关学领袖都不给朕拿到，想找死吗？就对盩厔知县拍了桌子，只要这个李颙还有一口气，抬也将他抬到省城。去不去，不是他说了算，而由本官亲自过目，我说了才算。

其实，那年李颙五十一岁，告老，显然不是借口，身体不好，是事实，但也没到行动不能自理的地步，然而这是他唯一可以推托的理由。于是，全家大乱，全村大乱，全县大乱，看着他连床带人，被抬到西安省府大院。这就是史书所载："李颙被征，自称废疾，长卧不起。陕抚怒，檄蝥厔县令迫之。遂舁其床至西安，抚臣亲至榻前怂恿，颙遂绝粒，水浆不入口者六日，而抚臣犹欲强之，颙拔刀自刺，陕中官属大惊，乃免。"

同样的命运，落在了山西太原的傅山头上，进京应试，皇帝主考，十拿九稳，功名到手，这对别人是求之不得的幸运，对他而言却是一场噩运。

傅山（1607—1684），又名傅青主。凡经史、诗赋、音韵、书法、金石、绘画、佛道、医术，无所不涉，时人誉之为"学海"。梁启超将他与顾炎武、黄宗羲、王夫之、李颙、颜元并称为"清初六大师"，在《清代学术概论》中，特别指出傅山"其学，大河以北，莫能及者"。所以，清朝顺、康年间，作为明末遗民的代表人物傅山，其声誉，其影响，超出山西，直逼京畿，远及江南，辐射全国。人望之高，堪称一时之盛。

因此，点着名举荐他的，为给事中李某某、刘某某，很识货。但这两位为最高检察院的实权人物，职务不高，说话算数，地方官员，如奉圣旨。听到要他进京赶考的消息，傅山急了，对太原府陈情，我已七十二岁，太老了！市府官员说，不死就得去。傅山向山西省恳托，我不但老，而且有病，省里官员说，抬着也得去。胳膊拧不过大腿，他只好上路。

李颙从盩厔到西安，关中塬上，一马平川，路上倒也没吃得甚苦。傅山从太原到北京，跋山涉水，穿太行，跨滹沱，老先生这把老骨头，居然没有被颠零碎了，也算老天可怜。他来到北京，有三种说法。地方官员说，我是用软轿抬其进京的；"公安"人员说，我是派"役夫舁其床而行"的。但我宁愿相信其子傅眉所述，他赶着一头毛驴，驮着干粮。他的儿子和他的侄子抬着老头儿，当然就呵护备至了。翻山越岭，来到京都。远远望见平子门（山西文献都如此写，想系口音之讹，其实就是平则门，即阜城门），老爷子发话，再也不能往前走了，若再前进一步，我就死给他们看。

　　这年的三月初一，紫禁城里，各路文士齐聚，好不得意。文人尤其容易满足，"天子门生"，荣耀而体面的四个字，就把他们通通拿下，无不服服帖帖，从大明一百八十度转向大清。考前的预备会，主考官传达康熙的原话，他们更是大气也不敢出地洗耳恭听："汝等俱系荐举人员，有才学的，他们原不应考试。但是考试愈显你们才学，所以皇上十分敬重，特赐汝宴。这待遇，以前会试、殿试、馆试，状元庶吉士俱没有的，汝等要晓皇上德意。"然后，"宣讫，命起赴体仁阁，开设高桌五十张，每张设四高椅，光禄寺设馔十二色，皆大碗高攒，相传给值四百金。先赐茶二通，时果四色，后用馒首卷子红绫饼汤各二套，白米饭各一大盂，又赐茶讫复就试"（秦瀛《己未词科录》）。

　　这时大家才发现绝对应该坐在主桌上的傅山，文坛大佬，经学宗师，书画名流，医界高手，竟然不见踪影。在座的官方人士，做毫无知觉状，其实他们知道已经在阜城门外圆教寺落脚多时的傅山，其绝无转寰余地的三不政策：一是决不进城；二是决不赴宴；三是决不应考。为此，他绝食七日，粒米不进，以示其断然不肯从命的强硬。玄烨听人汇报了老西子傅山的"三不"之后，这位总操盘手莞尔一笑，既然如此，不考就不考吧，功名还是可以给的，甚至还可以给得高些，那就为内阁中书吧！话声一落，聆此圣音的枢密大臣冯溥、魏象枢之流，也都喊万岁了。中书舍人，虽无实权，名位却不低，相当于国务院的副秘书长，是享受部级或副部级待遇的高干，冯、魏二人也都艳羡不已。退朝以后，连忙坐轿来到圆教寺，向躺在榻上饿得快要脱水的傅山贺喜，同时要挟持着这位老爷子起驾进宫，叩谢皇上的大恩大德。

来者可是宰执之类的朝廷高官，骖从甚众，那班张龙赵虎之辈，一看主子眼色，不由分说，立刻架起傅山，直奔紫禁城。进得午门，才将他放下。快要休克的傅山，双腿一软，竟坐倒在丹墀之下。冯溥还伸出手去拉他起来，要到午门里的体仁殿磕头致意。魏象枢止住了他，连声说道：行了，行了，意思到了，意思到了。你没看老先生已经跪在地下，就等于谢主龙恩了。好吧好吧，将傅山交给他儿孙，两人径直到宫里，向康熙邀功买好去了。

据清人佚名著的《啁啾漫记》：

康熙十七年戊午，圣祖特开制科，以天下之文词卓越，才藻瑰丽者，召试擢用，备顾问著作之选，名曰博学鸿词科。敕内外大臣，各荐举来京。于是臣工百僚，争以网罗魁奇闳达之士为胜。宰辅科道题荐八十三人，各衙门揭送吏部七十二人，督抚外荐三十一人，都一百八十六人。

虽趋舍各殊，然皆才高学博，著述斐然可观，近代能文之士，未能或之先也。当征试时，有司迫诸遗民就道，不容假借。胁以威势，强舁至京，如驱牛马然，使弗克自主。而美其名曰，圣天子求贤之盛典也，其然岂其然乎？

我们知道玄烨网罗人心之本意，近人孟森在其《己未词科录外录》里也说道："圣祖于三藩未平，大势已不虑蔓延而日就收束，即急急以制科震动一世。""要于康熙朝所以安定人心之故。"这位年轻帝王在谕旨中指出："自古一代之兴，必有博学鸿儒，振起文运，阐发经史，润色词章，以备顾问著作之选……"据《清实录》，他决定在次年，即康熙十八年（1679）三月丙申（初一日）在体仁殿开考博学鸿词科。

但是那些上自朝廷，下到地方的王八蛋官员，有几个能够体会他们主子的良苦用心呢？狐假虎威，横行霸道，视知识分子为草芥，"经是好经，全被小和尚念歪了"的百姓见解，倒是具有普世价值的警句。如傅山与友人书中所言："地方官即时起解，篮舆就道，出乖弄丑，累经部验。"如《啁啾漫记》所记："胁以威势，强舁至京，如驱牛马然，使弗克自主。"尽管如此，无论来软的还是来硬的，如李颙、傅山、顾炎武、黄宗羲、万斯同、屈大均、陈恭尹、杜濬、阎尔梅、周容、张盖等人，对大清王朝的这一份学历，这一张文凭，硬是不稀罕、不买账。要杀要剐,听便;要考要试,没门,一句话,老子就是不甩你。这使我想起年轻时唱过的一首抗日歌曲,好像歌名叫作《中国不会亡》,歌词已经记不得了,旋律尚能哼上两声。但这歌名令我思索再三,为什么中国不会亡?为什么多少次亡国,多少次亡天下以后,总能凤凰涅槃,赓继延续?我想,就是因为在中国人中间,有这些顶天立地的硬骨头。

三

"己未词科"的参与人数,据清人福格的《听雨丛谈》,为一百八十三人,录取五十人。这班被保荐的考生,康熙十七年的秋末,就陆续到达北京,这样的好事,只有争前,哪敢趋后。谁知因为天气寒冷,考期延迟到来年三月。我估计,天气只是一个借口,玄烨虽胜了吴三桂,但吴的残兵败将,未必认输,困兽犹斗,让陛下腾不出手来。这样,吏部按人头逐月发放大家二两银子,三斗大米,以示皇恩浩荡。于是,那一年冬天,借寓于宣武门南各省会馆的待考生员,其中很多为好热闹,喜表演,耐不得寂寞,更爱起哄架秧子的文人,一个陶然亭,一个虎坊桥,成了他们表现自己的秀场。喝小酒,搂小姐,听大鼓,唱大戏,高谈阔论,吟诗联句,评骘文章,雌黄人品,给京城增添几分风流。

这其中,以汪琬、高士奇、毛奇龄、朱彝尊等才名卓著者,最出风头。

汪琬(1624—1691),字苕文,江苏长洲人,"当是时,海内以诗名者推士祯，以文名者推汪琬"，与侯方域、魏禧齐名，为清初散文三大家之一，名声很响。起初，他热衷仕途，顺治年间中进士后，谋得户部主事、刑部郎中，也算是不错的差使，然而混迹于京师衙门，案牍劳形，深觉无趣。多血质性格的他，颇不耐烦这刻板生活，而且觉得为官前景渺茫，遂于康熙八年辞官回家。投资乡校，以其文坛学界之名声，招徕学生，赚更多的银子，写更多的佳作，日子过得也是相当优哉游哉的。然而，一听说京城要开"己未词科"，仕禄之心又活跃起来。在文坛上，我也见识过多位渴求不止，抓捞不止，奔走经营，贪婪不已的同行，如果三十五十，吃着碗里，望着锅里，尚可理解为欲望所驱使；七老八十，张口谈钱，闭口言利，就有点越活越颠倒，越活越混蛋的感觉了。汪先生将近花甲之年，何必再作冯妇？说实在的，上帝留给你的时间，终究是有限的，何不安安静静地享受晚年呢！

　　此公文章虽佳，人品却次，追求利益最大化，因而瞎扑腾、乱折腾，是他一生痼疾。可是要取得这一次考生资格，不同以往，按康熙谕旨，必须一位官居三品的要员推荐，这对他来讲，当然不难，但照规矩，或当时的行情，二十四两纹银的赠礼，是要递过去的。堂堂大牌文人，做此苟且之事，难怪有人以诗讽之："纵然博得虚名色，袖里应持廿四金。"而李调元的《淡墨录》说的就更不堪了："汪琬，十七年召试鸿博，时荐举诸人会于众春园，有以嫚诗缄呈汪诟文者，众止见其结句云：'杯盘狼藉醉巢由。'嘉善柯维桢以语陆稼书，先生曰：'文人轻薄之习，有以自取，可不畏哉！'"

　　由此可见，在这个秀场上看不到身影的一群，才是中国文人中最精华的，最有骨气的，最信仰坚定的，最正直最光明磊落的精英。他们拒不从命，谢绝招安，守拙安穷，不求闻达的高风亮节，令人高山仰止。而那些名噪一时的走秀者，洋相百出，丑态毕露，轻薄浮佻，贻人笑柄，只能得到观众的倒彩罢了。1679年的"己未特科"，对他们来讲，也就无所谓抉择，既然已经出卖过一次、两次，还会在乎三次、四次吗？所以，有人写匿名诗恶心汪琬，因为他以巢、由自诩，可他做出来的事情，却卑劣得让人不齿。

当康熙谕旨传到江南，汪琬先得消息，随后，他的文友叶燮也获知此举。叶燮（1627—1793），字星期，江苏吴江人，诗评家。自然要来向他求证，自然也要谈及应对之策。按叶燮看法，如果他俩应选入试，绝对是胜券在握的。而汪琬则大不以为然，一脸正气，这不过是当今圣上，被吴三桂打得灰头土脸以后，一次收揽人心之举，我辈读书明理之人，有必要为当局粉饰太平乎？于是相约，不应征，不参考，不受职，清流到底。结果，出乎叶燮意料之外，这位信誓旦旦的汪琬，先已将北上的舟船备好，请托的银两裹好，东南风起，便要北上。他把叶燮瞒得死死的，只是为了排除潜在的竞争者，让这个其实很聪明，但毫无防人之心的朋友提前出局而已。

等到发榜，叶燮看到汪琬两字时，我估计他肯定是发昏了。

据王应奎《柳南随笔》，这次"己未特科"，一些不甘寂寞的"隐逸士亦争趋辇毂，惟恐不与"。这其中，就有诗人孙枝蔚。王士禛司理扬州时，与他相识相交，誉他为奇人，他也就以奇人自居。

孙枝蔚（1620—1687），字豹人，陕西三原人。一看征辟谕旨中，有"四海之广，岂无奇才硕彦"的词句，与其相合，心动不已，有情不自禁之意，怀跃跃欲试之心，遂有"喜动颜色，脂车秣马，惟恐后时"的表演。时在金陵的明末遗民，诗人杜濬，给住在扬州的孙枝蔚写了一封信，劝其稍安毋躁。这封《与孙豹人书》中，剀切地说道："今所效于豹人者，质实浅近，一言而已。一言为何？曰，勿作两截人。不作两截人有道，曰忍痒，忍痒有道，曰思痛。"但"杜濬此信，虽苦苦相劝，终难阻止"。孙枝蔚"得书惭恧弥月"，病了一场以后，一边在打消自己的邪念，一边又抵挡不住诱惑。更何况为康熙高看的王士禛，在向他招手。文人，有硬骨头，有软骨头，更有贱骨头。既想吃，又怕烫，可又馋涎欲滴，终于还是端起这碗美味。"既逼于朝命，不得辞"，还是到了北京。

等他进得体仁阁，拿到卷子，试题不过"璿玑玉衡赋""省耕二十韵诗"两道，他这才悟到杜濬所说"忍痒""思痛"之深意了。康熙要奇才是假，要奴才是真，敢情不过被人当猴耍了一遭而已。于是，"应试不终幅而出"。他在离开都城时，写了一首《出京》诗自嘲："自笑身如老牛，黄金岂可笼头……往日名衔不恶，今成添足之蛇。"

不管后人怎么样评价，有这点觉悟，有这点良知，也就难能可贵。

一言以蔽之，在漫长的中国历史上，类似1679年的这场对有些人来说艰难，对有些人来说也许并不怎么艰难的抉择，既不是第一次，也不会是最后一次。然而，清者自清，浊者自浊，对文人而言，自从事这项职业起，拿笔写下第一个字时，你说的话，你做的事，你写的文章，就在一点一滴地构筑着你的形象。因此，你也不能摆脱任人评说的命运，说好说坏，或褒或贬，你既然无法捂住别人的嘴，也只好没脾气了。

这，也许就是所谓的历史公正了。

清朝的末帝大婚

    中国人爱看热闹，在这个世界上不数第一，也是名列前茅的民族。

    我记得俄国作家契诃夫写过一篇小说，说一个人，站在圣彼得堡涅瓦大街上，直愣愣地朝天上看。其实，天空里没有什么，一只偶然飞过的鸟，一片偶然飘过的云，不过如此。他看得很出神，很投入。有人路过他的身边，看他观天，不知所观为何，也跟着停下脚步，把脸仰起来。接着，又有人路过这两个人的身边，看他们齐仰着脖子，怔怔地看天，也不由自主地把脖子仰起来。于是，第四个人，第五个人，相继加入了这个仰脖子观天的行列。随后，路上的汽车也停了下来，执勤的警察也走了过来，人越聚越多，谁也说不上朝天空看什么和有什么可看，但每个驻足观看的人，都若有其事地，一本正经地，看得十分起劲。

    而生活在中国京城里的人，好热闹，看热闹，与俄国人有所不同，侧重在一个"闹"字上，"热"是心态，"闹"是形态，身和心的全部投入，那才叫真热闹。就看每年春节，从初一到十五，厂甸庙会的人山人海，把琉璃厂塞得一个水泄不通，买的年货如糖葫芦、风车，必须高高举过人头，方可得保不被挤碎挤坏，便可知道北京人这种有事没事，连推带挤，身体力行，爱看热闹，痛苦并快乐着的强烈冲动了。

于是，我想起鲁迅先生曾经写过的一篇杂文，题目曰"推"，就是描写中国人，如何在看热闹的你推我挤的过程中，得到"好白相来希"的快乐。看热闹，是中国人的一种有趣性格，当然更是北京人一种不肯消停，不肯安生，不肯罢休，有热便闹的可爱性格。看来，中国人好这一口，北京人尤其好这一口。在这个首善之区，哪怕是两条狗打架，两辆车刮蹭，两个小贩争吵，两个流氓动手，都会有越来越多的人围观看热闹，起哄架秧子，是再正常不过的。

因此，当年清逊帝大婚，这天大的喜事，使得整个北京城处于亢奋过度的状态之中，是可以想象得知的。

公元1922年11月初，当时这个城市，还叫着北京。有关退位皇帝爱新觉罗·溥仪，要和郭布罗氏荣源家的名叫婉容的女儿和额尔德特氏端恭家的名叫文绣的女儿大婚，一封为"后"，一封为"妃"，举办婚庆大典的消息，对京城百姓来说，那可是闻所未闻的热闹。小朝廷专门成立了一个大婚筹备处，向外界定期发布信息，迎亲的日子经择吉、御准，刚禀报三位太妃，还未来得及公示，便不胫而走，满城尽知。

大概人们是这样琢磨的，娶媳妇是常事，但皇帝娶媳妇，百年不一遇；谁知中国将来还会不会再有皇帝？如果真的永远共和下去，这回错过，也许再难碰到。于是，街头巷尾，胡同旮旯，无不谈论这桩婚姻；茶楼酒肆，戏院商铺，莫不期待这场喜事，竟烘托出这个冬月小阳春的十分明媚来。

据溥仪在《我的前半生》中的记载，他的婚礼，全部仪程要进行五天，隆重，红火，庄严，堂皇，这对没热闹要找热闹，有热闹要瞧热闹的京城小市民来说，他们甚至比那个马上要娶媳妇的十七岁的溥仪，还要起劲儿，还要沉不住气。

其实溥仪对结婚这件事，压根儿不感兴趣。

> 按着传统，皇帝和皇后新婚第一夜，要在坤宁宫里的一间不过十米见方的喜房里度过。这间屋子的特色是：没有什么陈设，炕占去了四分之一，除了地皮，全涂上了红色。行过"合卺礼"，吃过了"子孙饽饽"，进入这间一片暗红色的屋子里，我觉得很憋气。新娘子坐在炕上，低着头，我在旁边看了一会儿，只觉着眼前一片红：红帐子、红褥子、红衣、红裙、红花朵、红脸蛋……好像一摊溶化了的红蜡烛。我感到很不自在，坐也不是，站也不是。我觉得还是养心殿好，便开开门，回来了。（《我的前半生》）

我曾经到过长春的伪皇宫，那个狭小的院子，当然与那宏敞宽阔的北京紫禁城无法相比。但室内的一切，尤其触目所见的墙布、灯饰、地毯、座垫、幔帐、纹章、旗帜、旒带……无不给人一种压抑感，晦暗感，神秘感，阴沉感，恐怕还一脉相承着原来清宫传统的装饰布置。所谓皇室的那种地方，老实说，确乎不适宜于活人生存，而更适合于死人居住。所以，十七岁那年的溥仪，尽管他有同性恋倾向，但他还年轻，还未完全萎靡，于是，来不及地逃出那间化开的红蜡似的新房，显然是被过甚的堂皇，所形成的死气沉沉而吓跑的。

然而，婚礼按照策划，在热烈的进行中，这五天的活动，是这样安排的：

十一月二十九日巳刻，淑妃（即文绣）妆奁入宫。

十一月三十日午刻，皇后（即婉容）妆奁入宫。巳刻，皇后行册立礼。丑刻，淑妃入宫。

十二月一日子刻，举行大婚典礼。寅刻，迎皇后入宫。

十二月二日帝后在景山寿皇殿向列祖列宗行礼。

十二月三日帝在乾清宫受贺。（《我的前半生》）

这次皇帝娶媳妇，对京城而言，空前是说不上的，但绝后，则是肯定的。所以，比民国四年袁世凯称帝，改元洪宪，弄得遗臭万年；比民国六年张辫帅复辟，率师进京，落个灰头土脸，绝对是一次充满怀旧意味的宫廷盛典。鲁迅笔下那从胡同里懒洋洋地踱来，插上一张五色旗的国民，总算像死水里出现一圈涟漪，在冬日的阳光下打个呵欠，多少给古城添了一丝生气。那些本来无事可干，围着炉子取暖的小市民，像是服了兴奋剂，无不等待着这场皇帝的婚礼，无不期盼着看这场热闹。

辛亥革命成功，民国政府成立，与被推翻的清王朝，曾经达成一个协议，一是每年供给四万大洋，赡养退位的王室；一是逊帝还可以在紫禁城里，维持他的小朝廷。这种共和与帝制并存，革命与封建共处的局面，当然是很滑稽，也很奇特的中国现象。

也许，中国人太喜好热闹了，无论制造热闹的人，还是等着看热闹的人，都唯恐没有热闹。所以这次逊帝大婚，生怕事态不扩大，场面不热烈，群众不轰动，便想着法儿花样百出，推陈出新。

光紫禁城里热闹还远远不够，要热闹出紫禁城外，才能达到大热闹、真热闹的目的。于是，就在那位叫婉容的后，那位叫文绣的妃，从各自的娘家，被抬到东华门，进入紫禁城的这一路，要按照清宫婚礼的程式进行。民国管辖的北平特别市政府，也答应了，并拨警察局的军乐队、驻军的鼓号队助兴。这样，民国已经十一年了，北京街头出现两拨人马，两支队伍，男性一式的蟒袍马褂，高头大马，女着一式的凤冠霞帔，珠翠满头，全部是前清服饰的化装游行。

据溥仪记载，光民国政府派出的军警，足有数千之众。

淑妃妆奁进宫。步军统领衙门派在神武门、东安门等处及妆奁经过沿途站哨官员三十名，士兵三百名。

皇后妆奁进宫。步军统领衙门派在神武门、皇后宅等处及随行护送妆奁，经过沿途站哨官员三十一名，士兵四百十六名（其中有号兵六名）。

行册立（皇后）礼。派在神武门、皇后宅等处及随行护送经过沿途站，哨步军统领衙门官员三十四名（其中有军乐队官员三人），士兵四百五十八名（其中有军乐队士兵四十二人，号兵六人）。宪兵司令部除官员九名、士兵四十名外还派两个整营沿途站哨。

淑妃进宫。派在神武门、淑妃宅等处及随行护送经过沿途站哨步军统领衙门官员三十一名、士兵四百十六名。宪兵司令部官员三名，士兵十四名。警察厅官兵二百八十名。

行奉迎（皇后）礼。派在东华门、皇后宅等处及随行护送经过沿途站哨步军统领衙门官兵六百十名，另有军乐队一队。宪兵司令部除官兵八十四名外，并于第一、二、五营中各抽大部分官兵担任沿途站哨。警察厅官兵七百四十七名。

在神武门、东华门、皇后宅、淑妃宅等处及经过地区警察厅所属各该管区，加派警察保护。本来按民国的规定，只有神武门属于清宫，这次破例，特准"凤舆"从东华门进宫。（《我的前半生》）

那四五里长的队伍，中西合璧，古今一体，洋鼓洋号，唢呐喇叭，高头大马，八抬大轿，遗老遗少，磕头膜拜，好奇百姓，夹道迎送。由民国政府派出五六千人的军警，沿途护卫，维持秩序，排场之宏大，声势之显赫，仪仗之辉煌，卤簿之壮观，那大场面、大气派、大手笔、大动作，可让看热闹的北平人，大饱眼福的同时也跑细了腿。

这场王朝复辟，回光返照的大戏，又将荒唐和悖谬推进一步。

这热闹，固然令前朝耆旧，热泪盈眶，但同样，也令革命人士，气愤填膺。在民国的天空下，这种时光倒流的感觉，这种僵尸复活的感觉，实在是匪夷所思。连溥仪自己也说：

这次举动最引起社会上反感的，是小朝廷在一度复辟之后，又公然到紫禁城外边摆起了威风。在民国的大批军警放哨布岗和恭敬护卫之下，清宫仪仗耀武扬威地在北京街道上摆来摆去。正式婚礼举行那天，在民国的两班军乐队后面，是一对穿着蟒袍补褂的册封正副使（庆亲王和郑亲王）骑在马上，手中执节（像苏武牧羊时手里拿的那个鞭子），在他们后面跟随着民国的军乐队和陆军马队、警察马队、保安队马队。再后面则是龙凤旗伞、銮驾仪仗七十二副，黄亭（内有皇后的金宝礼服）四架，宫灯三十对，浩浩荡荡，向"后邸"进发。在张灯结彩的后邸门前，又是一大片军警，保卫着婉容的父亲荣源和她的兄弟们——都跪在那里迎接正副使带来的"圣旨"……（《我的前半生》）

而像鲁迅先生的另一篇杂文《沉渣的泛起》所说，这次逊帝大婚，也把沉寂了十多年，郁闷了十多年，憋得五脊六兽的封建余孽，遗裔孤臣，没落贵族，八旗子弟的积极性，充分调动起来，他们不但看热闹，还要凑热闹。据当时的一些报纸报道：

清宫内溥仪婚礼筹备处宣布，溥仪大婚之礼定于12月1日举行，消息传出，各方面送礼的络绎不绝。满蒙王公，遗老旧臣与活佛等，都有进奉。民国要人，上至大总统，下至各地军阀，下野政客，也纷致贺礼。黎元洪送如意、金瓶和银壶，红帖子上写着"中华民国大总统黎元洪赠宣统大皇帝",其联文云:"汉瓦当文,延年益寿;周铜盘铭,富贵吉祥。"其他如:曹锟送如意和衣料;吴佩孚送来衣料和银元 7000 元;冯玉祥送如意、金表和金银器皿;张作霖送成套的新式木器;王怀庆送九柄金如意;(复辟不成下野的)张勋也送来银元 10000 元。

(保皇派)康有为除送磨色玉屏、磨色金屏、拿破仑婚礼时用的硝石碟和银元 1000 元外,还有他亲笔写的一副对联,上联是"八国衣冠瞻玉步",下联是"九天日月耀金台"。

以豪富著称的遗老们,如陈夔龙、李经迈等,送的都是钻石珠翠。上海的犹太人大资本家哈同、香港的英国籍大资本家何东,也都送了不少珍贵礼品。由于无处存放,溥仪叫人都储藏在建福宫里。(《20 世纪中国图志》)

最滑稽可笑的,该是傅仪自己所描写的那些复辟势力的表演了。

民国派来总统府侍从武官长荫昌,以对外国君主之礼正式祝贺。他向我鞠躬以后,忽然宣布:"刚才那是代表民国的,现在奴才自己给皇上行礼。"说罢,跪在地上磕起头来。

当时许多报纸对这些怪事发出了严正的评论,这也挡不住王公大臣们的兴高采烈,许多地方的遗老们更如惊蛰后的虫子,成群飞向北京,带来他们自己的和别人的现金、古玩等等贺礼。重要的还不是财物，而是声势，这个声势大得连他们自己也出乎意外，以致又觉得事情像是大有可为的样子。(《我的前半生》)

我在北京也住了半个世纪了，慢慢体会出来，见过大世面的北京小市民，别看是升斗百姓，住在破烂四合院里，看热闹也是颇为讲究的。有的热闹，看看而已；有的热闹，推推挤挤也就罢了；有的热闹，值得一看，因为可以过瘾；而有的热闹，能够得到刻骨铭心的满足，能够得到惊心动魄的满足，这才是北京人非看不可的。

究竟什么是小市民最热衷的热闹呢？

读清·和邦额的《夜谭随录》，其中有这样一句，让我豁然开朗："适过菜市口，值秋决，刑人于市，阻不得进。"由此可知，最让京城人神往，达到歇斯底里的程度，足以万人空巷、倾城出动的热闹，就是到菜市口去看杀头。

从别人的死亡中领受自己居然还能活在这个世界上的乐趣，那是大清王朝的封建统治下，朝不保夕的小民，自我感觉中的至高境界。所以，这是北京人最情不自禁，最踊跃向往的热闹。由于其具有极强的刺激性，而无任何危及自身利害的后果，所以北京人无不趋之若鹜，甚至头天晚上，涌向宣武门，涌向骡马市，在菜市口丁字街那周遭，先去摆好板凳，占好位置。

因为凡是去看杀头者，与被杀头者肯定毫无瓜葛，了无干系。由于没有牵连，也就没有负担。由于没有负担，也就看得从容。为求这种从容，就得将位置选在看得清清楚楚的近处，能闻到头颅从脖子上砍掉时的血腥气，却溅不到从脖腔里冒出来的血。因此，每逢秋决，成千上万的小市民，即使三天三夜不眠不食，也要看到刽子手磨得雪亮的大刀片子，在秋天淡淡的阳光下，闪烁着一道白光，将人犯头颅砍落的那一刻。

这种对别人的不幸绝无同情之心的冷漠；这种看别人掉脑袋而过看热闹瘾的麻木；这种只要被杀的不是自己，而是别人，只要自己的脑袋还在脖子上，便悻悻得意的优越；这种不顾别人的脑袋是不是应该掉，为什么掉，凭什么掉，与己无关的轻松，也是五千年来的中国统治者，得以毫无顾忌地进行屠杀，有恃无恐地施行暴政的基础。

固然，看热闹的人中，不乏同情者，恻隐者，敢怒而不敢言者，但幸灾乐祸者，称心快意者，认为罪有应得活该如此者，借此出一口受压抑恶气的泄愤者，也是大有人在的。

也许，小市民作为一个城市中的特殊阶层，一无经济基础；二无政治信仰；三无文化渊源；四无拼搏精神，想吃怕烫，缺乏冒险意识，好吃懒做，只等天掉馅饼，嫌贫嫉富，永远心怀不满，怨天尤人，从不归咎自己。由于往上升腾之不易，向下沉沦之不甘，于是便愿意看到别人失败，而不愿意看到别人成功，于是便从别人的不幸中获得快意感，从成功者的失败中获得满足感。

但是，大清王朝这一页翻过去了，菜市口刑人的场面成为历史，那种从别人死亡中取得大饱眼福的热闹，一去不复返了。于是，诸如逊帝大婚这种足以满足小市民窥私心理的热闹，便成为1922年那个冬季里的一场好戏。虽然，大清朝的龙旗，换成了民国的五色旗；虽然，像走马灯似的换总统，溥仪却总是在紫禁城当他的逊帝。可在同一个蓝天下，这位逊帝是快活欢乐，还是悲哀痛苦，对小市民来说，是个难解的谜。

好，这次大婚，总算有揭开这层薄纱的可能，这样，隐秘的公示，私密的暴露，隐藏的角落曝光，保密的过程展开，可想而知，如此热闹，对于两眼灼灼的小市民来讲，该是怎样的震撼了。

我是1949年来到北平的，当年的冬天，我就到郊区蓝靛厂参加土地改革运动。有些上了年纪的老人，尤其是旗民，谈起他们皇上那次大婚，还沉浸在当年看热闹的回忆里，意犹未尽，回味无穷。想想，也真是有意思。

其实，中国人的民族性格，历来是慢半拍的。所以，在世界历史的进步潮流中，这种循规蹈矩，安步当车，求稳怕乱，不敢错了方寸的中庸哲学，使得老大帝国在那百年里，常处于落后挨打地步。但不知为什么，在人口密集的城市里，占大多数的小市民，对那无关宏旨的热闹；那表面文章的热闹；那虚火阳亢的热闹；那起哄架秧子的热闹，所表现出来的积极性，趋从性，人来疯性，不管三七二十一的投入性，不计前程，不问后果的盲动性，实在是让人不敢恭维的。

于是，我不禁想起看过的一部法国影片，就是那个已故的法国老牌喜剧明星雷诺·伯拉姆主演的，我记不得片名了，也不知翻译过来没有，但大致的剧情还留有一些印象。这位老先生和一对搭他顺风车的情侣，在海边的山间公路行驶。

那对浪漫男女的浪漫行止，使开车者分了心，车子不慎从悬岩处冲出去，眼看车毁人亡，沉入大海，谁知一棵半山腰里的小树杈，救了他们。可他们那马上要折断，要跌落，而又无法解脱险境的命运，惊动了整个法兰西。

不但电视台用直升机航拍，进行现场报道；还有消防队试图用钢丝缆绳拉住那辆车以防小树压断；更有很多看热闹的，开着汽车，带着帐篷，装着干粮蒸馏水，领着全家老小，准备安营扎寨看个够的，蜂涌而至。临时搭起的卖法式面包和法式土豆条的小吃店；出租望远镜、遮阳伞和躺椅的便利店；进行投注，赌这三个挂在悬崖上的人，结果是死是活的六合彩投注店，也随之在公路边，在海滩上，一字排开。上面，整个山头是看热闹的人和车；下面，整个海面也是看热闹的人和船，简直是一场铺天盖地的嘉年华式的狂欢节。

由此可见，看热闹，全世界莫不如此，不仅中国，也不仅北京。

同样，由此也可见，看热闹，大概既是人类的一种天性，也是人类的一种本能。而天性，通常受着下意识的操控，智商愈低者愈无法自持；本能，往往受着内心所支配，心理愈不健全者愈难自控。因此，这种对于别人不幸的看热闹，所达到的小市民精神的最高境界，说到底，除了庸俗，还是庸俗。

而庸俗，则是小市民灵魂的全部。

顺治叫崇祯为大哥

清朝入关后的第一任帝顺治，对前朝的末代皇帝崇祯，颇为同情理解，很是优恤关照，这是挺特别的现象。在中国封建社会里，前后朝交替的皇帝，能如此不相寇仇，不相敌对，在心灵上甚至有所沟通，是不多见的。

据明末遗民李清的《三垣笔记》记载：

> 清世祖顺治十四年（1657），谕工部曰："朕念明崇祯帝孜孜求治，身殉社稷。若不急为阐扬，恐千载之下，意与失德亡国者同类并观。朕用（因）是特制碑文一道，以昭悯恻。尔部即遵谕勒碑，立崇祯帝陵前，以垂不朽。又于所谥怀宗端皇帝加谥数字，以扬盛美。"又尝登上陵，失声而泣，呼曰："大哥大哥，我与若皆有君无臣。"上为后代所惓怀如此，况其臣民乎！

这当然是野史传闻了，究竟有多大的可信性，值得存疑。不过，他为崇祯修陵立碑，确有其事；说崇祯乃锐意求治之主，不可以无德败道的帝王视之，也见诸正史。所以，他来到崇祯陵前，祭拜已毕，突然失声道出"大哥大哥"，接着发出"有君无臣"的感慨，应该说是其来有自。因为说来可怜，福临1644年登大位，还是个六岁的娃娃，在摄政王多尔衮的实际掌控下，他只是做着名义上的皇帝，直到1650年他的十四叔因病去世，随即他秋后算账，这才得以亲政，实施真正统治这个帝国的抱负。因此，来到崇祯陵前，看到对方，想到自己，嗟叹一番，也是意想中事。

由于朱由检没有料到明朝会垮得这么快，所以生前还未来得及给自己建造陵寝。崇祯十八年（1664），大顺军攻进北京，他仓皇逃上煤山（今景山）吊死以后，李自成将他与同时自刎的皇后周氏，草草葬于昌平鹿马山南麓，位于明十三陵区的西南一隅，原为贵妃田氏的墓中。这座崇祯与后妃的合葬墓，称为"思陵"。虽然至今仍未修缮开放，但问路于乡舍人家，择步于杂树荆丛，行走至此，还能觅得这座明末代帝墓。古陵崇碑，断垣残墙，松涛阵阵，白云悠悠，在此四望寥廓的苍茫天际下，看来，曾经喧嚣的历史，最终还是归于平静，只有归鸦呱呱的叫声，点缀着这秋日傍晚的荒凉。

古老的历史，如同一张古老的照片，有清晰的部分，有模糊的部分，也有完全消蚀的部分和根本就未纳入镜头的部分，所以这就给后人提供了推测、推断、推想、推演的广阔天地。福临的感慨，不是没有道理，因为他们这对儿前后脚的皇帝，朱由检（1610—1644），登基那年18岁，福临（1638—1661），亲政那年14岁。这两位都做了17年的皇帝，有一种同龄人的惺惺相惜之情。

福临这个开国之主，在朱由检的陵前，甚至涌上来一点羡慕这位亡国之君的冲动，也许并不奇怪。在他看来，固然，从朱由检继位那天起，到煤山上吊，那一切无不是他自作自受，但那一切也无不是他亲作亲为啊！好也罢，歹也罢，有他崇祯个人的印记。而福临他自己，从嗣位为主，到正式亲政，都是这位摄政王说了算。他不可能做自己想做的任何事情，也不可能不做自己不想做的事情。而多尔衮却以他的名义，做他想做而应该是福临所做的事情，做他想做而福临并不认为应该做的事情。当这样名义上的皇帝，实在太痛苦，对他来说，那七八年梦魇般的日子里，坐在龙椅上的人虽然应名是他，但发号施令的却是摄政王。从道理上说，摄政王再大，也是他的臣子。然而，他做不了这位臣子的主，反过来，这位臣子却要做他的主。所以，那位九泉下的崇祯，曾经说过"朕非亡国之君，臣皆亡国之臣"的无臣之憾，他也不同样如此吗？这才有感而发，大哥，咱俩都属于有君无臣之人啊！

据章开沅氏主编的《清通鉴》，以下的这些记载，应该是福临一生中铭刻最深的记忆。

三年五月庚申（十五日）摄政王多尔衮以信符收贮于大内，每当调遣，奏请不便，遂收定于摄政王府。

四年四月庚辰（初九日）顺天巡按廖攀因上疏称皇叔父摄政王为九王爷，而被革职，下刑部拟罪。

四年七月乙巳（初六日）和硕郑亲王停罢。

五年十一月庚辰（初八日）诏书将原称"皇叔父摄政王"改为"皇父摄政王"。

五年二月戊辰（初三日）定远大将军肃亲王豪格班师，以其出征无功，免死，幽系之，瘐死狱中。

五年三月己亥（初四日）郑亲王济尔哈朗，无为国宣劳之处，又无辅佐之功，革去亲王爵，降为郡王。

七年正月己卯（二十五日）睿亲王纳已故豪格福晋为妃。

七年五月癸酉（二十一日）摄政王率诸王大臣亲迎朝鲜国送来福晋于连山，是日成婚。

七年七月辛酉（初十日）多尔衮先是埋怨帝不亲临其府，待固山贝子锡翰等人奏言于帝，帝亲临摄政王府后，又以锡翰等擅请临幸，治其罪，锡翰降为镇国公，冷僧机、鳌拜等黜罚有差。

七年十一月壬戌（十三日）摄政王多尔衮因疾不乐，率诸王、贝勒、贝子、公等及八旗固山额真等围猎于边外。

这位曾经不可一世的九王爷，也有走到尽头的日子，"七年十二月戊子（初九日），清皇父摄政睿亲王多尔衮病逝于喀喇城"。死后不到两个月，就遭到福临彻底的清算。"八年二月己亥（二十一日）追论睿亲王多尔衮罪状，诏书称：'逆谋果真，神人共愤，谨告太庙社稷，将伊母子并妻所得封典，悉行追夺，布告天下，咸使闻知。'"叔侄二人，强弱的位置颠倒以后，你过去压迫愈盛，我现在反抗愈烈，你昨天得罪愈多，我今天报复愈重。直到顺治十四年，福临二十岁，来到崇祯陵前，还念念不忘这笔旧账。

所以，对后人来讲，历史这张古老的照片，往往就是一面镜子；所谓"以史为鉴"，就是要人们常常对照。看来，任何人，得意可以，不要忘形；自大无妨，不能狂妄。俗话说，种瓜得瓜，种豆得豆，谁要种下仇恨，谁就准备遭殃。天道好还，千古定律，在人类全部历史上，鲜有例外者。

康熙讲崇祯的笑话

据清代史料，玄烨对明朝宫廷侈靡之风，对崇祯皇帝，很不以为然。

康熙四十八年十一月，与大学士谈明季史事，谕曰：

> 明朝费用甚奢，兴作亦广，其宫中脂粉钱四十万两，供应银数百万两，至世祖章皇帝登极，始悉除之。紫禁城内砌地砖，横竖七层，一切工作俱派民间。宫女九千人，内监至十万人，饭食恒不能遍及，日有饿死者，今则宫中不过四五百人而已。明季宫中用马口柴、红螺炭，日以数千万斤计，俱取诸昌平等州县，今此柴仅天坛焚燎用之。

在那次与大学士的谈话中，康熙总结道："又明季所行，多迂阔可笑之事。"这位陛下还专门讲了两则关于崇祯的笑话：

一是崇祯修大内，要用建极殿后阶的一块巨石为基。这庞然大物，高厚数丈，是从外地采买来的，经运河，由水路运抵通县，再人挽马拉，移至紫禁城中的建极殿，耗时费力，不计其赀。现在，要将它运到大内，另派新的用场，可为难死了一帮工匠，谁知石大门狭，无法进宫。虽然，巨石可以剖开，但剖开等于没用；虽然，宫门可以拆掉，但坏了风水的责任，谁也担待不起。匠作部门只好启奏崇祯，说这块石头不肯进午门，请示陛下，除非破门而入，否则不知该如何处置才好。崇祯当即吩咐：这真是岂有此理，朕要用为良材，竟敢抗命不从，那好，将它捆起来，打六十御棍！皇帝的话，金口玉言，怎敢抗命，只好着人去打那块巨石，御棍哪有石头坚硬，打了一顿以后，石头依旧，御棍却断了不少。

二是崇祯学骑马。因为当时边关战事吃紧，朱由检要偃文修武，要身先士卒，兵部尚书自然建议他先掌握御马之术。打不打仗无所谓，检阅三军，皇帝骑在马上，接受山呼万岁的场面也很壮观。崇祯动了心，决定要练骑术。这当然是大事，择了个好日子，选了匹良种马，找了位名骑师，习练那天，两人执辔，两人捧镫，两人扶靴，七八个太监，或蹲或趴，或捧或抬，刚刚将他送上马背，还未坐稳，就滑落下来。尽管被人接住，并未摔着，面子上过不去的崇祯，气急败坏。这是什么破马，如此不识抬举，发出御令，将此马打四十大鞭，然后罚往边远驿站当差！

石头打六十棍，纹丝不动，但无辜的御马被抽四十鞭，直炮蹶子。讲到这里，康熙不禁感叹："马犹有知识，石则何所知乎？如此举动，岂不令人发一大噱？总是生于深宫之中，长于阿保之手，不知人情物理故也。"玄烨还说，这是他从宫中当年留下的明代太监那里听来的。没有调查研究，没有发言权，所以，他讲得振振有词。

应该承认，玄烨在位六十一年，平定三藩，收复台湾，抵制沙俄，巩固边疆，使大清王朝达到全盛状态，是一位比较杰出的君主。而且他本人好学敏求，勤于政务，"未明求衣，辨色视朝"，早年和壮年，确实称得上是一位有为的皇帝。所以，他有本钱批评前朝的末代皇帝。但这位圣上，到了晚年，精力不逮，暮气日盛，吏治渐弛，纲纪不振，因而，官员腐败，贪风日炽，税赋失征，国库虚空。等到雍正接班上台，康熙留给他的固定资产，尽管是一个幅员广阔的庞大帝国，但只有区区七百万两银子的流动资金，真可以说是到了入不敷出，难以为继的程度。雍正在位十三年，就是想法搞钱，苦熬苦挣，精打细算，才有了五千万两存银的积累。

近几年来，写大辫子的清代电视剧，最为津津乐道者，莫过于雍正这笔攒下的银子。但是，最具有讽刺意味的，那个康熙最看不上的崇祯，当他在煤山上吊的时候，他国库里的存银，是康熙死时的十倍，为七千万两，比雍正用十三年工夫挣下的还多出许多。看来，以国库存银来说，姓朱的亡国之君，要比姓爱新觉罗的这两父子，号称盛世帝王的康熙、雍正，捆在一起，腰还更粗一些呢！

讲别人笑话，最好别让别人再讲自己的笑话。

乾隆批钱

钱谦益，号牧斋，江苏常熟人，是明末清初的大诗人。清代的沈德潜编选《国朝诗别裁》时，将他的作品放在首位，颇让乾隆皇帝好大一个不高兴，批下旨来：一个降臣，竟置于篇首地位，张扬这个贰臣的气焰，简直是岂有此理了。

他连忙跪下来，一迭声地谴责自己"该死该死"！

从此，艺术标准第一的沈老先生，就在政治标准第一的乾隆面前失宠了。

乾隆对钱谦益的反感，我估计多少有一点同是诗人的嫉妒，但对统治者来说，他之所以批钱，更多的是政治需要。从他写过的一首挖苦钱夫子的诗，便可看出他是从大节入眼来评断这个人的：

平生谈节义，两姓事君王。进退都无据，文章那有光。
真堪覆酒瓮，屡见咏香囊。末路逃禅去，原是孟八郎。

清廷入关以后，在顺治立国，康熙初政时期，都曾不遗余力地延聘江南才秀，尤其是明末的名流耆宿，文士遗民，以收揽人心，巩固政权。到他做了皇帝，已是"率土之滨，莫非王臣"的大一统局面。于是，作为一国之主，就要提倡对他的忠贞不二了。

他指示修《明史》的官员们，说这个钱谦益，不能与另一降清的名将洪承畴齐肩并列，虽然都是贰臣，一个贰得好些，一个贰得差些，洪若放在甲卷，钱也就只配放在乙卷。若以此标准类推的话，当过汉奸的周作人，要是碰上乾隆的话，估计连丙卷也进不去。

沈德潜对牧斋先生诗篇的高度评价，并不过分，那确是一位有成就的大诗人。著名学者陈寅恪在《柳如是别传》里对他的诗作，也是推崇备至的。我很欣赏他的一首《吴门春仲送李生还长干》：

阑风伏雨暗江城，扶病将愁起送行。烟月扬州如梦寐，江山建业又清明。夜乌啼断门前柳，春鸟衔残花外樱。尊酒前期君莫忘，药囊吾欲傍余生。

此诗作于顺治五年，是他饱经人世沧桑，风云变幻以后的作品，诗评家认为，他明亡以后的《有学集》里的诗，要比早年的《初学集》更胜一筹。虽然这时，他早已剃了头做大清顺民，可在笔下还是会流露出思念旧国的心绪，全诗惆怅沉郁，苍凉无望，真是感到这个曾经很热闹一阵的文人，故国落日，家园残春，晚景颓唐，余生落寞，不胜感伤。

为什么说周作人会连丙卷都进不去呢？因为他的立场不变。这个汉奸甚至到了晚年，与曹聚仁先生通信，提到上海虹口公园里鲁迅墓的坐像，犹嘲讽有加。显然，他对那个雕刻是不以为然的，对要立那个雕刻的用心，也是不以为然的。所以才从他口中说出"那坟头"三个字来。

切齿痛恨之音，蔑视不屑之意，是完全可以感觉出来的。人死以后的归宿之地，叫陵、叫墓、叫茔、叫坟均有之，独"坟"后赘一"头"字者，则绝对是贬义的了。由此可见，此人一以贯之的这种看法上的分野，恐怕就不仅仅是针对鲁迅，而是针对以鲁迅为代表的一切革命文化，当是无疑问的了。

对钱牧斋来讲，长干依旧，物是人非，阔别数年以后，在他的记忆中，已不是他的风月场加名利场的那座城池了。所以，才有"江山建业又清明"的感慨。"清明"，与"江山"联系在一起，既作时令节气的解释，也有两朝交替的寓意在内。看来，这位东涧遗老，已经能够重新审视钟山脚下，秦淮河畔，那段难以忘怀的岁月。

那时候，风流才子钱牧斋和江南艳姬柳如是的情爱故事，曾是街头巷尾、饭后茶余的谈资。而当崇祯吊死煤山，江南议立新君，钱谦益在政治旋涡中的色色表演，也是令满城百姓侧目而视。或许这就是文人难耐寂寞的秉性了。作家或者诗人，即使年纪一把，有的人，也还如孩提一般发作人来疯的毛病，手之舞之，足之蹈之，是颇不肯更不甘于被冷落的。有好处，无他，手痒；有名声，无他，心痒；有座位，无他，臀痒；有热闹，无他，腿痒。总之，这样的好事之徒，非大挫折，不会罢手，非大失败，不会顿悟。

一开始，钱谦益跃跃欲试，与史可法等人，本来是一心拥戴潞王的，结果，福王立，也就是史称之为南明的短命王朝。虽然在崇祯朝时为礼部侍郎的他，顺理成章地为小朝廷的礼部尚书，但无立王之功，不免有些失落，甚至还有些忐忑。其实，这不正好，写你的诗得了，恋你的爱得了，何必在南京患得患失，不可终日？不，人来疯的病，使得他很难激流勇退，还在旋涡中愈陷愈深。

名隶于东林，自视清流的他，一反常态，竟然去谄事马士英，居然去推介阮大铖，成了一个"进退失据"，匪夷所思的人物。所以，顺治二年，清廷的豫亲王多铎大军南下，他率先迎降，也就不奇怪了。前一年，崇祯自缢的消息传到南方，柳如是曾劝他以死殉国，可到了跳湖的时候，他嫌水凉，便不想做烈士了。那时不死，现在，就更得求生了。

问题是得给自己找个台阶下，由钱谦益和王铎拟稿，赵之龙签署的《降清文》中，亏他们琢磨出了这样一句遮丑的名言："谁非忠臣，谁非孝子，识天命之有归，知大事之已去，投诚归命，保全亿万生灵，此仁人志士之所为，为大丈夫可以自决矣！"所有投降派都会为自己的堕落，想出些好说词。但文人的本事，就在于能把一件极肮脏的行为，说得不但动听，而且理直气壮，这也是历史要唾弃这种败类的缘故了。

话说回来，尽管乾隆批判他"平生谈节义，两姓事君王"，其实，他不是第一个，也不会是最后一个。名与实之不符，人与文之相悖，在文学史上，钱谦益只能算是小而焉之的人物。何况，陈寅恪文章里，提到他辞掉清朝的史官高职，回到家乡后，还是搞了一些秘密的抗清活动。所以，后来人读他的诗，至少不至于那么恶心。从他这首《吴门春仲送李生还长干》看来，显然是历经一番反思以后的心声。李生要到长干去了，他从家乡常熟来到吴县为他饯行，能不对记忆中的烟雨金陵，生出唏嘘嗟叹的诗情吗！

但有些心已死定的铁杆汉奸，就不在此列了。譬如，以"慷慨歌燕市，从容作楚囚。引刀成一快，不负少年头"来说，若将这首诗的作者名字糊卷的话，让一个不太了解历史的青年人看，相信他会从诗句中感到一个革命者视死如归的勇气。但是，要是告诉他，这是大汉奸汪精卫的作品，恐怕马上觉得这首诗变味了。

汪的《双照楼诗集》，其中不乏这类激越昂扬的诗篇，但他这个人被历史唾弃了以后，他的哪怕是再漂亮的文字，也随着他一块儿被粪土了。这部诗集，不知为何至今没有人捣腾出来赚钱，倒是文化汉奸周作人的书，却变着法儿地一出再出，一些不遗余力的鼓吹者，也变着法儿为其洗脱汉奸的罪名，实在令人费解。固然，因人废文，不妥；同样，因文而置此人一生的假恶丑于不顾，也是很不妥的。

通过乾隆批钱这件事，告诉我们，有多少丑，就有多少后人的话柄。一些人硬要把丑恶的事实，涂上美丽的色彩，我想，历史是不会买账的。

乾隆摆宴

　　平心而论，我们中国人不是一个特别具有开创性的民族，都是棍子敲在脑袋上，板子打在屁股上，或者，洋枪洋炮戳在心口，才肯变一变祖宗之法的。独独在烹调上，我们完全可以扬眉吐气，趾高气扬，全世界的人，都不能不膺服于我们中华民族五千年的饮食文化。

　　而中华民族饮食文化的发扬光大，很大程度上依赖于五千年来这班能吃、好吃、善吃、懂吃的大小官僚们的嘴巴。而要评功摆好的话，光荣非皇上万岁那张嘴莫属。

　　读清人昭梿的《啸亭续录》，看到乾隆皇帝这种摆宴成瘾的癖好，实在深感这个世界上，拥有极大权力的统治者，竟能将其权力的使用，发挥到极致。竟能想出许多名目、道理、办法，把人找来陪他吃饭，在大宴小宴，便宴盛宴，赐宴召宴，贺宴寿筵上，寻找那种至高无上的感觉，同声欢呼的感觉，以及被宴请者受宠若惊的感觉，战战兢兢的感觉……这可谓达到了极致境界。

　　所有这种种加在一起美滋滋的感觉，吃到嘴里的食物究竟是什么味道已无关紧要，而体现权力之顶天立地，才是摆宴的主旨。

在这本野史笔记中，乾隆办宴，有下列各种：

曲宴宗室——"每岁元旦及上元日，钦点皇子皇孙等及近支王、贝勒、公曲宴于乾清宫，及奉三无私殿。皆用高椅盛馔，每二人一席，赋诗饮酒，行家人礼焉。"

廷臣宴——"每岁上元后一日，钦点大学士、九卿中有勋功者宴于奉三无私殿，名廷臣宴，其礼一如曲宴宗室礼。"

茶宴——"乾隆中于元旦后三日，钦点王、大臣之能诗者，曲宴于重华宫。演剧赐茶，仿柏梁制，皆命联句以纪其盛。复当席御制诗二章，命诸臣和之，后遂以为常礼焉。"

宗室宴——"乾隆甲子，上宴王公及近支宗室百余人于丰泽园。乾隆壬寅，普宴宗室于乾清宫，凡三千余人，极为一时之盛。"

除夕上元筵宴外藩——"每年终，诸藩王、贝勒更番入朝，以尽执瑞之礼。上于除夕日宴于保和殿，一二品武臣咸侍座。新岁后三日，宴于紫光阁，上元日宴于正大光明殿，一品文武大臣皆入座，典甚钜也。"

大蒙古包宴——"乾隆中廓定新疆、回部、哈萨克、布鲁特诸部长争先入贡，上宴于山高水长殿前，及避暑山庄之万能树园中，设大黄幄殿，可容千余人。"

昭梿为嘉庆朝散秩大臣，因为他是近支宗室，八旗勋族，可以享受优渥待遇，不必认真上班做事。所以才得以喜好文墨，雅爱词章，写下这部随笔。因为其中记述了很多有关皇家的礼仪庆典、章法制度方面的资料，还是一部很有参考价值的书。

他的先人，肯定也有过进宫与宴的光荣，参与盛会的功劳，所以，娓娓道来，记忆犹新。乾隆这个皇帝，史书称他"性喜夸饰""好大求功""晚年倦勤""蔽于权幸"。这些中国历代老年统治者的毛病，他都拥有。后来，老是官员给他齐唱颂歌，看的都是熟面孔，听的都是老调子，老爷子嫌不够过瘾。于是，别开生面，让百姓也加入到礼赞大合唱中来，声势无疑更壮观，内容无疑更新颖，这就是昭梿笔下所描写的"千叟宴"了。

据昭梿说，千叟宴始于康熙：

> 癸巳年，仁皇帝六旬，开千叟宴于乾清宫，预宴者凡一千九百余人。乾隆乙巳，以五十年开千叟宴于乾清宫，预宴者凡三千九百余人，各赐鸠杖。丙辰春，圣寿跻登九旬，适逢内禅礼成，开千叟宴于皇极殿，六十以上预宴者凡五千九百余人，百岁老民至以十数计，皆赐酒联句。

乾隆无论在次数上还是在人数上，都要胜其祖父一筹。前后共找九千八百多个老头子，跪在一个老头子前面，山呼吾皇万岁万万岁，那场面一定很壮观，但也不免滑稽。

当时，要一下子在京城地界找数千老头子，大概着实要让八门提督大伤脑筋。

我们可以想象，那些拿着请柬，颤颤巍巍的、步履蹒跚的、瘪嘴缩腮的、耳聋眼花的老头子，一个个穿着像装椁一样的朝服，向紫禁城进发的场面，那肯定是一副世界末日来临，木乃伊大巡行的形象。

可这些老掉牙的乾隆客人，一是得进皇宫之有幸；二是得睹天颜之激动；三是得吃华宴之感奋；四是得以远远地朝当今万岁爷磕一个响头之终生难忘，那雀跃之情，那欢呼之声，那喜极之血压升高，那失控的鼻涕泪水，整个皇城的各个角落，到处是暮气没落的老朽，到处是陈旧霉腐的古董。套用一句时髦的语言，这帮老东西，可真把老北京给"PK"了。

但是，虚荣好胜，喜谀夸功的十全老人，却得到空前的满足，自然是龙颜大悦了。

乾隆四十九年（1784），他就决定要开千叟宴，庆祝他登基五十年。以和珅为首的马屁集团，成立御诞筹备委员会，为迎合老爷子大张旗鼓的习性，规定四品以下，年六十五岁以上者始准入席，这样一算，人数已至三千。呈报上去，乾隆觉得人不多，不热烈，和珅马上领会意图，又将与会者的年龄标准降低，凡在京四品以下，现任、原任各员，年过六十者，俱准入席。这样，人数达到三千九百之多，老爷子微微一笑，"OK"了，批上两个字："钦此！"很满意和珅的表现。

接下来，乾隆五十年（1785）的正月初六，帝御乾清宫赐宴，凡亲王、郡王、大臣、官员、蒙古贝勒、贝子、公、台吉、额驸、回部伯克、番部首领、朝鲜国使臣及士、商、兵、民等年六十以上者三千余人皆入宴。官员、兵、民年九十以上者、文武大臣年七十以上者，俱准其子孙一人扶掖入宴。

这次皇帝请客的饭局，规模之大，人数之多，菜肴之丰，食品之精，可谓盛况空前。可以想象，为了这次宴请，可忙煞了御厨房，当天该是如何的紧张热烈？该是如何的热火朝天？我估计，为开这四千人的饭，摆上四百张饭台，上千个火锅，厨师、采购、服务员、卫生保洁人员，所谓火头军这支队伍，往少里说，恐怕也得需要两千多人，而且得忙上两三个月，才能保证这顿饭不出纰漏。

五年以后，乾隆五十五年（1790），恰逢这位皇帝的八十寿辰，那自然是更大的一次宴请。八月十二日，先进行宫廷寿筵，也就是所谓的"暖寿宴"。先是皇子、皇孙、皇曾孙、皇玄孙，王以下文武大臣、官员及绅民耆老，蒙古王公、贝勒，回部王公、伯克，金川土司，台湾生番及安南国王阮光平，朝鲜、缅甸、南掌等国使臣环跪称庆。然后，御重华宫，张乐设宴。

这还只能算是一次热身，正式宴会是十三日，帝八十寿诞的正日子，先于奉先殿举行庆贺礼，再于宁寿宫举行"千叟宴"。这次庆祝华诞盛大活动，当然仍旧由中国历史上最大的贪污犯和珅主持，他真会哄老爷子开心，想出很多花花点子。内外宫殿，仪式卤簿，大小仪物，喜庆装点，无不新办。从紫禁城到颐和园，一路上，楼台饰以金银翡翠，华丽闳大，美仑美奂，戏装人物，栩栩如生。假山设以机关窍门，务求新奇，动其枢括，自动开阖，极尽奇巧。其奢侈靡费程度，更超过他六十、七十岁的生日庆典。这近六千人的连续好几天的大吃大喝，不用说，要比前几次宴请，组织更多的人力，动员更多的物力，至少得有四千个厨子，投入疯狂的煎炒烹炸之中。

牛羊肉、蔬菜、酒水、米面，源源不断地从东华门、西华门、地安门，往紫禁城里的光禄寺运去。

光禄寺，在封建社会里，就是为皇帝做饭的炊事班，也算得上是一个不上不下的衙门。既然是衙门，就有大大小小的官吏，既然有官吏，就有等级不同的阶别。据清人梁章钜的《称谓录》考据，光禄寺下设太官署、珍馐署、良酝署、掌醢署等机构，有主膳食的太官，有主饼饵的汤官，有主择米的导官，这都是一级主管。下面还有膳夫、尚食、庖人、酒人、品尝官等二级主管。按"尚食比郎中"的待遇，郎中相当于司局级，那么光禄寺是部级单位无疑。所以，皇帝的大厨，手下统率好几百个厨师，好几千个勤杂人员。

清人方濬师的《蕉轩随录》，其中《光禄寺厨役》一节，提到这个管吃饭衙门的历代编制，从来都是一个庞大无比的官僚机构。依《汉旧官仪》："太官、汤官、奴婢各三千人"，这就是九千人。依明首辅徐阶《清查光禄寺厨役疏》："嘉靖九年议准不足四千名方许收补，盖本以四千名为额数。后虽加添一百名，揆之事理，总当不过四千一百名"，这也至少有四千人。从这里，可以看到在官本位的社会中，帝国政府的任何一个机关，都处于膨胀、压缩、再膨胀、再压缩，一直到谁也压缩不下来的恶性循环之中。

康熙四十八年（1709）的冬天，乾隆的爷爷，曾经与大学士谈到明季之腐败，他认为最后导致明代亡国的根源，主要的原因：一败于宫廷奢靡；二败于官场冗员；三败于宦官擅权；四败于将相内讧。仅食国家俸禄的人员无限扩编一项，也使得这个政府不胜负担而垮台。这位皇帝统计，当时在紫禁城中，宫女有九千人，太监有十万人，尤其不可理解的，光禄寺做饭的有四千人。可是，在紫禁城里，"饭食恒不能遍及，日有饿死者"。

我想，康熙不会无中生有造前朝的谣。

任何一个政府的统治者，要想长治久安的话，都不能不严肃地对待精兵简政这样一个话题。也许有鉴于此，《大清会典》规定，"膳房属下庖长四名，副庖长四名，庖人五十名，厨役二十八名"，另加内膳房厨役六十七名，通计不过一百五十三名。但实际上，到了乾隆当政，凭这区区不足二百位厨师，为圣上大办宴会，简直就成了笑话。纵使他们每个人都身怀绝技，以一当十，也无法完成这位皇帝，动不动就是四五千人的庞大国宴。连把碗、碟、筷、匙，一一放到宴席的台面上去，也是来不及的。

所以，计划赶不上变化，政策比不上对策，上面的规定挡不住下面的灵活运用，各取所需，自然会有明的暗的办法，或巧立名目，突破编制；或假公济私，增加名额；或欺上瞒下，编外存员；或弄虚作假，暂借长用。这一切得以横行无阻，很大程度上由于乾隆晚年倦勤，虚荣日盛，不理政事，大权旁落；更由于和珅权奸当道，遮天蔽日，为非作恶，肆无忌惮。于是，可以想象，皇帝的厨房，与中国的任何机关一样，有人不做事，有事无人做。一方面，人满为患，人浮于事；一方面，永远感到人手不够，永远要求扩编加员。

即使英明如唐太宗这等样板皇帝又如何？《新唐书》的《曹确传》说："太宗著令，文武官六百四十三。"《唐百官志》略略放宽一些："太宗省内、外官，定制七百三十员。"而据杜佑《通典》："唐文武官及诸色胥吏总三十六万八千六百六十八人。"这样悬殊的差别，实在太惊人了。英主尚且如此，其他统治者恐怕只能更加失控了。

更不用说年事已高的乾隆了，他才不在乎这点靡费。因为，他已摆宴上瘾。而且，要知道，人老了，就有了老的"五怕"和"五好"，他是非如此这般不可的：

一、怕冷清，好热闹；

二、怕冷场，好铺排；

三、怕冷落，好风头；

四、怕看冷脸，好听恭维；

五、怕人们对他冷淡，好大家向他致敬。

大概这是老年人的通病，也是绝大多数老人都难免的人性弱点。

上了年岁的乾隆，怎么能例外？如果早年还多少有过英武之气，也渐渐消逝殆尽；如果早年还多少有过的睿智之明，也终于磨蚀无存。因此，热衷于在紫禁城里，宴请王侯将相、文武百官，举办盛大庆典，招待边疆各族、宗室耆老，用这种办法，祛除"五怕"，满足"五好"，恐怕是这位老爷子不得不常常使用的办法了。

因为凡赴宴者，一边吃着满汉全席，一边喊着万寿无疆，不过都是动嘴的事，何乐不为？

老实讲，动嘴吃，不难；动嘴说，就更不难了。中国人，尤其中国文人，在皇帝老子面前，要做起这种事来，最拿手了。拍马屁，谁不会？唱赞歌，谁不能？

老太太哭了

在中国，老太太哭，不是什么值得一提的事情。中国有无数的老年女性，莎士比亚早说过的："弱者，你的名字是女人。"上了年纪以后，尤为弱者中的弱者。那么，时不时地泪水伴着苦水，一把鼻涕一把眼泪地悲从中来，也就不大被人当回事了。但如果这位老太太非等闲之辈，或是九五之尊，如武则天；或虽不是名义上的最高统治者，却也是母仪天下，不可一世之人，如慈禧太后，她们当庭哭将起来，可就是非同小可了。

在中国历史上，拥有极高权力而且产生极大政治影响的女性，数来数去，大概也就只有这两个人，一个为武则天，一个为慈禧。武则天寄居在尼庵时，可能伤过心。但在金銮殿上大放悲声，也就只有宫里人称之为老佛爷的西太后了。

我记得早些年，能在颐和园里看到慈禧太后的肖像，不知是一幅油画，还是一帧摄影。像中的女主人公，作为统治者，确是威严有加；作为女人，魅力有点不足；作为祖母，那就太嫌冷酷。大概女性到了一定年纪以后，就不宜到大众浴池去了，该鼓出来的部位，都大大缩水，不该鼓出来的地方，却大大发达，说实在的，很不雅观。而且最可怕的，那嘴角、眼角、眉梢、眼袋、下巴、腮帮子，甚至皱纹，受地心吸力作用，一律向下看齐，那样子就更像狼外婆了。

对于清代倒数第二个皇帝德宗之死，有两种说法：一曰毒杀；一曰病毙。宫廷中这些幽深的秘密，永远是解不开的谜。最近，听说从光绪的头发中，测出了砷，也就是砒霜的化学分子。我也一直不大相信慈禧太后，最后会给光绪送去一杯鸩酒，令其自尽。她要想结果他的话，早就下手了。八国联军进城前一刻，她出逃时，还有工夫下令将珍妃推到井里去，说明慈禧不是心慈手软的人，她有无数次机会可以把她心目中的反叛铲除，但始终没有做。她没有杀掉他，不等于她饶恕了他，她把他视作永不原谅的仇敌，这是肯定不疑的。女人，要是真的记恨谁的话，那绝对会记上一辈子的。我相信，光绪自1875年登极，到1887年亲政，长达十二年之久的垂帘听政期间，她对这个文弱的、听话的、一直厮伴左右的青年人，要是一丝母性的感情也没有的话，未免不合情理。正是这一点点人性的光辉，才使得光绪保住一条小命，得以在瀛台苟活下来。

从宫中的御医方案和光绪自己的文字看出，他很可能一直是位精神抑郁、身体衰弱的病人。经过重重打击以后，身心交瘁，情绪沮丧到了极点，在瀛台幽闭的无望岁月里，终于像一盏孤灯，耗尽了最后一滴油，生命之光便熄灭了。清代的德龄公主写过一部书，书名"瀛台泣血记"，"泣血"一词，形容这位可怜皇帝的晚景，实在是非常准确的。因此，持病重不治而亡的观点，似乎更有理由一点。

也正是如此，1900 年 8 月 11 日（庚子年七月十七），八国联军开始大举攻城，慈禧太后在鸾仪殿的御前会议上，哭着向廷臣们发问："余母子无所赖，宁不能相救耶？"（《庚子国变记》）8 月 14 日傍晚，马上离开紫禁城前，对匆匆赶来的大臣刚毅、赵舒翘、王文韶说："你们到哪里去啦？都想跑回家去了，丢下我们母子二人不管。"（《景善日记》）从以上她所说的这些相当失态的话来看，虽然恨光绪的背叛，但无论如何，终究有那十二年的母子感情，使她下不了在这一刻将他处置掉的狠心。其实，她已经立了储君，也就是那个不成器废物蛋大阿哥，对她来讲，光绪已是可有可无的人。然而，她承认母子关系，说明她终究不完全是蛇蝎心肠的狼外婆。

慈禧太后的这一次哭，与她还当兰贵人时，因得不到咸丰全部的爱而珠泪暗垂，就完全不是一回事了。到了这把年纪的哭，实在是不祥之兆，堪称亡国之音，从此敲响了大清王朝的丧钟。

她绝没有想到直隶总督荣禄，和他吹捧的义和团神兵神将，竟也是血肉之躯，并不是如他们所蛊惑的刀枪不入，金刚不坏之身。大沽失守，北仓再败，北洋重镇的天津，如此不堪一击，眨眼之间，八国联军已经打到她鼻子底下。她在鸾仪殿的御前会议上，不得不向廷臣们发问："怎么办？怎么办？你们到底也吭个声啊！一个个干瞪着眼，不想办法救治，撇下我们娘儿俩不管吗？"曾经是很精明的老太太，面对这帮废物，能不放声一哭吗？

光绪在一旁一言不发，而跪在地下的众大臣，除了磕头如捣蒜外，连大气也不敢出。她以为她的哭声，能得到一个答复，但她忘了，清朝官员在她面前，永远是奴才。而奴才，只有按主子吩咐的办，哪有主子问奴才怎么办的道理？他们习惯了只有一个字可说，那就是"喳"。如果要你说话，你也只能顺着主子的意思说话，这就是某些官员们永远去不大掉的劣根性。上边有耳朵需要听，下边才有巧言令色。可到了国难当头，跪在地下的众大臣，除了磕头如捣蒜外，连大气也不敢出。

其实，她还有一句潜台词："你们不是都说义和团行吗？"义和团得意时，这些官员比谁都嚷嚷得凶——

御史徐道昆奏过：洪钧老祖已命五龙守大沽，洋鬼子的兵船，将不战自沉。

御史陈嘉言奏过：他得到了关云长关老爷的亲笔帛书，言夷当自灭，老佛爷足当高枕无忧。

编修萧荣爵奏过：夷狄无君无父两千多年，这是天老爷假手义民将他们消灭的大好事。

尚书启秀上书过：使臣不除，必为大患。五台山高僧普济，有神兵十万，请召之会歼逆夷。

曾廉、王龙文建议过：用决水灌城之法，引玉泉山水灌使馆，必尽淹毙之。

御史彭述奏过：臣目睹义和拳咒炮不燃，其术至神，夷兵不足挂齿，何足畏哉。

整个朝廷，文武百官，全是诸如此类的一派胡话、鬼话，还正经八百地上奏折，递条陈，而且瞪眼撒谎脸不红，面不变色心不跳，你不能不佩服这些要员的无知、无耻、无聊、无可救药。现在，主子一哭，奴才们知道干系重大，都没屁好放了。就连说过"使馆破，夷人无噍类矣，天下自此当太平"的刚毅也噤声了。那个一向倚老卖老，木乃伊式的大学士徐桐，曾经上书发表令人笑掉大牙的见解，他说，洋人走路笔挺，是由于他们膝盖不能弯曲的缘故，此后若与洋人交火，只需发给兵勇们每人一根竹竿，将其拨倒在地，无法站立起来，彼等必束手就擒矣！这会儿也把嘴闭紧了。

8 月 11 日的寅初卯刻，北京的夏天亮得早，军机处就把李秉衡兵败自杀的消息和危在旦夕的状况，送到寝宫里面来。太监们不知该不该惊动老佛爷，正犹豫间，老年人睡觉轻，她还是听到动静，让传了进来，还未等小太监念完奏折，老太太就傻了。

那位来自四川的总督李秉衡赌咒发誓，拍着胸脯，向她保证，要痛歼来犯洋人，立一番不世之功，着实让西太后开心了一阵。据后被处死的山西巡抚毓贤说："义和团魁首有二，其一鉴帅，其一我也。"所以，李秉衡赶到北京保驾，也在情理之中。他以为自己是统率军队和义和团两支武装力量的最佳人选，"众皆寄厚望于鉴帅矣"！老太太也这么看的。朝觐出来，小胡子一撅一撅，很得意于受命于危难之际，口口声声要力挽狂澜，不枉老佛爷对他的栽培。鲁迅先生翻译的《思想·山水·人物》一书，其作者日本人鹤见祐辅认为，每一个中国人，都是好演员，这话端的有理。在台上的人，好演戏，在台下的人，好看戏，永远有一份戏剧化的好兴致。于是，他的出征便像大出殡一样的热闹好看，"请义和拳三千人以从，新拜其大师兄，各持引魂幡、混天大旗、雷火扇、阴阳瓶、九连环、如意钩、火牌、飞剑而行"。就从朝阳门出了城，这场面，根本就是唱京剧，哪是打仗？

　　他的数万雄师，开赴到通县张家湾，还未来得及安营扎寨，那八国联军已经从天津、河西务、落垡、杨村，一路打来。站脚不稳的鉴帅，被迫匆匆接战，谁知手下的兵将，原非他管，此时哪受节度，立刻溃不成军。义和团本是种地的农民，进城后刚捞到一点油水，也舍不得马上就义，纷纷丢下大刀片子，作鸟兽散。李鉴帅知道战也死，降也死，不战不降回去仍是死，老佛爷岂能饶了夸下海口的他。于是，吞金自尽。

　　这一下，慈禧的最后一根救命稻草，从手间滑走了。她明白，若不殉国，只有逃生，再也别指望有人救她了。

　　这一天，京城外是八国联军沿东直门到东便门的全线强攻，炮声如雷；京城内是义和团和甘军、虎神营围着东交民巷使馆区轮番冲锋，杀声震天。紫禁城也能听到爆豆似的枪声，刚毅亲眼看到俄国的哥萨克马队，从东便门冲进，跑来报告，说大事不好，慈禧还不相信，以为是董福祥的回勇。但俄国骑兵们突破建国门后，从现在的北京站，恒基中心方位，向东交民巷挺进，离皇宫也就咫尺之遥，她像热锅上的蚂蚁，火速召见荣禄八次，召见端王五次，可见其仓皇失措到何等程度。而皇亲国戚，辅弼元老，军机要员，内阁臣僚，在此兵临城下之际，一个个舌头都打了结，谁都一筹莫展。一时情急，慈禧才哭了起来。

　　坐在她身旁的光绪，一言不发，自然心里明白，她是为所倚重的顽固派集团而哭，是为所指望的义和团神兵神将而哭。前者不中用，后者不顶用，才让老太太伤心落泪。我想，此刻的光绪，半点也不会同情老太太，他恨她，说不定还有一点幸灾乐祸。所以，保持着难堪的沉默。如果一定要他说，他有胆子的话，也许会讲：这一切，都是皇额娘您自己种下的苦果。但这位有名无实的皇帝，如果看过《红楼梦》这部小说，应该明白探春曾经感叹过的话："'百足之虫，死而不僵'，必须先从家里自杀自灭起来，才能一败涂地呢！"冰冻三尺，非一日之寒，大清王朝一代更胜一代的腐败，才造成这种气数将尽的局面啊！

他当然不敢说，但他心里明镜似的，所以，1899年，他发誓要变法维新。

他当然不敢表露出来，这位变法维新的失败皇帝，心里明白，现在，神仙也没办法了。大厦将倾，根基先就败坏；疮痈溃破，内体业已糜烂；王朝垮台，政权灭亡，都是国家机器出了毛病。从古至今，那些摘掉王冠，滚下龙椅，走上断头台，仓皇辞庙垂泪宫娥的统治者，最致命的败因，莫过于上腐下贪四字。时下，一些负责同志，一些有识之士，不是在振聋发聩地提醒人们，要是不从现在起荡涤大小干部中的贪污腐败现象，将会有亡党亡国之险吗？我以为，这绝不是什么危言耸听。

清政府的垮台，若按老太太的妇人之见，肯定是外有列强，内有乱党，才弄得国将不国的。其实，她的这架国家机器，早就该贴封条了。从李伯元的《官场现形记》，到吴趼人的《二十年目睹之怪现状》，我们看到清政府，从这位老太太起，到王公大臣，到文武百官，到保甲衙役，可以说无官不贪。慈禧逃八国联军，躲在西安，一天到晚挂牵着她临走时埋在宫里的钱财宝物。一个最高统治者，如此贪贿无艺，那么"三年清知府，十万雪花银"之说，就不是夸饰之词了。如果一个相当于地市级的干部，能捞这么一大票民脂民膏离任，这个政权不完蛋，更待何时？

汲取历史教训，不管有多少外在的、客观的、冠冕堂皇的解释，明朝亡于贪污腐败，是事实；清朝亡于贪污腐败，也是事实。1949年以前的国民党政权，又何尝不如此，由于贪污腐败而全线崩溃，被逐出大陆，更是许多年过半百者看到的事实。官员贪污和政权腐败，是一对双胞胎，有腐败的政权，必有贪污的官员，有贪污的官员，政权也就不能不腐败。翻开二十四史，清官是数得过来的，换言之，贪官则是不计其数。当然，贪污不是中国土地上的特产，但这种贪污文化，在中国俨然也成了传统。

远的不说了，我们看一看明代严世蕃籍没时，那一份财产目录，就会吓一跳。他贪污了"黄金三万余两，白银二百余万两，其他珍宝、服玩所值，又数百万"，"仅纯金器皿一项，就有三千一百八十五件，重一万一千余两，玉器共八百五十七件，耳环耳坠共二百六十七双，布缎绫罗纱绒共一万四千三百余段，扇柄二万七千三百余把，南昌和分宜的第宅房店两共三千三百间"，真是富可敌国。而据《梼杌近志·和珅之家财》，清代这位权奸所贪污天大财产，更是骇人听闻。"其家财先后抄出凡百有九号，就中估价者二十六号，已值二百二十三兆两有奇。未估者尚八十三号，论者谓以比例算之，又当八百兆两有奇。甲午、庚子两次偿金总额，仅和珅一人之家产，足以当。政府岁入七千万，而和珅以二十年之宰查，其所蓄当一国二十年岁入之半额而强。虽以法国路易第十四，其私产亦不过二千余万,四十倍之，犹不足当一大清国之宰相云。"所以，坊间就有"抄了严嵩，肥了嘉靖"的民谚。

从这些现象得出一条定律，凡是贪污现象的高发之日，也必定是这个政权的衰微之时。你贪我也贪，不贪白不贪，政权越接近垮台，官员们也越放开手贪。西太后垂帘听政的几十年，正是清王朝的末季，所以，大规模的，大面积的，从上而下的贪污，引发一连串的内乱外患。贪污横行，腐败成风的后果，势必造成政治上的坏人当道，庸才充斥；败类上台，豺狼居路；无能之辈，身居要津；傻瓜笨蛋，因缘擢升，一片暗无天日的状态。20世纪初，整个中国落入一个比赛谁智商更低的游戏之中，是一点也不奇怪的。这就是1900年北京城里全部精彩表演的实质。

于是，就在俄国哥萨克马队，挥舞着大刀，从现在的北京站方向，朝天安门方向一路呼啸而来的时候。慈禧太后可能有生以来，头一回穿上汉人衣服，真像哪个小胡同四合院里走出来打油买醋的老太太，光绪也穿上一件青布大褂，像个生员，满脸惆怅，跟随着她。两顶小轿，抬出现在故宫博物院的后门，由德胜门出城，一行人向颐和园行进。即使落到这个地步，老太太第一件事，还是将她无法带走的私房体己，在宫里那个夹道里，深埋于地下。那是一笔不小的财产，估值也怕有数万两黄金的样子。这个国家还能有救吗？

西太后终于听任列强宰割，割地赔款以后，从西安回到北京，在紫禁城里挖出了居然未被八国联军强盗弄走的私房钱，不禁心中窃喜。接下来，她的任务就是要和这个原来就废不掉，现在则更难废掉的皇帝，进行一场谁先死，谁后死的生命竞走。如果她先死而光绪后死，那很可能故事的结局，会出现戏剧性变化。如果光绪死在她前，老太太就永远立于不败之地。一直熬到 1908 年 11 月 14 日，光绪死，次日，她才咽了气，结束了她的一生。细想起来，这个女人的报复心，之狠、之毒、之残忍，也真是令人发指，非得等到对手最后一口气上不来，非得等到内监附在她耳朵上报告皇帝驾崩，她才肯闭上眼睛。在中国历史上，她也算得上是一个太厉害的角色。

现在看来，老太太是最大的赢家，光绪是最大的输家。其实最先出局的义和团，才是输得最惨的一群。在历史的绞肉机中，倒霉的，永远是平头百姓。

你不能不佩服老太太的智商，要高出这些拳民许多许多倍，那些为她拼过性命，掉过脑袋的义和团，只不过被她结结实实地涮了一通。先是被她视为反叛，格杀勿论，令各省巡抚下力"痛剿"，结果一排排走向死亡；跟着又被她捧作义民，赏银十万，便卖了命地扑向洋枪洋炮，还是一排排走向死亡；最后又被她定为乱党，严惩不贷，凡抓获者无不枭首示众，到了这场游戏的结尾，仍旧是一排排走向死亡。

在中国古代历史上，有过多次揭竿而起的农民革命，义和团大概算是最没劲的一次。与同朝比，既不能像太平天国那样巍然成势，也不能像捻军、白莲教那样波澜壮阔。与他朝比，瓦岗寨兄弟，还能留下几位豪杰的英名，至今响当当挂在人的嘴边；梁山泊好汉，建立了自己一块根据地，也曾大碗喝酒大块吃肉快活过几天。义和团连个招安的过程也没有，来不及地跪倒在老佛爷脚下，为昨天还势不两立的统治者，甘效犬马之劳，情愿肝脑涂地，拼了身家性命，卖了无数力气，最后还是以"拳匪"二字，押赴刑场，你说傻也不傻？

从1899年6月的光绪下诏"明定国是"，到9月的慈禧发动戊戌政变，然后，在中国的政治舞台上，这场改革与反改革的较量的延续期中，一个最滑稽，最无聊，最莫名其妙，最师出无名的介入者，莫过于义和团了。慈禧对洋人切齿痛恨，因为他们支持光绪，保护康梁，这就成为对她的最大威胁，不除掉心腹之患，她连觉都睡不踏实。端王载漪极力煽惑引进义和团消灭东交民巷的洋人，也是为他立为大阿哥的儿子考虑，要是洋人一完，光绪一废，他就是皇父。在这场政治的利害关系中，跟着瞎起哄的义和团，云集京城，一个个头缠帕子，以为自己是块料，其实，算老几呢？

记得我刚到解放不久的北京时，东单还是一片空地，是一个很闹猛的摊贩集市。可以买到美国兵的大头皮鞋，和现在较值钱那时却很便宜的铜镜、秦半两、拓片之类。稍往南走，沿东交民巷，还留有庚子战乱中筑起的带枪眼的厚墙，逶迤约数百米长。就在这墙下，不知有多少义和团员倒下，在那个炎热的三伏天里，腐烂发臭，而他们为之护驾的老佛爷，却派人向使馆里送冰镇西瓜，不知横尸哈德门的义和团员，地下有知，会作如何想？这就是中国人经常要为自己的愚昧，所付出的代价！在以前或以后的历史上，受统治者的"感召"而傻不唧唧地去冲去杀去"革命"，最后又被统治者一脚踢开的，仅仅是义和团众弟兄领受过的悲剧吗？

这支农民造反队伍开始，就大搞鬼神迷信，沉渣泛起，以"降神召众，号令皆神语，传习时令伏地焚符诵咒，令坚合上下齿，从鼻呼吸，俄而口吐白沫，呼曰神降矣，则跃起操刃而舞，力竭乃止。其神则唐僧、悟空、八戒、沙僧、黄飞虎、黄三太，其所依据则杂取《西游记》《封神演义》诸小说"。而其头领人物，如张德成、曹福田之流，都被"荣禄表荐诸朝，赏头品顶戴花翎"，"出则骑马，戴大墨晶眼镜，口衔洋烟卷，长衣系红带，缎靴，背负快枪，腰挟小洋枪，手持一秫棍"，洋相百出。后来，义和团全盛时，便与统治阶层完全合流了，6月10日，义和团进入内城，于是，"坛场遍城内外，王公贵人争崇奉之，渐出入宫禁，莫敢究诘"。

因此，当义和团把造反的目标，从针对腐败无能的清政权，锁定为做统治者的看家犬，就注定了他们的反动性，谈不上什么革命了。6月13日，进入内城，马上提出杀掉"一龙二虎三百羊"的口号，也就是要成为西太后消灭维新派的马前卒，最早的一点造反意识，就被彻底抛在脑后。这班拳民，在京城里，杀人放火，无恶不作。他们以施虐异教徒为己任，以镇压革新派为目标，消灭一切文明进步的事物使愚昧泛滥，否定所有求变改革的思潮而使迷信猖獗，这种沆瀣一气的行为，还能对历史发展起到什么动力作用呢？

有一个被史家忽略的小镜头，最典型地反映出农民极易奴化变质，失却本质的天性。6月29日，义和团员在大师兄带领下，簇拥着一心想当皇父的狂想症者端王载漪，大呼大叫地跑到宫里去要杀洋鬼子徒弟，也就是已被幽禁起来的光绪。这是连慈禧都不敢或不想做的事，这种一厢情愿，过度忠诚的行径，弄得老太太也接受不了。

"老佛爷正吃早茶，闻外面喧嚣之声，群呼杀洋鬼子徒弟，急走出立阶上，诸王公及拳民聚于阶下。老佛大怒，斥端王曰：'你自己觉得是皇帝吗？敢于这样胡闹！你要知道，只有我一人有废立的权柄。我现在虽立汝子为大阿哥，顷刻就可以废之。'端王乃大惧，叩头不已，太后命罚俸一年，以示薄惩。"接着，老太太大发雷霆，"其义和团之首领，胆敢在宫中叫嚣，立即斩首，命荣禄之兵在外宫门驻扎者行刑"。这种政权中的保守派，和民众中的保守势力相结合起来的强大阻力，却是中国历史上所有改革和改良派，最终失败的原因。心中在流血的光绪，不得不弯下双膝向慈禧谢恩，因为她保护了他，不准乱民杀他。

一声就地正法，严惩不贷，这班拳民大眼瞪小眼，傻了，他们以为自己是钦定的打人棍子，一心想讨好西太后，结果差点把脑袋玩掉。这时，他们才看出来，老太太压根不把他们的效忠放在眼里。其实，他们哪里知道，老太太从来也没改变过对这班"刁民"或"贱民"的鄙视。"有一日，大阿哥同太监数人在颐和园空地穿拳民衣服，练习拳术，为太后所见，立即传谕，命大阿哥入房责之，并责大学士徐桐不用心教导，以致扮成这难看的样子。"（《景善日记》）这个细节，可以看出她心底里对于义和团的厌恶和反感。

但是，横行京城，不可一世的翻身农民，自我感觉却异常良好，并不知谢幕的时刻已经不远。6月13日以后，"城中焚劫，火光蔽天，日夜不息。车夫小工弃业从之，近邑无赖纷趋都下，数十万人横行都市，凡所不快，指为教民，全家皆尽，死者十数万人。杀人刀矛并下，肢体分裂，被害之家，婴儿未匝月，亦毙之，惨无人理。京官纷纷挈眷逃，道梗则走匿僻乡，往往遇劫，屡濒于险，或遇坛而拜，求保护，则亦脱险也。太后召见其大师兄，慰劳有加。士大夫之谄谀干进者，争以拳匪为奇货"。（据《庚子国变记》）现在，老佛爷赏银十万两，赏米两万石，有吃有花，还可胡作非为，团民们能不手之舞之，脚之蹈之吗？

这种利用，绝对出自女人的心计，她要报复，因为洋人不赞成她废黜光绪，不支持她立大阿哥，不交出躲进使馆的维新分子。7月11日，到了大哭号啕，无以为计的地步："太后仍希望拳民之法术可救北京，故仍猛攻使馆。"女人一旦染指权力，她的嫉妒、仇恨和强烈的报复欲望，肯定不惜制造灾难地把前五百年，后五百年所有的鸡毛蒜皮，大事小情，都要一件一件地清算了结而罔顾大局。吕后，她曾经把她嫉恨的戚夫人，断手足，去五官，塞入瓮中，使为"人彘"，这报复是何等的歹恶？那是刘邦死后，她获得无上权力才干得出来的事。

另外一个要利用义和团的因素是，废黜光绪，停止新政，面对全国上下的求新思变的潮流，以她为首的顽固派集团，需要同样愚昧落后的群众为基础，在精神上求得同声共气的奥援。于是，以愚昧落后的形式，以拒绝文明为姿态，以弄神装鬼、巫术迷信为手段，为反对列强压迫从而拒绝一切西方文化的仇恨心理，为打着扶清灭洋旗帜的义和团农民兄弟，便正中下怀地成了她手中的一张牌，既可供驱使当攻打使馆屠杀洋人的工具，也可用来镇压求新思变的不同声音。

会义和团起，以灭洋为帜，载漪大喜，乃言诸太后，力言义民起，国家之福，遂命刑部尚书赵舒翘、大学士刚毅导之入京师，至者万余人。义和拳谓铁路、电线皆洋人所借以祸中国，遂焚铁路、毁电线，凡家藏洋书、洋图皆号二毛子，捕得必杀之。城中为坛场殆遍，大寺观皆设大坛，其神曰洪钧老祖、黎山老母。谓神来皆以夜，每薄暮，什百成群，呼啸周衢，令居民皆烧香，无敢违者。香烟蔽城，结为黑雾，入夜则通城惨惨，无敢违者。神降时，距跃类巫觋，自谓能祝枪炮不燃，又能入空中指画则火起，刀槊不能伤。出则命市人向东南拜，都人崇拜极虔，有非笑者，由戮辱及之。仆隶厮围，皆入义和团，主人不敢慢，或更借其保护。稍有识者，皆结舌自全，无有敢讼言其谬者矣。(《庚子国变记》)

　　以前，我读有关庚子年拳乱的史料，因出自官方或半官方，多采半信半疑态度，不大以为然。鲁迅先生说过，胜利者给失败者作史，往往就会多说坏话。但后来，我觉得，20世纪初的义和团运动，对于社会生产力的破坏，对于文明和文化的仇恨，对于异己分子和异教徒的残酷迫害，以及宗教裁判所式的黑暗审判，和政府化了的私刑制度，过甚的迷信造成的阴暗鬼祟文化，巫师作法式的陷于狂热的图腾崇拜，确是事实。因此，这些记载，有夸张之词，无失实之处，应该是比较可信的。

　　她虽然哭了一场，有些失态，但她是一个强人，是一个能把时代进步的车轮扳回来，并使其倒转的女人，这是事实。

然而，任何历史的倒退，会给国家、人民，甚至她自己，带来什么福祉吗？无论什么样的复辟，总是不得人心的。因此，老佛爷和衣睡在居庸关乡下人家的硬炕上，一夜未眠。我想，她恐怕也会有一丝后悔，还不如让光绪搞他的新政呢！

据说，光绪随西太后逃到西安，说过一句话，当时目击者"曾闻皇帝言曰：'所以使余等至此者，皆拳匪所赐。'"他自被黜以来，很少表态，这个他得出的结论，看来倒使后人懂得：中国人对于具有暴力性质的革命，倒是乖乖服帖者多，而对于手段温和的改良或改革，所产生出来的阻力，却常常是强烈和巨大的。改革之难，有时真是难于上青天，每走一步，并不比革命者于刀枪剑戟中，杀出一条血路更轻松。

因为改革者面临的不仅有政治上的反对派，还有人数多得多的民众中的落后势力，他们由于眼前一时的利害关系，在没有尝到改革的好处前，会尽力抵制，甚至在领受到改革的甜头，也会在感情上容易与守旧的既得利益集团，结成神圣同盟。而贪官污吏，则是这个同盟中绝对的中坚分子，因为他们失去得最多，所以，冀图扼杀改革的欲望比谁都强烈。这就是慈禧所以哭，哭他们不成事，光绪之所以恨，恨他们把大清王朝推上了绝路的原因。

写到这里，不禁想起孔夫子的话："温故而知新。"在改革开放二十年之际，回顾一下这段西太后哭鼻子的历史，不也颇有一点启发吗？

慈禧躺着也中枪

老舍先生的《正红旗下》，写的是晚清年间的事，其中涉及两个关系为舅甥的美国人。外甥在中国，为北京城里某福音堂的牧师，以布道传教为业；舅舅在美国，因为他拥有很多资产，所以相当牛。很可能是，或将可能是国会议员之类的要人，从他一张嘴就说"我们会出兵"的霸凌口气，也是可以判断出来的。此人"年轻的时候偷过人家的牲口，被人家削去了一只耳朵，所以逃到中国去，卖卖鸦片什么的，发了不小的财。发财回乡之后，亲友们，就是原来管他叫流氓的亲友们，不约而同地称他为中国通"。

从此，"在他的面前，人们一致地避免说'耳朵'这个词儿，并且都得到了启发——混到山穷水尽，便上中国去发财，不必考虑有一只，还是两只耳朵。（那时还在美国当牧师的他的外甥）生活相当困难，到圣诞节都不一定能够吃上一顿烤火鸡。舅舅指给他一条明路：'该到中国去！在这儿，你连在圣诞节都吃不上烤火鸡；到那儿，你天天可以吃肥母鸡，大鸡蛋！在这儿，你永远雇不起仆人；到那儿，你可以起码用一男一女两个仆人！去吧！'"于是，这位其实相当窝囊废的牛牧师，到了北京，居然神气活现起来。不但"有了自己独住的小房子，用上一男一女两个仆人；鸡和蛋是那么便宜"，而且"他差不多每三天就过一次圣诞节。他开始发胖"。于是，他跟他舅舅一样，这个渐渐胖起来的牧师，理所当然地成了"中国通"。"中国通"，这说法如今不时兴了，由于总能勾起百多年来被列强侵略的阴暗记忆，不那么令人愉快，逐渐被改成"汉学家"，已是当下习惯。

虽然当牧师的舅舅，这个曾经的流氓，因在华贩卖鸦片的履历而成"中国通"，不等于西方世界里过去的"中国通"与现在的"汉学家"，都是流氓。但按照美国作家马克·吐温骂一些国会议员"是狗娘养的"，后来被要求登报道歉说"一些国会议员不是狗娘养的"逻辑推论，那么，"中国通"或"汉学家"中有一些流氓，应该是符合实际情况的。老舍先生笔下的那个崇洋媚外的多老大，挟着一本《圣经》，成天跟着牛牧师，装傻充愣，卖乖讨好，无非想得到几文赏赐，好到便宜坊买点卤肉杂碎，用干荷叶包了回家喝两口白干。虽然，多老大的兄弟，一位正经人劝他："老大！给咱们的祖宗留点脸吧，哪怕是一丁点呢！别再拿洋人吓唬人，那无耻！无耻！"一个中国人，只要他的脊椎中有了这根哈洋的贱骨头，你跟他说一百个"无耻"，也不顶屁用，因为他的灵魂中已经没有"耻"的概念。

大概在多老大尾随牛牧师混吃混喝的时候，一个名叫巴克斯的英国人，也出现在北京城里。

此人不是老舍先生笔下的牛牧师或多老大，那种虚构的文学人物，而是一个拥有男爵头衔的英国贵族。在他的家乡英格兰的约克郡，人们先称之为 Sir（爵爷），然后才是他的名姓。埃德蒙·巴克斯（Edmund Trelawny Backhouse，或译白克浩司、拜克豪斯），他生于公元 1873 年，死于公元 1944 年，在北京差不多生活了大半个世纪。

这是一个极具侵略色彩的"中国通"和很有流氓意识的"汉学家"。不过，对中国人来说，尤其对经历过八国联军和英法联军的北京人来说，那段屈辱的历史，和那些曾经趁火打劫过的"中国通"、为非作歹过的"汉学家"，早就被扫进垃圾堆，并努力被忘却。最近，他的一本《太后与我》，先在香港问世，后在台湾出版，接着，在我们这里，一些文化人，又将这个英国老瘪三从泔水缸里翻腾出来。可想而知，这本睡了慈禧太后的书，当红一时，译者和出版社赚了一个钵满盆满，连做梦也笑出声来。

这有什么办法呢？如今哈洋的中国人太多太多，人一哈洋，必无心肝，所以慈禧躺着也会中枪。不过，细想起来，西方世界对付中国的手段、伎俩、把戏、招数，一代不如一代，不免可笑。从 18 世纪的炮舰政策，到 19 世纪的殖民蚕食，到 20 世纪的封锁扼杀，到 21 世纪的分化肢解，你不能不服气中国民谚"黄鼠狼下豆鼠子，一窝不如一窝"之深刻；"三十年河东，三十年河西，落魄的凤凰不如鸡"之透彻。如果鸦片战争中英军统帅义律、巴夏里，或八国联军统帅瓦德西之流，从地底下活转过来，看到他们的后人，居然下三烂到如此不堪的程度，恐怕又会气死过去。

巴克斯之所以要到中国来撞撞运气，与老舍先生笔下的牛牧师之舅贩毒中国，倒有相似之处。牛牧师的舅舅因为偷牛在美国混不下去，巴克思因为债务缠身在英国混不下去，两人走了同一条道。不过，牛牧师的舅舅因偷牛的缘故，被割去一只耳朵，而巴克斯欠债高达三万二千英镑，一抹脸宣布破产，就开溜到中国了。按18世纪英镑的金本位制，每一个英镑，应含纯金7.32238克计，合美金一千五百元，近人民币一万元，他所欠之债，差不多可以买下三万头牛。然而他却毫发无损，两只耳朵完好如初地在脸上待着，出现于东交民巷原为淳亲王府的英国大使馆。

本来，巴克斯到中国来，走的是时任大清王朝海关总税务司英国人赫德的门路，希望能在这样一个肥得流油的衙门，谋一份差使。谁知不知是他宣告破产的不良纪录，信用丧失，还是他声色犬马的浪荡丑闻，不堪收留，考虑其精通中文这一点，赫德顺水推舟，将他荐举给英国驻华使馆。此时，适为戊戌变法的1898年，到了9月份，形势突变，住在颐和园里的老佛爷，一举扼杀光绪新政，下令逮捕维新派领袖康有为和梁启超，并在菜市口处死谭嗣同等六君子。而当时担任《泰晤士报》驻远东特派记者的莫理循，偏偏在远离北京的外地旅行，于是，越俎代庖的巴克斯以莫理循之名，在《泰晤士报》发表了一连串的北京电讯，其中有许多真假莫辨的第一手新闻，胡编乱造的独家消息，扑朔迷离的宫闱内幕，以及无法证实的政变背景，一时不但轰动英伦，欧美也为之侧目。70多年以后，英国历史学家休·特雷费·罗珀经过研究查实，郑重宣布，这一时期《泰晤士报》关于北京康梁维新以及随后的政变报道，"绝大多数是巴克斯出于维持生计需要而进行的杜撰"。

文学允许虚构，不虚构哪来文学。新闻必须真实，不真实还能算是新闻吗？那就是造谣了。看来，西方媒体戴着有色眼镜看中国，是非颠倒，黑白不分，信口雌黄，扭曲真相；无中生有，捏造事实，煽动蛊惑，挑拨离间……百多年来，一脉相承，敢情其来有自，祖师爷就是这位巴克斯男爵。英国历史学家休·特雷费·罗珀的结论，"杜撰"二字，正中造假作伪者的命门。不但一针见血地戳穿了巴克斯，也使伪善的西方媒体露出本相。

中国有句俗话，"来者不善，善者不来"，那个一只耳朵的牧师舅舅，偷牛贼出身的美国阔老，尚能在中国靠贩卖鸦片发迹；那么，两只耳朵的英国男爵，一口气赖掉三万二千英镑的拆白党，能够安安生生坐定下来，做汉学家应做的学问，做中国通应做的研究吗？

所以，对当下内地出版的《太后与我》，应该庆幸18世纪初期，照相机的使用，还停留在老式柯达单反当家的时代，那时既没有数码技术，更没有 Photoshop 手段。否则，这个巴克斯肯定会炮制出慈禧太后暴露三点的春宫图，那才叫真恶心呢！一个贵族要是下流起来，那肯定就是无恶不作，这就是明末遗民王夫之在分析君子和小人区别时所说的了，"君子之道，有必不为，无必为；小人之道，有必为，无必不为"。君子，是有界限的，有他绝对不能做的事情；小人，是没有界限的，没有他不可以做的事情。所以，如果，巴克斯拥有下流的可能，必然百分百的下流，如果，无耻能获得回报，巴克斯会比任何人更无耻。

你无论如何想象不到这个来自绅士国家，讲究

gentleman 风度，被授予男爵头衔的贵族巴克斯，竟是英国作家萨克雷说过的"卑鄙地崇拜卑鄙事物的人"。1900 年，八国联军攻进北京以后，允许士兵杀人放火，奸淫妇女，抢掠财产，镇压百姓，北京城顿成人间地狱。而在这伙成群结队，四处搜括的强盗队伍中，巴克斯也率领一彪人马，趁火打劫，浑水摸鱼。他所牵头的这支抢劫小分队，串行于大街，游走于小巷，重点剽袭王公府邸和大臣私宅，用他的洋人面孔进行恫吓，用他的流利汉语实施诱骗。据他在回忆录内自供，就在那短短的几天里，他连唬带蒙，连抢带偷，搞到600 多件青铜器、两万多卷珍版书籍、数百件名家书画。这是一个专家型偷盗者，他知道该偷什么，不该偷什么，他甚至以盗来的珠宝、玉器与联军士兵交换他们手中所抢得的具有文物价值的东西。

如果说，他以莫理循的名义，在《泰晤士报》上发表有关北京戊戌变法的文字，开始了他杜撰式写作的第一步；那么，庚子事变（这也是老舍先生的《正红旗下》将要写到而未写的一个章节）中，基本上算是一个文物大盗的巴克斯，所抢到的堆满好几间屋的物品，该是他在中国挖到的第一桶金。这小子，那年他 27 岁，已经抱负大大，希望有朝一日能将他的这些赃物，献给他的大不列颠王国，实现他衣锦荣归的梦想。

我有幸在伦敦的大英博物馆里，看到他们堆积如山的中国收藏，显然，这其中少不了巴克斯的贡献。

辛亥革命以后，《泰晤士报》驻华记者莫理循，被民国政府聘为政治顾问，与这个杜撰式代笔者没有继续合作下去。

但接替他的另一位《泰晤士报》驻华记者濮兰德，由上海转派北京，这个爱尔兰人，中国话说得十分流利，那个英格兰人中文功底相当扎实，说是心有灵犀也好，说是一丘之貉也好，都是吃着中国，啃着中国，还恨着中国，骂着中国的洋人，一拍即合，臭味契洽，一点就通，相见恨晚。很快，一本题名叫作"慈禧外传"，又叫"太后统治下的中国"的书，1910年出版。另一本题名叫"清室外记"，又名"北京宫廷的编年史和研究报告"，1914年出版。尤其《慈禧外传》，由于拥有《景善日记》"独家资料"，等于是"庚子事变"全过程的实录。此书不但展示清廷高层的内部斗争，更揭露帝后之间的矛盾决裂；尤其吸引眼球的是，披露了大量鲜为人知的慈禧细节，几乎就是一本这位太后淫乱的性生活史。此书问世，立刻在西方世界引起轰动，出版后的最初一年，就再版重印了十多次。

不过，民国初年的出版业者，比较谨守本业行规，也就是王夫之所说的"君子之道，有必不为，无必为"了，虽然这是捞钱的好生意，但也没有很快翻译出来，大赚一笔。大多数国人对此书懵懂不知之时，称得上既深知西方，更精通汉学的第一名人辜鸿铭，对这本书表示"极大愤慨"。据一篇《迟来的清算：濮兰德和贝克豪斯（即巴克斯）的骗局露馅始末》文章，因为"濮兰德和巴克斯极尽讥嘲揶揄之能事，而又煞有介事地将慈禧的阴狠残暴，擅弄权柄，腐化奢靡，龌龊肮脏的种种传闻予以充分刻画的下流做法，不仅意在满足西方读者对慈禧近乎'窥阴癖'的阅读需要，更主要的还是试图通过羞辱君主的手段，来诋毁一个古老而伟大的民族"。

所以，"作为中国传统文化的忠实卫士，辜鸿铭对于濮兰德和巴克斯及其《慈禧外传》的憎恨，首先出于他钦慕西方人士对于王室和国君荣誉那种与生俱来的珍惜和尊崇"。其实，这位天真的老夫子，哪里知道这些穿着燕尾服的帝国主义分子，在他们眼中的中国和中国人，如果不是野蛮人的话，至少也是与非洲的黑人，与美洲的印第安人，彼此彼此的低等人。辜老先生啊，殖民者视你为劣质民族，你还想从他那里获得最起码的尊敬吗？西方世界里，确有很多高尚人士，但也有更多不高尚的混账。

譬如老舍先生的《正红旗下》里，那个一只耳朵的美国人，就是这样吃中国、啃中国，又唯恐中国不乱的混账。就看他怎样开导那个在北京传教的窝囊废外甥，便一目了然："在一个野蛮国家里，越闹乱子，对我们越有利！乱子闹大了，我们会出兵，你怕什么呢？问问你的上帝，是这样不是？告诉你句最有用的话：没有乱子，你也该制造一个两个的！你要躲开那儿吗？你算把牧师的气泄透了！祝你不平安！祝天下不太平！"依此类推，便知道濮兰德和巴克斯糟蹋慈禧，埋汰中国，不过是唯恐天下不乱的老把戏而已。

挟舆论渲染之强势，借媒体轰炸之暴力，这本是西方世界玩得熟透熟透的惯技，辜鸿铭哪里敌得过濮兰德和巴克斯，以及他们身后那些愿意看中国笑话，看中国人出丑的洋人世界。于是，风靡欧美的这本书，集丑恶淫乱于一身的慈禧形象，从此定格。后人对西太后的负面观感、不良印象，都是受到这两个中国通的《慈禧外传》影响。幸好，曾任慈禧女官的裕德龄，用英文著述的《清宫禁二年纪》问世，让辜鸿铭松了口气，终于有人写出来一位真实的太后，倍加赞赏之余，还为此写了一篇英文书评，发表在当时上海的英文报纸《国际评论》上。他说："这部不讲究文学修饰、朴实无华的著作，在给予世人有关满人的真实情况方面（尤其是关于那刚刚故去的高贵的满族妇人情况方面）要远胜于其他任何一部名著。"最后这句话，显然是冲着那两位"杜撰"的汉学家而去。

1915 年辜鸿铭在他那部《中国人的精神》中，再次提及这个话题。"我原本想把我写的对于濮兰德和巴克斯著名的关于前清皇太后的著作的评论文章收入本书，遗憾的是没有找到该文章的复件，此文大概四年前发表在上海的《国际评论》上。在那篇文章中，我认为，像濮兰德和巴克斯那样的人，他们没有也不能理解真正的中国妇女——中国文明所造就的最高贵的女人，即清朝皇太后，因为濮兰德和巴克斯这样的人不够淳朴——思想不够率真，过于精明计较，像现代人那样，排演的是扭曲了的理智。"如果，这位享誉中外的大师，看到这个巴克斯接着写的第三本书《太后与我》，我想，老先生未必能这样平心静气了。

而且，从那以后，迄今为止，那些"扭曲了理智"的西方媒体，依旧本着那位一只耳朵的美国大佬对他外甥的"开导"，加上巴克斯男爵的"杜撰"精神，妄自臆造着合乎他们口味的唯恐中国不乱的消息。

《慈禧外传》第十七章所引用的《景善日记》，视为奇货可居的独家秘籍，其实是巴克斯闭门造车的"杜撰"。他的搭档，这本书的另一作者濮兰德，说他自己并没有看到过这本日记的中文原稿。1924 年前后，英文版《景善日记》单独在报纸上刊载，随后，濮兰德将英文手稿赠送给大英博物馆。馆方循例要得到译文的中文原件，但不知是当时越洋电话不好打，还是巴克斯心中有鬼，濮兰德得到的回答，先是说他因生计困难，早就转手卖掉；后是说他偶一不慎，落入炉中焚毁。撒谎的人常犯的一个低级错误，就是欲盖弥彰，越描越黑。中国社会科学院学者丁名楠断言："景善日记是假的，白克浩司（即巴克斯）发现日记的整个过程也是假的。它不过是白克浩司为了蒙骗人们故意玩弄的花招而已。"

第一，日记这种文体，除了类似博客或微博，是要给人看的外，绝大部分日记，都具有相当程度的私密性质。然而在这本日记中，看不到主人公一点点的私生活，内心活动，感情色彩，渴望追求的文字，更不用说不足为外人道的那些讳莫如深的一切，有所流露了。

第二，主人公为当时京城大把抓的普通官员，论理，有可能接触个把高官，但官卑职微的他，居然成为执政当局路路通的人物，从这本相当于在场新闻纪实的日记看，立场不同，观点不一的高官贵爵，不分派别，与他过从甚密，事发始末，无不巨细悉言。在那个等级分明的封建社会里，更是令人匪夷所思的事情。

第三，一个坐冷板凳的礼部右侍郎，或一说为内务府官员，绝非炙手可热的军机处章京可比。他不可能处于新闻发生的源头，更不可能介入政争的风口浪尖，尤其不可能侦听各方动态，打探内外消息，获知老佛爷喜怒，了解百姓反映。我一直认为，这样"包打听"式的人物，正是当时巴克斯所扮演的角色。一个不上不下的旗籍官员，恪守本分，犹恐不及，哪有胆子卷入政治旋涡，惹是生非。

第四，最说不过去的，也是最不应少的，这位进士出身的官员，在自己的日记里，起码要记下他四时八节，有感而发，应酬唱和，附庸风雅的诗词歌赋，这也是中国文人最爱表现的一点。哪怕一个小官员，要是不会写两句诗，要是不会题两笔字，要是不会喝两壶酒，要是不能风花雪月两下子，在官场上能混得下去吗？

百密一疏，巴克斯完全有能量弥补这些漏洞，他应该会，也并不难。然而，所有伪币制造者都有其无法摆脱的，受到时间、空间限制而注定失败的宿命。因此，马脚是不可避免的，任何一个细节上的疏失，都会导致满盘皆输。因为这个野心勃勃的巴克斯太急茬儿了，1913年，这位老兄40岁。他的《太后统治下的中国》出版，另一本《北京宫廷的编年史和研究报告》也要问世，大清王朝刚刚断气，尸骨未寒之际，他的杜撰著作即应声而出，这阵势，这彩头，最敏锐，最深刻，也是最及时的首席中国政治观察家身份，能不稳操胜券地落入他的囊中吗？于是，基础奠定，本钱十足，名声响亮，底气充沛的巴克斯，开始向伦敦叫板。

当年8月，巴克斯通过海运，将他重约8吨的收藏，包括2.7万件中文古旧手稿，以及书画卷轴，以及古版图书，以及青铜器之类的文物，运抵伦敦。这当然是轰动一时的新闻，而更轰动的是巴克斯宣布，他将全部藏品捐赠给他的母校牛津大学，以回报对他的培育。这批在中国所搜刮的东西，百分之百皆系赃物，充满了贼腥味，但受赠者牛津大学，倒也没有嫌弃，欣然接受。不过，牛津大学也有其"牛筋"或"牛劲"之处，就是不答应巴克斯提出的唯一交换条件，给予他教授头衔。东西，我要；教授，不给。因为，一、他在牛津没有修完学业。二、他在汉学领域里没有权威著作。当一名普通的汉学家，可以；想当牛津大学的汉文教授，没门。巴克斯退而求其次，看看是否可以得到一个名誉文学硕士的学位。主持校政那些老朽，研究来研究去，最终也没一个结果。

一气之下，他买了一张到天津大沽的船票，回到北京，在西城石驸马大街一处院子里，过起隐士生活，从此终老中国。

1937 年，日军占领北平，巴克斯避难于奥地利驻华使馆，结识瑞士领事贺普利，贺普利还是一位医生，给他治疗的同时，建议他把一生经历写出来，于是，就有了这本《太后与我》。在这本书里，这个被人视为疯子加骗子的巴克斯，自称与不少名人保持过同性恋关系，其中包括英国作家奥斯卡·王尔德、奥布里·比尔兹利，法国诗人保罗·魏尔伦，英国首相索尔兹伯里……唯一的异性交往者，为年过七旬的慈禧太后。在不堪入目的情色描写之外，还杜撰了大量的政治事件，似是而非，荒唐突梯，驴唇不对马嘴，比时下流行的"穿越小说"，还要走火入魔。诸如大学士孙家鼐与邮传部尚书密谋将太后与作者"捉奸在床"，不果；醇亲王福晋（荣禄之女幼兰）指使御膳房厨师下砒霜毒死作者这个"奸夫"，未遂；载沣、奕劻、军机大臣毓朗、总管内务府大臣世续策划废掉太后，迎光绪"归政"；慈禧获知密谋，即指派太监绞杀光绪，打算立溥伦为帝并处死袁世凯；随后，袁世凯在召见时拔出手枪，"向太后连发三枪"……

你不能不佩服这老小子，真是亏他想得出来。一位名叫斯特林·西格雷夫的批评家说："巴克斯对于这些和太后之间的荒唐性爱游戏的放肆铺张，以及关于他们之间遭遇战的荒诞不经的详细材料，使得他在精神彻底失常的极度兴奋的性幻想变得令人生厌。开始于几十年前的被视为机智、淘气的讽刺作品（伪装成了历史），如今退化为疯子的涂鸦。"

那位最早指出巴克斯"杜撰"的英国历史学家休·特雷费·罗珀在《北京的隐士——巴克斯爵士的隐蔽生活》一书中，建议这本《太后与我》，应该换个书名。他说，这本巴克斯的回忆录，应该改为《巴克斯幻想的性生活：第一卷，在19世纪90年代的文学界和政界；第二卷，在慈禧太后的宫廷中》，更为贴切。

连对巴克斯深信不疑的贺普利，在编辑整理他的这本书稿的后记里，也不得不坦承："这些事实在多大程度上因记忆混淆而歪曲，在多大程度上加入了想象成分，只能留待以后判断。"所以，他手里掌握的这份巴克斯的《太后与我》，不但在沉湎于性幻想中男爵还活着的时候，没有张罗出版，甚至1944年巴克斯逝世以后，也没有为他出版此书的意思。只是将他亲手在打字机上一个字一个字敲出来的原稿，复印多份，分别寄存于英、美数间大学的图书馆。1973年，贺普利也去世了，这本《太后与我》，一直在图书馆束之高阁。

冷落了大半个世纪的这本书，到了2011年，似乎有点一声令下的声势，先是英文版，后是繁体字版，接着简体字版，接踵而至，好不热闹。

《太后与我》的出现，也许不过是一起人想发财而想疯了的偶发事件，也许并非反华政客们有谋略的刻意安排，但是西方世界对于中国和中国人的文化骚扰、精神攻势，其实是有着深刻的历史渊源和时代背景的。试想一想，老舍先生的《正红旗下》，多老大曾经说过"连咱们的皇上也怕洋人"的岁月，一去而不复返，某些西方人士，怎么说也是不甘心、不顺心、不安心的。更何况面对自身难以排解的衰势，面对中国难以阻挡的崛起，那种"无可奈何花落去，似曾相识燕归来"的失落感、挫折感，还有从心底泛上来的酸溜溜味道，在肺膈腑脏间梗阻着，当然不好受，不痛快，不开心。于是，就像唐人柳宗元寓言中那头最早运到贵州场坝上的毛驴，在没有完全技穷之前，再尥你两蹶子，恶心你一下，捣乱你一下，让你难以招架，让你穷于应付，是绝对有可能的。

至今犹忆张苍水

说实在的，中国人的血性，从来没有像明末清初这样一个剧变时期中，表现出来的如此刚烈。中国文人的骨头，也从来没有像在这样一个大势已去，败亡已定，求死求生都不容易的二十年里，表现出来的如此坚强。中国知识分子讲气节，提倡这种绝对属于精神，属于价值观的坚守，也从来没有像在明清改朝换代之际，表现出来的如此张扬。要知道，这种坚守，是以鲜血、头颅、死亡、身家性命为代价，才能经受得住的考验。尽管如此，仍有众多的明末遗民，不弯腰低头，不苟且存身，表现出坚贞的气节。

当这块土地颠覆震荡，当国家、民族面临危机，最先触动的就是这些读书种子、文化精英。李世民给萧瑀的一首诗："疾风知劲草，板荡识诚臣。勇夫安知义，智者必怀仁。"便可了解在明清易代之际，为什么会有如此众多的爱国文人，表现出忧国忧民的情怀，大义凛然的斗志，宁死不屈的节烈，视死如归的精神。在改朝换代的这段岁月中，仅以文人为例，如张煌言这样的为捍卫自己的价值观，与异族统治者进行殊死战斗的殉难者，可以开列出来一个很长很长的单子：

刘宗周，万历二十九年进士，1645年，南京、杭州相继失守，绝食而亡。

史可法，崇祯元年进士，1645年，坚守扬州，城破被俘，清豫亲王多铎劝降，宁死不屈，遭杀害。

左懋第，崇祯四年进士，1645年，北行议和，不辱使命，清摄政王多尔衮亲自劝降，不从，被杀。

夏允彝，崇祯进士，1645年，因清兵进松江，其友人皆及难，乃赋绝命辞，投深渊死。

侯峒曾，天启五年进士，1645年，率领嘉定军民据城反抗，城破，与二子投水，气未绝而清兵追至，父子三人皆遇害。

朱大典，万历进士，1646年，守金华。城中有火药库，恐陷后资敌，在清军攻进城后，引爆自杀。

黄道周，天启二年进士，1646年，在婺源为清兵所败，被俘，在南京被杀。

万元吉，天启五年进士，1646年，坚守赣州半年，城破，投水自杀。

吴易，崇祯十六年进士，1646年，夺敌辎重，再屯太湖，战败，被俘杀。

张家玉，崇祯十六年进士，1647年，受困增城，兵败自杀。

陈子龙，崇祯进士，1647年，联结太湖兵，谋再举事，事泄被俘，乘隙投水死。

陈邦彦，举人出身，1647年，因城破被俘，不降，遭杀害。

夏完淳，诸生，夏允彝之子，1647年，起义失败，被捕，牺牲时年仅十七岁。

钱肃乐，崇祯十年进士，1648 年，兵败连江，忧愤至甚，呕血而死。

黄毓祺，天启元年恩贡，孤身起兵抗清，1648 年被执，不降，死于南京狱中。

何腾蛟，举人出身，1649 年，湘潭被俘，绝食七日，不屈而死。

瞿式耜，万历四十四年进士，1650 年，守桂林，清兵入城，逼降不屈，从容就义。

······

在吴伟业的《鹿樵纪闻》、戴名世的《乙酉扬州城守纪略》、陈贞慧《过江七事》，以及《东南纪事》《浙东纪略》等清初著作中，还有很多这样可歌可泣的人物和故事。张煌言，也就是张苍水，只是最后将这段抗清斗争史，画了个句号的英雄人物。在中国文学史上，以文名而振者为绝大多数，后世读者，多记住的是他们的作品，而不大说得上他们在世时的行状。但是，同是这部文学史，还有极少数的优秀分子，既以文章名天下，更以人品存青史。张煌言就是这样一个诗人。他的诗，激昂慷慨，忧国忧民，可以用"饮血吞泪，气壮山河"八个字来形容。这也是我们至今犹忆张苍水的缘故。因为自从公元 1644 年明朝崇祯上吊起，一直到公元 1664 年，整整二十年，已经是清朝康熙三年，他始终反清，直至最后一刻；始终战斗，直至最后一位。张苍水的名字，对东南半壁的中国人来说，他不死，表示还有人不曾剃发留辫，膺服新朝；他不死，表明大清王朝，还说不上百分之百地入主中原，一统宇内；他不死，意味着朱明王朝的最后一口气，还没有咽绝，还具有某种生命迹象。这种象征意义，着实教北京的最高当局，教杭州的巡抚衙门，大伤脑筋。而对当时苟活于清廷铁蹄下的中国人，总算能在满天雾霾中看到一丝光明，一线希望。

直到公元1664年，他殉难于浙江杭州城区中的一个名叫弼教坊的街区，统治中国已经20年的大清王朝，才算得上是完完全全地一统江山。

张煌言（1620—1664），字元箸，号苍水。崇祯十五年举人，浙江鄞县人。其实，他是一位文人，更具体地说，他是一位诗人。他的诗很出色，人们将他比拟为南宋的文天祥。因为他的作品中，洋溢着慷慨豪迈的民族大义，充满了悲愤壮烈的家国情怀。如他在杭州狱壁上所题《放歌》："予生则中华兮死则大明，寸丹为重兮七尺为轻。予之浩气兮化为雷霆，予之精魂兮变为日星。尚足留纲常于万祀兮，垂节义于千龄。"如他被捕之后的《甲辰七月被执进定海关》："何事孤臣竟息机？鲁戈不复挽斜晖。到来晚节同松柏，此去清风笑翠微。双鬓难容五岳住，一帆仍向十州归。叠山返死文山早，青史他年任是非。"如他的《甲辰八月辞故里》："国破家亡欲何之？西子湖头有我师。日月双悬于氏墓，乾坤半壁岳家祠。惭将赤手分三席，敢为丹心借一枝。他口素车东浙路，怒涛岂必属鸥夷。"在这些诗篇中，所透露出来的意志之不屈，勇气之无畏，斗志之坚定，信念之忠贞，总结起来，就是"气节"这两个大字。

后人谈到张煌言时，首先不是他的作品，而是他的征战，他的流亡，他的失败，他的就义。中国历史上发生过多次改朝换代，但从来比不上明末清初的数十年间，抗争之不断，声势之壮大，虽然最后都被清廷镇压了，但那些抗清英雄，宁死之不屈，杀身之成仁，令后世人为之感动，为之钦佩。人们至今犹忆张苍水，因为他是一个完整的中国人，因为他在国破家亡时刻所选择的站着活，立着生的气节。

人是需要一点气节的，你可以怯懦，不可以叛变；你可能沉默，不可以出卖；你可以逃避，不可以无耻；你可以低头，不可以成为一个精神上的矮子，尤其不可以为已是侏儒而洋洋自得。特别当这个国家，这个民族，面临存亡危机的那一刻，你可以苟且图生，不可以为虎作伥。张苍水之所以让人难以忘怀，就是因为他在生死关头，表现出一份难得的壮烈，就是因为与之对比的，明清之际那些学问比他大的，名气比他响的，资历比他老的，科第比他早的同行，离战火很远，离刀枪很远，离死亡更远，离地狱更远，膝盖就先软了，脊梁就先软了，扑通一声趴下成一摊泥了。当清军南下，将过扬子江时，南京城里那些投降派的丑态，正如唐人刘禹锡《西塞山怀古》里所写"一片降幡出石头"那样，令人气馁。

当摄政王多尔衮之弟——豫亲王多铎率部进入金陵城时，那时的文化大佬，如钱谦益等人，那时的文学大腕，如阮圆海之流，立刻就变节了，附敌了，更来不及地跳出来，如跳梁小丑般地手舞足蹈，那就更让人齿冷了。也许并不是巧合，就如我们当下看到的，不过才是境外几个恶霸或恶棍的国家，对我寻衅挑事，对我动手动脚，对我诋毁叫嚣，对我说三道四，国内一些软不拉塌的鼻涕虫，一些洋人放屁立刻接着的应声虫，便一窝蜂地跳将出来，为其洋主子帮腔搭调，助威呐喊，奴才嘴脸，原形毕露，汉奸面貌，彻底暴露。所以，四百年前的钱谦益，联合一个叫王铎的三流作家，拟一纸《降清文》，赶快跑到南京下关码头向多铎呈递上去，也就不必惊讶。这种非要为强虏张目，非要认外贼为父的劣根性，都是古今一些投机倒把，抓尖卖快，没有节操，不知羞耻的精英分子，认为时机已到，便不甘寂寞，便粉墨登场，便抹白自己的鼻子做小丑，借此大捞一把的卖身行径，你有什么办法？

这篇《降清文》，提倡投降有理，鼓吹活命第一，称得上是中国文学史上，由第一流文人撰写出来的第一等无耻文章。"谁非忠臣，谁非孝子，识天命之有归，知大事之已去，投诚归命，保全亿万生灵，此仁人志士之所为，为大丈夫可以自决矣！"钱谦益，江左三大家之一，他的诗文，在文学史上占有一席之地。这篇令人作呕的《降清文》，让我看到他灵魂中肮脏的一面。同样，时下那些鼻子高不起来的洋奴走狗，既无钱牧斋的名气，更无绛云楼的才识，说白了，拾老外之牙慧，唬中国之百姓，就掩不住鲁迅先生所描写的那个"假洋鬼子"的德行了。

张苍水之举事，一是他的爱国精神；一是他的民族大义。既是偶然，也是必然。这也是他只有抗清，而不降清的一道好走，也是他和钱谦益之流的根本分歧所在。然而，正如佚名著《兵部左侍郎张公传》所称那样："自丙戌至甲辰，盖十九年矣，煌言死而明亡。"一个人，在历史的河流中，是非常渺小的。若是能够给某个进程，在某个阶段，起到一个句号的作用，也算是一种难得的光荣。张苍水这个名字的标志性意义，就在于他如长夜里在天空一掠而过的流星，使人明白，这冥暗的世界，不会永远这样沉沦下去。

老实讲，这个非常清醒的知识分子，举事之初，就将前因后果看得清清楚楚。第一，明之不可救，因为是从里往外烂朽；第二，南明之不可为，因为压根儿就不成气候。张苍水叹息过自己"鲁阳挥戈"，知其不可救，而救，知其不可为，而为，不过是尽到一份士大夫的大义罢了。这就是说，他知道，这一天早早晚晚总是要来到的，但是，他的伟大，就在于不因知道这个结果而袖手，而作壁上观。十年前，他在答复清廷两江总督的郎廷佐的诱降书中，说得很清楚：大丈夫"所争者天经地义，所图者国恤家仇，所期待者豪杰事功，圣贤学问。故每毡雪自甘，胆薪深厉，而卒以成事"。至于本人，"仆于将略原非所长，只以读书知大义"。但"左祖一呼，甲盾山立，济则赖君灵，不济则全臣节。凭陵风涛，纵横锋镝，今逾一纪矣，岂复以浮词曲说动其心哉？"

明弘光元年（1645），清兵陷南京，他从家乡鄞县，来到府城宁波，一看那些文武官员，或弃城而走，或仓皇遁逃，或打算降清，或策划献城。他奔走联络，振臂高呼，士民集者数万人，会于府城隍庙，拥戴刑部员外郎钱肃乐举义。一腔热血的张苍水，先是随钱肃乐的义军，驰骋宁、绍，转战浙东，后又与张名振的部队，互为声气，共同行动，接着，天台会师，张苍水倡议勤王，集师举义。并奉表到天台请鲁王朱以海北上监国，得到郑成功的盟军支持。

张名振为石浦游击，死后，将武装力量托付给张苍水。

由于兵力单薄，加之清兵过钱塘江，不敌强虏的他，遂游击于浙闽沿海，进行抗清活动。南明永历八年（1654），趁敌空虚，首师北伐，入长江，趋瓜洲，捣仪真，抵燕子矶，威震江宁。十三年（1659），又与郑成功分兵两路反攻，他率军深入安徽，不到半个月时间，就连克宁国、歙县。大江南北，相率迎降，共得四府、三州、二十二县，清廷惊骇。黄宗羲在其《兵部左侍郎苍水张公墓志铭》中，有一段精彩文字，极写张煌言之智勇，之胆略。他全盛时，兵不过万，船不满百，但他懂政治，懂大局，懂得联络这些反清力量，一致竭力戮贼。

　　明年（顺治十五）五月，延平（郑成功）全师入江，公以所部义从数千人并发。至崇明，公谓延平："崇沙，江海门户，悬洲可守，不若先定之为老营，脱有疏虞，进退自依。"不听。将取瓜洲，延平以公为前茅。时金、焦间铁索横江，夹岸皆西洋大炮。炮声雷轰，波涛起立，公舟出其间。风定行迟，登桅楼，露香祝曰："成败在此一举。天若祚国，从枕席上过师，否则，以余身为斋粉，亦始愿之所及也。"鼓棹前进，飞火夹船而堕，若有阴相助者。明日，延平始至，克其城。议师所向，延平先金陵，公先京口。延平曰："吾顿兵京口，金陵援骑朝发夕至，为之奈何？"公曰："吾以偏师水道，薄观音门，金陵将自守不暇，岂能分援他郡？"延平然之，即请公往。未至仪真五十里，吏民迎降。六月二十八日，抵观音门，延平已下京口，水师毕至。七月朔，公哨卒七有，掠江浦，取之。五日，公所遣别将以芜湖降书至。延平谓芜城上游门户，倘留都不旦夕下，则江、楚之援日至，控扼要害，非公不足办。七日，至芜湖，相度形势，一军出溧阳以窥广德，一军镇池郡以截上流，一军拔和阳以固采石，一军入宁国以逼新安。传檄郡邑，江之南北相率来归。郡则太平、宁国、池州、徽州，县则当涂、芜湖、繁昌、宣城、宁国、南宁、南陵、太平、旌德、贵池、铜陵、东流、建德、青阳、石埭、泾县、巢县、含山、舒城、庐江、高淳、溧阳、建平，州则广德、无为、和阳，凡得府四、州三、县二十四。江、楚、鲁、卫豪杰，多诣军门受约束，归许袆牙相应。当是时，公师所过，吏人喜悦，争持牛酒迎劳。父老扶杖炷香、携壶浆以献者，终日不绝，见其衣冠，莫不垂涕。

一个绝对不是领兵打仗的文人，二十年来，居然运筹帷幄，指挥若定，出江入海，攻城略地，让清廷一筹莫展，硬是抓不住他，终顺治一朝，就是消灭不了这小股武装。而且，深入腹地，袭击要津，如风似影，行踪莫测。"于时海内升平，滇南统绝，八闽澜安，独公风帆浪迹，傲岸于明、台之间"。确如古人所言，"时穷节乃见""疾风知劲草"，国破家亡之际，一介书生，爆发出来巨大能量，实在让人赞叹。一个文人能打出江南这半壁江山，真是应了"乱世出英雄"这句名言。这个张煌言，做出如此泼胆的天大事业，让已经坐稳江山的大清王朝，倾其全力来对付，来收拾，足足花了二十年工夫，未能得逞，未能敉平，那是何等厉害的角色？

由于郑成功（即延平王）在战略、战术上的一些错误，占据南京后不思进取，致使这次北伐惨败。再加上南明政权内部的分裂和战略上的失误，几次大规模的军事行动都遭清军镇压。张苍水最后被迫退守浙东沿海的舟山岛，准备东山再起。1662年四月南明永历帝在昆明被吴三桂所杀，五月，在台湾的抗清民族英雄郑成功病死，次年十一月，鲁王又死于金门。抗清斗争局势每况愈下，浙东一隅只剩张苍水独力支撑。直到清康熙登基三年之后，张苍水还扼守着一个约数平方公里的岛屿，那大概是大明王朝的最后一块土地了。居然用旧朝正朔，居然存故国衣冠，居然与大清王朝为敌到底。这一切，都是这个文人所为，实在是中国文学史值得大书特书的一件事。

张苍水犹在海上，张苍水犹在抗清，张苍水置重金高官诱降于不顾……在民众口中，有关张苍水的一切传闻，一切消息，不胫而走，尽人皆知。张煌言，或张苍水，这个名字成了清廷重臣的一块心病，成了杭城衙门为之焦头烂额、急得跳脚的大事。抓又抓不住，除又除不掉，诱降不顶屁用，发兵围剿，大海捞针，突袭孤岛，多次扑空。渠首张苍水，成为清廷芒刺在背的隐患。事情发展到这一步，已非军事上的考量，而是脸面上挂不住、下不来，绝对是一个严重的政治问题。二十年了，这个张苍水猖狂于东海，嚣张于穷岛，就是捉拿不来，让大清王朝怎么张嘴说天下一统？

鲁王病逝金门，明王朝的最后苗裔也不在世间了，使他失去信心，战斗二十年，为之复辟的"辟"都没了，还有什么还我大明的意义。从这天起，张苍水决定以他自己的方式，结束一生。先是解散部队，后是遁居孤岛，在这大明版图的孑遗之地，作精神上的最后坚守。由于浙江巡抚和水师衙门，采取坚壁清野的迁界政策，强迫沿海居民内迁，用以隔断张苍水残部的联系和供给。常年在孤岛之上，口粮储备有限，必须时不时地偷渡大陆采购，一来二去，暴露行踪。《海东逸史》称："北帅惧终为患，募得其故校，以夜半从山背缘萝逾岭而入，暗中执之。"康熙三年七月二十日，清军接获眼线侦得的线索，水师黄夜出海，围岛偷袭。张煌言及随从人等，猝不及防，悉皆被俘。

大清王朝，终于拿获这个最后的反叛，喜出望外；浙省督抚，终于捕捉到多年不得的对手，如释重负。我估计北京城里的最高当局，很想借此舆论造势一把，看哪！明朝最后的一个反叛渠首，也落网称降了。于是，先羁押府城宁波，再解送省城杭州，让他频频出镜，招摇过市。这数十天里，对其颇为优容，俨然上宾款待。宗旨只有一条，着力招安，反复劝降。

大义凛然的张苍水，不为所动，慷慨从容，一心求死。

公元1664年10月25日，也就是康熙三年九月初七日，清政府见这位抗清志士难以投诚，也就死了心，将他杀害于杭州弼教坊。张苍水临死不跪，先说了一句："好河山！"再说了一句："竟落得如此腥膻！"然后，坐而服刑。天忽大雨，万民哭送，为什么？就是说，中国文人也是有能够让人敬服的硬骨头，连苍天也陪着百姓一起落泪。

杭州弼教坊，在宋为官巷，在明为检署，如今已淹没于花花绿绿的闹市之中，成为一个街区。旧衙荡然，遗址难觅，不过，提起这个地名，与之相牵系着的血腥记忆，那是不大容易磨灭的。历史的镜鉴意义，就在于当需要的时候，它会出来见证。所以不管隔多少年，多少代，只要中国人的情怀中，尚存骨气节操，尚知家国大义，弼教坊的图腾意味，便起到酵母作用，永远会令人生出知耻惕厉之心。

一曲悲笳吹不尽

晚清诗人龚自珍，他的诗"继往开来，自成一家"，是有清一代诗人中的佼佼者。但他的知名度高，比钱谦益、朱彝尊、纳兰性德的名字要响亮许多，这一点，很大程度上得益于毛泽东的抬爱。毛在一份有关农业合作化的文件中，引用了龚自珍的一首诗，就是"九州生气恃风雷，万马齐喑究可哀。我劝天公重抖擞，不拘一格降人才"。

他这句"我劝天公重抖擞，不拘一格降人才"，好是好，有见解，也有气魄。但想不到，恰恰是他的儿子，对他所表达出来的这句石破天惊之语，做出一个彻底否定的回答。龚自珍的人才哲学，兑现在他儿子身上，猴儿吃麻花——满拧。这小子吃喝玩乐，在京城竟混不下去，跑到十里洋场的上海谋生，最后成了一个地道的汉奸，这讽刺实在够残酷的。因为在 1860 年 10 月火烧圆明园的这场民族惨剧中，龚自珍之子龚半伦，是一个起到毁灭性作用的败类。

据《圆明园残毁考》，"圆明园之毁于英法也，其说有二：一为英法所以焚掠圆明园者，因有龚半伦为引导。半伦名橙，字珍子，为人好大言，放荡不羁，窘于京师，辗转至上海，为英领事记室。及英兵北犯，龚为响导曰：'清之精华在圆明园。'及京师陷，故英法兵直趋圆明园"。我们看过许多抗日战争的影片，凡鬼子进村，在队伍前边，总有一个戴着礼帽墨镜，穿着拷纱衫裤，挎着盒子炮的汉奸带路，龚半伦就是这一路货色。若以龚自珍的人才论，老天给中国降下这等从龚半伦到周作人式的汉奸，实在是国之大不幸呢！

道光十八年（1838），林则徐赴粤禁烟，龚自珍致书请林严备重兵，以除烟患而御外敌，是一位有经世之志的爱国文人，想不到他的儿子却是一个引狼入室的洋奴。君子之泽，五世而斩，如果龚自珍知道他的第二代就走向反面，也许他这首名诗又是另一种写法了。咸丰十年（1860）八月癸亥之谕里，有这样一段话，也足以佐证龚半伦为敌前驱的可靠性："该夷去国万里，原为流通货物而来，全由刁恶汉奸，百端唆使，以致如此决裂。"逃到热河承德的奕詝，在诏书里出现"汉奸唆使"之词，当有所指，绝不是普通老百姓，而是有头有脸之辈，除龚自珍之子这样的汉奸，还会有谁？

有鬼子进村，必有汉奸领路，有帝国主义侵略，必有假洋鬼子起来呼应。甚至在文学这一亩三分地里，几个拿了绿卡的小瘪三或老瘪三，做洋奴状，狐假虎威，也在那里指手画脚，这恐怕也是中国社会的特有现象。国人血管里的这种当汉奸的基因，可谓根深蒂固。

而第二个说法，很大程度是在为洋人涂脂抹粉了。"有谓京师既陷，文宗北狩，于是园中大乱。其初小民与官宦争夺之，其后英法大掠之。有谓夷人入京，遂至园宫，见陈设巨丽，相戒勿入，去恐以失物索偿也。乃夷人出而贵族穷者，倡率奸民，假夷为名，遂先纵火，夷人还而大掠矣。"我怀疑这则史料，肯定出自具有汉奸基因者之手。因为只消读一读《1860年华北战役纪要》一书，便可知道此说之谬。

这篇文章的作者，为英国人施维何，当时任联军书记官，他的说法应该是最可信的："当夕阳西下之时，有联军进园，时为门监多人所阻，乃格斗，杀门监，于是，一哄而进，散至各处，见陈设之华丽，器皿之珍贵，俨若一博物苑。及至一室，见1856年之中英条约，犹在书案上也。"这位英国人说："同时，法兵则肆意抢掠，遇无数金表，好之者，以手攫之，不好者，则乱掷之，铿然作响。有法兵掠贯珠，珠大如石子，闻后至香港，出售银三千两。又有人掠一笔盒，其盖尽钻石镶成也。"从这里看到，所谓的"相戒勿入""去恐以失物索偿"，估计是那些持绿卡者为洋主子的粉饰溢美之词了。

也是这位英国人，确凿无疑地告诉我们，"1860年10月7日，适逢星期天，联军司令下令曰：'入园劫掠勿禁。'于是英法军官与兵弁以及中国人皆杂沓而入，大肆劫掠，无论何人，皆可进园，全园秩序最乱，而各处殿宇，已焚毁不堪矣"。

所以，这就不能不钦佩法国作家雨果的良知，他在1861年11月26日谈中国的一封信中，明确指出："在将来交付历史审判的时候，有一个强盗就会被人们叫作法兰西，别一个——叫作英吉利。"他还说："法兰西帝国侵吞了一半宝物，现在，她居然无耻到这样的地步，还以所有者的身份，把夏宫（指圆明园）的这些精美绝伦的古代文物拿出来公开展览。我相信，总有这样的一天——这一天，解放了的而且把身上的污浊洗刷干净了的法兰西，将会把自己的赃物交还给被劫夺的中国。"

最后他的结论是："我暂且就这样证明，这次抢劫就是这两个掠夺者干的。"

不过，他在这封信中说过的："做强盗勾当的总是政府，至于各国的人民——由从来没有做过强盗。"窃以为这很可能是大师不了解具体情况的结论了。人民作为一个整体，和构成这个整体中的一个分子，是不能等同而论的。从上述引文中，所读到的"园中大乱。其初小民与官宦争夺之，其后英法大掠之"，"倡率奸民，假夷为名，遂先纵火，夷人还而大掠矣"，"中国人皆杂沓而入，大肆劫掠，无论何人，皆可进园，全园秩序最乱"，对这些所谓的"民"，也就是趁火打劫，发国难财的中国同胞，在造成圆明园彻底毁灭性的灾难中，他们同样有难逃的罪责。

我不禁想起秦牧先生在《人民日报》上发表过的一篇文章，题目叫作"鬣狗的风格"的这篇杂文。早年在读鲁迅先生的《狂人日记》时，对于文中提到的"海乙那"，并不了然，只能大致理解为一种很坏的动物。鲁迅先生形容："他们只会吃死肉的——记得什么书上说，有一种东西，叫'海乙那'的，眼光和样子都很难看；时常吃死肉，连极大的骨头，都细细嚼烂，咽下肚子去，想起来也教人害怕。"直到读了秦牧的文章，才恍然"海乙那"原来就是鬣狗。

在动物园里，见过这种来自非洲的其貌不扬的家伙，一副很猥琐的样子，不经意间，真会把它当成癫皮狗的。电视节目里，也介绍过奔驰在大草原上成群行动的鬣狗，它们紧紧跟随着狮子和老虎，等到这些猛兽猎食了斑马、羚羊、麋鹿扬长而去以后，就迫不及待地一哄而上，将那残存的皮毛骨血，吃个一干二净。联想1860年发生在圆明园的这场灾难，雨果所说的两个强盗，毫无疑义为狮为虎，那么，像龚半伦之类，像那些冲进园里去，不抢白不抢，不拿白不拿的分不清是兵、是民、是匪的一群掠夺者，不就是吃尸肉的鬣狗吗？

试看这一段段记载，便知鬣狗或海乙那的行径了——

10月6日："夷人烧圆明园，夜火光达旦烛天。"（李慈铭《越缦堂日记》）"夷人至海淀，即招集畿辅亡赖，纵之大掠，遂至挂甲屯诸处。园闭，夷以巨炮击坏之而入，尽取其金宝以去。"（同前）

10月7日："夷人二百余名，并土匪不计其数，同入清漪园东宫门将各殿陈设抢掠，大件多有损伤，小件尽行抢走。"（九月初三日圆明园总管奏折）

10月8日："八月二十四日，闻夷人已退，乘车回园寓一顾，则寓中窗棂已去，什物皆空，书籍字帖，抛弃满地，至福园门，则门半开，三天，书籍亦狼藉散于路旁。至大宫门，则闲人出入无禁。附近村民携取珍玩文绮，纷纷出入不定，路旁书籍字画破碎抛弃者甚多，不忍寓目。"（鲍源深《补竹轩文集》）

10月11日："二十七日，闻圆明园被夷人劫掠后，奸民乘之，攘夺金物，至挽车以运，上方珍秘，散无孑遗。"（李慈铭《越缦堂日记》）

10月13日："嗣因夷兵退出，旋有匪徒聚众抢掠。"（《夷

务始末》)

10月15日："谕，现在洋人已退至黑寺，自圆明园一带，以至黑龙潭，太子府，沙河，清河等处地方，土匪仍复肆扰。"（《清实录》）

抄到这里，看到这些全无心肝的国人，像一群鬣狗似的，为帝国主义的帮凶，将国际强盗烧成灰烬的圆明园，挖地三尺，不加以彻底地捣毁，绝不罢手的狠毒，不禁发指，握在手中的笔，竟不由得颤抖起来。1949年，我到北京的西郊，参加土地改革运动，曾在暮色苍茫中走进一片废墟的圆明园，时值冬日，福海成了一片结冰的稻田，东宫门有了炊烟袅袅的村落，园中的断垣残壁，颓砖废瓦，石阶败柱，木绘藻井，俯拾即是，取舍自由。中国人之不珍惜自己古老的文化精华，在这个世界上，也算得上是名列前茅的民族了。

圆明园罹难，快一百五十年了！这既是中华民族难以抚平的伤痛，也是中国人中的败类为虎作伥的佐证，更是最无能的清朝统治者的耻辱柱。本世纪初，李大钊先生凭吊圆明园残址时，曾写过一首诗。诗前有序，序曰："夕阳影里，箫鼓声中，同友人陟高岗，望圆明园故址，只余破壁颓垣，残崎于荒烟蔓草间。歔嘘凭吊，感慨系之。"诗为："圆明两度昆明劫，鹤化千年未忍归。一曲悲箫吹不尽，残灰犹共晚烟飞。"

我想，目睹这份园林残状的李大钊先生，"感慨系之"之中，除了对于罪魁祸首英法帝国主义侵略者的切齿痛恨外，对于那些像鬣狗一样的食尸者，也一定会愤然于心，难于平静的。

圆明园再也不会重现当年盛景了，但像非洲鬣狗般的食尸者还在，他们是永远也不会绝迹的。国人中间这种趁他人灾难之日，雪上加霜地制造痛苦，获取快乐；以落井下石的卑鄙，对失败者反噬一口，从中渔利；于危难中见死不救，还会踢一脚甚至捅一刀以邀功；见了弱者不欺侮不凌辱，就觉得不革命地非要施虐，以示进步的等等丑类之表演，不但是这座皇家园林再也不能回复的缘故，也是所有善良的人经常受到磨难的原因。多少年来，每当我碧落黄泉，一劫不复，跌倒趴下，任人宰割之际，这班嗅到血腥气的鬣狗，也就是海乙那，就会围上来，咬啮我。

这多年来，对这些"眼光和样子都很难看"的嘴脸，我们见得还少吗？

义和团百年

　　20 世纪 60 年代，约在"样板戏"红火前，有过《红灯照》这样一出舞剧，不知为什么未能流传下来。可是舞台上手持红灯的义和团女战士，那亮丽英武形象，至今记忆犹新。显然，编导的创意，是从"不爱红装爱武装"的诗意而来，着重表现红灯照的"飒爽英姿"。最摄人心魄的，莫过于她们缠在头上的红色绡巾，飘舞起来，颇似一团烈火，更增添了几分英武，给我留下了深刻印象。

　　腰围红带，头裹红帕，是义和团的标志装束。据《庚子拳变记日要录》载，1900 年 6 月 13 日，也就是光绪二十六年五月十七日的傍晚，"外匪蜂屯阜城门外，门官不敢放入，而内匪喧哗迎接，老团载澜饬令开城，当夜即焚烧西城教堂数处"。这一天，是义和团达到鼎盛的日子，也是迅速走向败亡的日子。如果这些拳民知道最终以头颅和鲜血，不过是维持西太后的统治而已，也许就不那么急切地要求进城了，而若不进城，说不定会是另外一个结局。

　　那位管城的军官所以未敢开城，是因为很多人并没有按义和团的规定，统一着装，这说明当时的形势发展得太快，一部分团勇甚至来不及配备红帕红带，或更多的也许本非义和团，只不过随着进城来看热闹的郊县乡民，哪里想到找一块红布裹在头上。

从这一年的春天起，"肩挑负贩者流，人人相引习拳"，景山后墙外，成了练习神拳最活跃的场所。4月间，在东单西裱褙胡同内的于谦祠，出现京城内第一个坛口，招生收徒，公开活动。6月，冀中和顺天府各州县的团民，进入京城，日以千计，于是在外城地界，处处可见神坛拳厂，练刀习武，念咒作法，烧香礼拜，号召九月九日起义，把洋鬼子都杀尽。因为，在西山煤矿峒内挖出一块据说是明代刘伯温的预言碑，这位中国的诺查丹玛斯说了，"待到重九日，剪草自除根"。因此，义和团所势更炽，声势之大，连董福祥的甘军士兵和御林军中的虎神营、神机营，也有数百上千人参加义和团的；凡属满人，皆系义和团骨干。

所以，到了6月13日，西太后允许义和团进入内城活动，这样，辅国公载澜才敢命令阜城门门官大开城门，让这支队伍进城。

载澜和端王载漪、庄王载勋是哥儿们，这位宗族当然拥护义和团，载澜本来怀揣着把动乱搞大、好乱中夺权的鬼胎，他真心想依靠义和团的刀枪不入，打败洋人和洋务派，自然希望将阵势做大，以便同宗的载漪的儿子，已册立为大阿哥（即皇储）的傅儁，好取代光绪，成为皇帝。遂以韩信用兵之道，多多益善，让义和团进到内城。他哪里晓得后果之严重。果然，当晚，义和团攻教堂、杀教民、扒铁路、烧火车、砍电杆、割电线、抢东西、砸店铺，火光烛天，京城大乱。

这一天，形势急转直下，因为慈禧太后终于下了决心，要依靠义和团了。从这一天起，京城内外，成了红色头帕飘扬的世界。

大凡潮流狂飙突起的时候，总是一个鱼龙混杂、泥沙俱下的局面，既有自觉的、真正的、诚心诚意的革命者，也有被胁裹的、随大流的、起哄架秧子的、趁机捞一把的，更有实质上的伪革命和反革命的，这都是很正常的现象。所以，用一种标志性的装束，以区别于老百姓和敌对阵营，便十分必要。

东汉末的张角起义，所以被官方称之为"黄巾贼"，就因为他们头裹黄布；清末的太平天国，所以被老百姓称之为"长毛"，就因为他们都留长发。外国也如此，当然这是比较反面的例子：美国三K党进行残害黑人的罪恶活动时，也穿起那白色的蒙头白袍；希特勒在慕尼黑小酒铺喝得醉醺醺地要成立纳粹党时，党员一律穿咖啡式外套，于是也被称作"褐衫党"。

这倒是推销积压商品的好机会，一百年前，义和团的"或腰红带，或蒙红巾"，肯定会将前门外八大祥店里的红布红绸，抢售一馨。几十年前，"文化大革命"波澜壮阔，红卫兵，兵必一箍；造反派，派必一旗，商店里的红布也曾供不应求过的。中国人之大呼隆，一窝蜂，也真是厉害。有一阵子，泡红茶菌，商店里买不到大口瓶罐；有一阵子，注公鸡血，菜市场里连鸡毛都不见；全国每天有七千万人练气功，这都应该申请上吉尼斯世界纪录的。

那时，我在一座边远的小县城劳动改造，不但红布脱销，因为写大字报，最后连墨汁、毛笔、纸张也紧俏得不得了，不得不开上大卡车，到省城去采购。凡狂飙突起之日，也必是浪漫风行之时，学生可以不上学，工人可以不上班，大串连可以免费坐火车，到那儿都可以像和尚挂单一样，吃饭免费，住房免费，这等便宜事，天底下到哪里去找？这种浪漫，在李自成进北京城后，也曾出现过的，他答应他的战士进城以后，天天过年，顿顿饺子，于是，整个北京城在剁馅，在擀皮，真正体现"迎闯王，不纳粮"的节日般的快乐。

20 世纪 60 年代，中国大地上也达到了"开心之日"的境界，那时的"革命派"，一有精神，二有时间，三有公家大把大把的钞票，一夜之间，红海洋、语录歌、"样板戏"、红宝书排山倒海、铺天盖地而来，也就不奇怪了。无妨这样推想，那些头裹红帕的义和团和臂缠红箍的红卫兵，心情是差不离的，都处于兴奋、冲动、手痒痒、神经质的状态之中，洋溢着幸福感、自豪感、主人公感和重任在肩感。当然，也少不了那种昏头涨脑，不知所以，类似范进中举的感觉，因为他们连自己也搞不明白，怎么突然抖了起来？

由于义和团和红卫兵一样，是由无数分散的小单位构成，各有地盘，各自为政，义和团的头领叫大师兄，红卫兵的领导叫勤务员，这类莫名其妙的衔头，注定是谁也不买谁的账，谁也不会听谁的。所以，根本不可能成事。因此，义和团从头到尾，是一群无绝对权威、无领袖人物、无组织系统、也无理论纲领的乌合之众，一盘散沙，果然，只有下乡了。

义和团始终不被西太后看重，她从来也不想作为他们的精神领袖。虽然 13 日准许他们进城，承认为合法组织，但 24

小时后又变了卦，下令严惩不贷，解散义和团，15日火速调镇压义和团的干将李鸿章、袁世凯入卫。而且，就在义和团战士攻打交民巷，血肉横飞、尸积街巷之际，慈禧还派人以她的名义，往各使馆里送饽饽、香糕、驴打滚、萨其马呢！

那些横尸在交民巷的义和团，要是知道西太后向列强表白："中国即不自量，亦何至与各国同时开衅，并何至恃乱民以与各国开衅，此意当为各国所谅。"同时信誓旦旦地说："照前保护使馆，惟力是视，此种乱民，设法相机自行惩办。"也许会后悔自己没有必要为这个腐败透顶的政权，无谓地牺牲生命了吧！

而当真正的战士冲锋陷阵的时刻，那些进城的义和团，再无早先朴素的本质，由于人员的补充扩大，进城以后，已蜕化成一支良莠不齐的无政府状态的队伍。面对花花世界，红头帕下的本质暴露无遗，追求金钱的满足，追求性欲的满足，是大部分拳民进城以前的梦，他为什么要拼命打进城来，就是要实现这个左手抱金罐、右手抱美人的梦想。故毛泽东在中共七届二中全会上，告诫党的干部，要警惕糖衣炮弹的进攻。事实证明，很多情况下，炮弹并未发射，许多人就等不及地扑上去了。

黄巢是进入长安以后失败的，李自成是进入北京以后失败的，太平天国是进入南京以后失败的。历史早已证明，这支义和团，由于不能摆脱数千年来小农经济思想的束缚，而根深蒂固的愚昧落后、保守狭隘、封建迷信、自私贪欲的阶级习性，注定他们最后灭亡的命运。而在进入北京以后，更加速了他们的败亡过程。

因为一个早先的单个的农民，若从阜城门往里走，那神态必然是畏缩的，心情是胆怯的，脸色是茫然的，手脚是无措的。护着褡裢里的干粮和掖在裤腰带的几块钱，绝对是既害怕城市，更害怕城里人。而城里人也毫不客气地嘲笑他们，奚落他们，管他们叫乡巴佬、土包子。因此，这位老乡怕走不到白塔寺，腿就软了。若是再过来一辆躲闪不了的车马，进也不是，退也不是，那驱车的人，准会探出头来喝斥他："你活够了，你这个土老帽儿，老土鳖，想找死啊！"

农民对于城市，有一种本能的敌意；农民对于体现文明的知识分子，也有一种先天的戒备和敬畏的心理。但6月13日以后，义和团手上有权，身上有刀，有了予取予夺的自由，城里人要仰他的鼻息，知识分子要看他的眼色，不再是那个呆头呆脑的农民了。对不起，潜藏的恶本质，便会爆发出来，从施暴中获得宣泄的痛快，便是那几天里北京城里混乱的根源。

试想一下，驻守到里九城，外七城，皇城各门，王公大臣各府，六部九卿文武大小衙门的义和团，未必全是赤心忠胆的，随便顶一块红布混迹其中者，抢掠偷盗想发洋财者，蜕化变质成为政府奸细者，用抢来的银子去逛前门外八大胡同者，肯定大有人在。

君不见"文革"初期，群众组织，风起云涌，每一派都革命，每一派都有权抄家。我认识的一位学者，一天有好几拨子前来抄家，常常是破门而入，还未及对话，就开始翻箱倒柜。此公向我唱叹曰："真假美猴王，狸猫换太子，每人都戴着红箍，穿戴得像红孩儿一样，声严色厉，拳脚交加，我有胆敢问一声是真是假吗？"因此，个别红卫兵的顺手牵羊、公报私仇、将抄没的东西拿回家，以阴暗心理进行残酷折磨，是不足为奇的。有泡沫经济，有泡沫文化，自然，也会有泡沫革命。

进城以后义和团，那些宵小之徒，无良之辈，可算得其所哉，趁火打劫，浑水摸鱼，发国难财，欺压良民，在统治者的纵容和鼓励下，成为政府许可的行为，于是，杀人放火，无恶不作，也就很正常了。

历史上可以找出无数例证，农民造反当了皇帝以后，知识分子便是他首要的打击对象；臭老九为红卫兵首选的打击对象，恐怕历史的因缘在此。要是农民造反当不上皇帝，便会不遗余力毁坏城市，消灭文明，拿得走的拿，拿不走的就一把火烧了。在放火的"英雄"中，项羽是一个，阿房宫是他烧掉的；董卓是一个，洛阳待不住了，就把它统统烧光；侯景是一个，反正我什么也带不走，就把建康烧得什么也不剩。李自成撤出北京，未尝不想烧，可惜吴三桂放清军入关，没能如愿。

总之，放火，是这类人的拿手好戏，义和团在北京干得最有声势，印象最深刻的事情，一是攻打东交民巷，二是将首善之区，变成一片火海。

据一些史料，抄录数条于下（其中有许多对义和团的偏见，如称为匪等等；事实也不免有夸大其词之处，但也约略可以获知当时一些情况）：

6月13日——

海岱门教堂被焚。(《庚子拳变记日要录》)

午刻，法国坟地全被焚毁，守坟之夫妇子女均戕害。(《义和团史料》)

拳匪即扑交民巷，至晚，忽四处起火，崇文门内所有教堂皆焚。是日，又烧灯市口及勾栏胡同等处洋房，火光甚盛，直至天明，犹然烟焰满天，余火未熄。(《西巡回銮始末记》)

烧东单牌楼北之教堂，延烧铺户十余家。(《义和团史料》)

当日晚，有一帮拳匪由崇文门拥进，直到东西牌楼六条，焚烧日本使馆。(日本·佐原笃介《拳乱记闻》)

拳匪于右安门内火教民居。夜，火御河桥以东数百家，杀数十百人。(《庚子传信录》)

6月14日——

南堂亦被火，医院、学堂、婴孩院皆殃及。(《义和团史料》)

义和团焚烧顺治门大街耶稣堂，又烧同和当铺奉教之房，又烧顺治门内天主堂，并烧医院两处，连四周群房约有三百间俱皆烧尽，烧死教民不计其数。又烧西城根拴马庄，油房胡同，灯笼胡同，松树胡同，教民居住之房数百间，砍杀男妇教民无数。(《庚子记事》)

火宣武门内教堂，又连烧他处教堂及教民宅无算，京师大震。(《庚子传信录》)

忽见东北方又有烟焰上腾，彼拳匪今已至弃置之洋房。此等洋房，乃属于税关、教会及洋人者，彼等见无人拦阻，遂纵火抢劫，延烧甚广，火头共有十多处之多。其光灼天，逐渐烧成一片，约有半里之长，势愈凶猛。(《庚子使馆被围记》)

6月15日——

午后七时，有拳匪攻入东堂，抢掠之余，纵火把圣堂焚毁。(《拳时北京教友致命》)

西安门内有义和团前来烧西什库洋楼，道经门内路北小庙，团上烧香举火，往前正走之间，撞遇路北棚铺掌柜郭五之妻，身已有孕，在铺外看热闹，冲坏义和团，火即延烧棚铺，一家无存。(《义和团史料》)

……

这仅仅是进城以后最初三天的统计，由此便可领教，凡激情泛滥的年代，也必是全民亢躁和集体无意识之时，自然更是痞子、亡命徒、冒险分子、流氓无产者的癫狂大发作之日，于是，正常秩序被颠覆，整个社会陷入疯狂状态。

6月16日以后，义和团加上甘军董福祥部和武卫军，更是无法无天地劫掠烧杀，清政府已经不能遏制。

二十日九下钟时，火光又复大作，烟焰蔽日，作淡黄色，盖大栅栏有老德记药房，为西人所开者，拳匪往焚之矣。已而西南风大作，以致延烧四处，东尽前门大街，西尽煤市南河沿，又逾河而至月墙两荷包巷，正阳门楼亦被延及。是日，共计被焚店铺不下四千余家。至翌日，火尚未息。(《西巡回銮始末记》)

二十一日焚西单牌楼讲书堂，又延烧千余家。东城一洋货铺被匪纵火，又延烧四千余家。(《庚子拳变记日要录》)

二十一日团匪将电报局烧毁。是日以后，董军、武卫军大肆焚劫，孙中堂、徐中堂、钱尚书、肃王等府第及翰林院，史、礼等部衙署均被焚，荣禄之府第亦悉数被焚。王中堂文韶家眷早已出京暂避，其宅第亦为匪焚去。中堂后往会典馆办公，以户部衙门亦烧去也。(《义和团史料》)

放火，并不表明纵火者力量强大，相反，是一种怯懦，是一种退却的前奏，是一种开始败亡的前兆。果然，他们放了这把火以后，引发了八国联军占领北京后更猖狂的烧杀抢掠，这是继英法联军以后，再一次洗劫中国首都，是本世纪初震撼全世界的一件大事。屠城的同时，义和团的战士们，也用头颅和热血，写下中国历史上最短命的、也是最不成气候的一次农民革命运动。

掐指一算，朱红灯很有气势地打出第一发炮弹起，至今已经整整一百年了。整整一百年前，1899 年的 3 月，光绪二十五年二月，义和团的创始者，朱红灯、心诚和尚在山东恩平、平原一带率众起义，列队千人，排出阵势，面对官军，毫无畏惧，拖来大炮助战，也许是中国农民起义史上，首战最漂亮的一次，从此，北中国半壁江山，就这一个"拳"字，令官家震惊，教洋人胆寒，不能不说对积弱的中国，注入一股活力，也不能不说是一个很好的开始。老实说，中国人是最能安分守己的，也是最能逆来顺受的，要不是统治者的压迫到了无以为生的程度，是绝不会铤而走险，揭竿而起的。朱红灯、心诚和尚能够一呼百应，很快在河北、山西、内蒙古、辽宁打开局面，就因为得民心，他抓住了这个契机。

据一份官方报告称：当义和团向四处扩展地盘时，战士们"或十数人一起，或二三十人一起，壮丁幼童皆有，持长枪者十之七八，持腰刀手袋者十之二三，持鸟枪者极少，或腰红带，或蒙红巾，目不旁视，鱼贯而行，不多言亦不买食物，有灭此朝食之势，街市官署，无敢过问"。是一支极有纪律，极富革命朝气的起义队伍。而在廊坊与义和团交过手的联军统帅西摩尔，也不得不承认"义和团所用设为西式枪炮，则所率联军必全体覆灭"。也证明了义和团勇敢善战和誓死如归的精神。

然而，仅仅三年时间，这支完全由农民组成的革命军，走完了由造反、到招安、到被利用、到最后被剿灭的全部过程，这是首举义旗的朱红灯、心诚和尚绝对想不到的，他们的革命，竟成了一锅夹生饭。义和团的失败，自然是败在了清政府手中，败在了帝国主义列强手中，但不可否认，也败在了他们的自己手中。因为，小农意识是无知、愚昧、落后、保守、狭隘、自私、迷信、崇拜的温床；是拒绝文明、憎恶知识、排斥进步、反对科学的最好的细菌培养基；是抱残守缺、封闭自锁、仇视新生力量和新鲜事物、对外部世界采取驼鸟政策的顽固堡垒。只要小农意识在义和团占上风地位，就不得不败，而且，中国历史上之一切灾难，一切不幸，一切痛苦，无一不是这种小农意识种下的恶果所致。

一百年，对于义和团这场失败的革命中，所表现出来的国民性的弱点，小农经济的负面因素，远未根除。

事实历历在目，在1958年，有人"跑步进入共产主义"了。当时报纸上是这样登载的："湖北当阳县跑乡召开全体社员大会，社党委书记当众宣布，11月7日是全乡社会主义结束的日子，8日进入共产主义，一切都采取共产主义的方式来办。在河北徐水县率先实行共产主义大协作后，全国各地争相仿效，一时共产风盛行。散会后，社员群众便一哄而散，纷纷上街去'共产'：商店被拿空后，就破门而入去别人家拿；你家的鸡，我抓来吃，我队的菜，你也可以任意去挖，甚至有人去托儿所、幼儿园，认领一个别人的孩子作自己儿子。"现在从发黄的报纸上，重读这则吃大户的新闻，除苦笑外，焉有其他？

所以，站在新旧世纪交选的门槛上，回过头去看一百年前那场悲剧的农民革命，以及这种义和团精神时不时的阴魂不散，像沉渣似的泛起，不由得感到无可名状的气沮。

现在大家都明白了，社会主义初级阶段将会是很长很长的一个过渡时期。据一本研究国民素质的书中讲，现在全国每天有七千万人，像当年的义和拳，苦练各种未必都是科学的功法，实在是令人够悲哀的。看来，一百年过去，在中华大地上，在中国人脑海里，义和团的刀枪不入，及其形形式式的变种，一时半时，还是绝迹不了的。按"十年树木，百年树人"的时间计算，要想人的思想发生质的飞跃变化，一百年，显然是太仓促了些。物质上，我们也许有可能一日间盖起一座大厦，但生活在这座大厦里的公民，精神上达到"各尽所能，各取所需"的质素，至少不会比人类飞往月球，飞往外太空的距离更短，这就是义和团百年祭告诉人们的真理。

天道好还疽发背

—— 不是不报，时辰未到，或许有点道理

"疽"，也就是民间所说的"搭背"，旧时代，因无抗生素类药，通常便不治身亡。"疽"，是西医叫作"痈"的恶性皮肤病，很难治愈。

通常用"疽发背而死"这五个字，加诸于谁的盖棺论定上，可以肯定，这个家伙生前，大概不是东西。人之常情，对死者会表现出一定程度的宽容。假如某个人因患此病而亡，并非臭名昭著之徒，也非行止恶劣之辈，死就死了，不会特别指出此人是"疽发背而死"的。

凡格外注明这个人，最后死于"疽"，而且将"疽"的所患部位，说得很具体而又明确，"发"于"背"，在那里烂了一个不可救药的大窟窿，这种很丢人的死，不同于一般的死于非命，比较可耻。因此，这五个字，其落笔的侧重点，不言自明，告诉你，是报应。

中国人讲报应，外国人也讲报应。托尔斯泰在《安娜·卡列尼娜》书前，就从《圣经新约·罗马书》第十二章十九节中引用了一句话："伸冤在我，我必报应。"每翻开这部不朽之作，先就看到这两行近乎谶语的词句，常有触目惊心之感。

凡是老百姓对之无可奈何，除了诅咒外，别无他法，只好任其作恶的家伙，最后，上苍总是有法办治他，或让其本人死得难看，或让其子孙后代付出代价，这种天道好还的惩罚，就叫报应。中国人相信老天爷，会主持公道，外国人则相信上帝，会惩罚恶人。

> 亲爱的弟兄，不要自己伸冤。宁可让步，听凭主怒，因为经上记着："主说，伸冤在我，我必报应。"

上帝正是这样实践着他的诺言，那个把耶稣出卖的叛徒犹大，为了三十块银元，将他师父的行踪，透露给祭司长和长老，还引着兵士，到耶路撒冷附近的客西马尼去搜捕。耶稣绑上十字架，处死了以后，他快活了，但报应跟着也来，就在他那块用赏金买到手的田里，"身子仆倒，肚腹崩裂，肠子都流出来"（《使徒行传》），于是，那块田叫作"血田"。

这种"血田"的报应，和"疽发背而死"也差不多。

不过，中国人的报应观，比较复杂。信和不信，视这个人的状况而定。弱者信，强者通常不信；强者弱了下来信，弱者强了以后就不大信；无权势的人信，有权势的人通常不信；受人欺侮者信，欺侮人者往往不信。所以，讲求报应，相信报应，或者指望报应者，都是处于社会中的弱势群体；那些放开手脚，肆无忌惮，为非作歹，倒行逆施的百分之百的王八蛋，心里绝无报应这一说的。因此，弱者，只好"善有善报，恶有恶报，不是不报，时辰未到"地念念有词，寻求心理上的自慰和平衡了。

若是老天开眼，碰上哪个坏蛋，遭了"疽发背而死"的现世报，而不是来世报，就忍不住兴高采烈。看到那些祸国殃民的人，那些作恶多端的人，那些缺德透顶的人，在还有一口气的时候，老天爷就让他活受罪，让他背上害大疮，让他流血流脓不止，让他连心肝肚肺都烂得生蛆，让他在众目睽睽之下痛苦万状，又丢人现世地死去。能够亲眼目睹坏蛋受到如此报应，应该说是处于可怜状态下的中国人，能够长出一口恶气的最高境界。

　　不过，在大多数情况下，慵懒的老天爷，总是睡不醒，眼睛老闭着。或好人不长久，坏蛋活千年；或该死的不死，不该死的倒先走了；或整人的人活蹦乱跳，被整的人呜呼哀哉；或那些理应得到报应的家伙，却总是不能有一个"疽发背而死"的结局，而那些受他害的遭殃者，却含冤抱屈而去，饮恨于九泉之下。所以，看到这些戴上白手套后，也掩不住的那双血淋淋的手，好像什么坏事也没有干过地装冰清玉洁，装德高望重，真觉得老天爷应该到同仁医院去看看眼科。

　　于是，我想起来清康熙年间的一件陈谷子烂芝麻的往事，或可说明"不是不报，时辰未到"这八个字，不会是平白无故的空话。"多行不义必自毙"，这是经过无数历史经验印证的事实。

　　恶人总是要堕入阿鼻地狱，这应该是一个颠扑不破的真理。我这样希望着。

　　1665 年（康熙四年）八月，京城发生了一点小小的人事变动，将一个叫作杨光先的安徽歙县人，瘪三兼王八蛋，一个以捍卫道统自任的伪君子，调任钦天监正。当然，对一个偌大帝国而言，在其统治机器中，有若干滥竽充数的南郭先生，是不会影响运转的。但是，一个在明代做过千户的小官员，不学无术的家伙，居然混到国家天文台当台长，也太荒唐了点。不过，这个最后"疽发背而死"的得到报应的家伙，休看他不懂数算，不通星象，谋到这个职位，却是由于此人有着非常之"损"的异禀。害死了几十口子人，才当上台长。而且，一当就是四年。

由于他压根不懂历法，哪月当闰，哪日当食，都是一笔糊涂账，老百姓也就跟着他过起了四时八节都不准确的懵懂日子。这是发生在大清帝国康熙四年至八年的笑话。反正地球也不会因为这位天文台长狗屁而不转，老百姓也不因为该食，不食，不该食，天狗把月亮吃了而睡不着觉。中国人在这方面，特别具有修养，耐心地等他玩儿不转的时候自动下台，很少把不称职的官僚轰下去的。

"损"是北京方言，意同"缺德"。杨光先的"损"，加上"阴"，比"缺德"，似乎更坏一点。此人当过千户长，可以说是一无所长，但"阴损"，却是强项。大凡一个人，托生到这个世界上，上帝给他的投资，本金总是有限的。因此，其精力，其天资，其聪明，其能量，绝不可能都达到百分百。黄鼠狼要是有老虎那份凶猛，也就不必钻进老乡家里偷鸡吃了。唯其短，才另有所长，杨光先就是这样一种货色。

凡长于此者，必短于彼，这就是人类自身的能量守恒定律。在文坛上，也是如此。譬如，大家都挂着作家这块牌子，难免有了成色上的不同。有的作品好，个人品德稍差；有的作品差，活动能量较高；有的作品出色，但拙于世道，断不了挨整；有的作品一般，但在搞个运动，整个人什么的，表现突出。艾青先生活着的时候，曾经以如下语言，形容一位文坛名流："他是一位著名作家，但却没有一部著名作品。"这是一位朋友在艾奥瓦听他说的。后来，艾老到澳门去领葡萄牙政府发的一个什么文化奖，我也适在那里访问，曾经问及这句名言，他"呵呵"地笑而不答。

无论如何，说明作家的才力高低与能量大小，不成正比，能量大，才力未必高，才力低，能量未必小。南朝宋时，谢灵运大言不惭地吹过，天下的才力只有一石，曹子建独得八斗，他自己得一斗，余下的，众人分了。因此，才高能小、能大才低，是作家队伍中的正常现象。能量无以伦比，才分屈指可数；政治水平一流，艺术表现一般；作品无可挑剔，思想稀里糊涂，整天夸夸其谈，著作没有一本……这种有长有短，熊掌与鱼不可兼得的实际状态，也是客观存在的事实。

康熙年间的杨光先先生，大概也是如此，本事有限，便精通整人之道。在使别人倒霉，给别人制造不幸方面，称得上是行家里手。整人，是一门学问。我翻了好几部辞典，对"整人"的释义，都是说：使别人"吃苦头"。这种说法，多少有一点美化整人者的嫌疑。试想，一个可怜虫，被别人整得送了命或差点送了命，被整得妻离子散或接近于家破人亡，被整得万劫不复或即使平反也等于交待一生，是能用"吃苦头"这个轻松的字眼，来概括那全部苦痛的吗？

若我来编写"整人"这个词条，那释义应该是：一个绝非善类的家伙，在不担任何风险的状况下，倚靠身后的强势力量，以一种伪正义的姿态，去打击一个不会回手的无辜者。这才比较贴近"整人"的准确含义。

杨光先就是这样一个整人者，一个自封的道德警察。据《清史稿》："国初，命汤若望治历，用新法颁《时宪历》，书面题'依西洋新法'五字，光先上书，谓非所宜用，既又论汤若望误以顺治十八年闰十月为闰七月，上所谓摘谬辟邪诸论，攻汤若望甚力。"

他深谙黄鼠狼单捡病鸡咬的道理，一只病鸡，也就是失去抵抗能力的鸡，而一只失去抵抗能力的鸡，也是不用费力就可能咬住并咬死的鸡。在15世纪的中国人心目中，一个黄头发，蓝眼珠的外国佬，被视作异端，是再正常不过的事；而这个外国佬，引进的伽利略天文学理论，改了中国老祖宗的历法，被视作邪说，也是不必奇怪的事。这位来自日尔曼的科隆人汤若望（Schall von Bell, Adam），恰恰是只毫无疑义的病鸡，不咬这只异端邪说的外国鸡，还咬谁？

黄鼬咬住一只病鸡的时候，决不假道学、假正义，目的就为果腹。而整人为业如杨光先者，通常不会承认自己是一只尖牙利齿的黄鼬，而总是要拉起坚持些什么，捍卫些什么的大旗，振振有词地来咬你。所以，他著《摘谬论》和《辟邪论》两书，高调与棍棒齐下，批判和揭发同举，攻击汤若望。但是，他白忙活了，背后没有强势力量的支持，跳嚷半天，无人响应。因此，只好草草收场，不得不等待适当时机。

平心而论，那位怀着宗教热忱的日尔曼人，背井离乡，不远万里，1622年（明崇祯二年）来到中国，传教的同时，带来西方文明，某种程度上起到科学启蒙的作用，应该是有其积极意义的。如果明代的政治不那么腐败，农民不被逼得起来造反，从15世纪就赶上西方世界进入工业文明社会的主流，也许中国早就是发达国家了。

作为耶稣教传教士的汤若望，来到京城，很快与中国知识界的精英，如徐光启，如方以智，成为朋友。"崇祯初日食失验，光启上言台官用郭守敬法，历久必差，宜及时修正。庄烈帝用其议，设局修改历法。光启为监督，汤若望被征入局，掌推算。"（《清史稿》）崇祯于是任用这个外国人，来当中国天文台的主管历法的官吏，读史至此，真是为明朝末代皇帝喝彩。这种胸怀和气魄，比之今天那些对改革开放政策还在摇头不已的人，不知高明多少倍。

顺治给朱由检立碑时评论道："凡末世亡国之君，覆车之辙，崇祯帝并无一蹈焉，乃身殉宗社，不引天亡之言，亦綦烈矣！"认为他不是一个很糟糕的皇帝，因为明代中后期，是一个极其封闭内向的封建社会，"一板不许下海"，执行锁国政策，中国是从那时开始，便一蹶不振的。然而，崇祯重视汤若望的西人历法，改造传统的大统历，比现在那些闻夷、闻洋、闻西方、闻资本主义则倏然色变者，有这份择善而从的既清醒又开明的心态，难能可贵。

据后来揭发杨光先的材料，说他"在故明时以无籍建言，希图幸进，曾经廷杖，虽妇人小子，皆知其为棍徒也"。何谓"棍徒"？就是有事没事，逮谁就咬谁一口的青皮混混儿之流，杨光先稍稍人五人六一点，就有一张道德警察的面孔。他想咬汤若望，但崇祯拍板用这个外国人，他也就不敢张嘴呲牙了。等到清人入关，他认为时机到了，谁知满洲统治者既没有汉人那种因循守旧的习气，也没有祖宗之法的束缚，多尔衮甚至会想：你崇祯帝设局令一个老外来修改历法，我摄政王干嘛要承袭你们汉人的华夷畛域的界限，好，他索性提拔汤若望为钦天监第一把手。并将汤所制定的西式历法，命名为《时宪历》，颁布实行。并给汤若望加官进爵，"由太仆寺卿改太常寺卿"，"顺治十年，赐号通玄教师"，"旋又加通政使，进秩正一品"（《清史稿》）。

已经剃了头，成为清人的杨光先，什么官位也未捞到手，就更加不开心了。何况此公整人成瘾，整不了人，鸡在眼前，硬是咬不着，急得直磨牙，直呲嘴，憋得他五脊六兽，浑身不得劲。估计他后来疽发于背，是从此时就种下病根，也未可知。

跋扈的多尔衮死后，顺治亲政。年轻皇帝罢免其家族，肃清其党羽，修改其政策，进行全面的秋后算账，半点也不手软。杨光先认为这位皇帝，或许由于汤若望受多尔衮信任会加以排斥。孰料顺治对这个外国人毫无芥蒂，相反，很友好，或者，很感兴趣，这又让他灰心丧气好一阵。

据《不列颠百科全书》"汤若望"条目说："汤若望遂成为少年皇帝顺治的心腹顾问，尊为长辈。"外国人的说法，确否存疑。但这位外国传教士治好了他母亲孝庄皇太后的病以后，顺治准许汤若望在西安门一带择地建筑教堂，允许传教，是见诸正史的。我不知道，汤若望奉旨修建的这座教堂，是否就是现在尚存于西什库的西堂。

杨光先好痛苦，好痛苦。怎么能用洋鬼子的历法呢？怎么能让洋鬼子在京都建堂传教呢？他大声疾呼地上书："宁可使中夏无好历法，不可使中夏有西洋人。无好历法，不过如汉家不知合朔之术，日食都在晦日，而犹享四百年之国祚；有西洋人，吾惧其挥金以收拾我天下之人心，如厝火于积薪之下，而祸发之无日也。"凡伪君子，皆假道学，凡假道学，都有一张道德警察那张"天丧予"的面孔。

总算熬到顺治十一年，杨光先突然看到隧道尽头的一丝光亮。

那时没有社论，没有文件，只有谕旨，那时的整人者都从这些一道道的谕旨中，了解最高当局的动向。这份宗人府收到的谕旨，别人读了也许不会在意，皇帝说："宗学读书宗室子弟既习满书，即可阅读已翻译成满文之汉书，永停习汉字诸书。"但杨光先读出了谕旨背后的文章，永不许满洲子弟读汉文书籍，这表明汉族文化已在统治者族群中，占有非同小可的位置。

这给急不可耐想咬谁的他，注入一针强心剂。不到二十年工夫，入主中原的满洲人，已经被他们所征服的汉人同化了，不禁心中窃喜。他在屋里一跃而起，磨拳擦掌，因为满人愈汉化，必然愈益认同汉人的宗法伦理，礼教传统，三纲五常，和华夷有别，拒外排外的思想，这样，他这个夷汉之防的道德警察，兼打手的棍徒，也就有事可干了。

"满洲人入关后，多习汉书，入汉俗，帝虑及长此以往，将渐忘满洲旧制"，因此，发出这条谕旨，是统治者不得已而设置的意识形态上的堤防，但是，不管如何防范，挡得初一，挡不了十五，挡得一时，挡不了长久，是无法抵御强势文化的日久天长的冲击的。回顾有清一代，康熙宠臣明珠——他的儿子纳兰性德，能用汉文写出最优美的诗词，直逼南唐后主；而满洲自己的文字，连满人也大都不识；八旗子弟，提笼遛鸟，不务正业，过着优裕生活，最后，悉皆变成四肢不勤，五谷不分的"纨绔"；而从帝王到贵族的满洲统治阶层，除了妇女天足这点异处外，满汉之别，几等于无。

因为，民族之间的文化交流，其流向总是如水一样，由高处往低处流去，低文化的民族可能凭武力征服高文化的民族，但拥有高文化的民族，最终会使低文化的民族，在精神上处于臣服的地位，这是不以人们意志为转变的趋势。因此，清廷还想保持白山黑水间努尔哈赤部落的族群特色，关外风俗，萨满教义，弓箭文化，绝对是徒劳的努力。

哇！杨先生终于等到了这一天，大清王朝的汉化趋向愈来愈对他有利了。果然，如他所料，顺治驾崩，康熙登基，实际掌握朝政的四辅臣，他们之间钩心斗角，倾轧不已，但其华夷畛域的儒家礼教精神，拒外排外的华夏中心思想，却能与杨光先如此卑微的小角色，同声共气，上下一致地合拍起来。"圣祖即位，四辅臣执政，颇右光先。"（《清史稿》）"康熙三年，六月，乙卯（二十六日），杨光先复具《请诛邪教状》于礼部。此举深得辅臣鳌拜、苏克萨哈支持。"

于是，杨光先放肆地对汤若望大张挞伐，状子送呈御览。一、"天祐皇上历祚无疆，汤若望祇进二百年历"，居心叵测，想缩短大清寿命；二、"选荣亲王葬期，不用正五行，反用洪范五行，山向年月，俱犯忌杀，事犯重大"，阴谋险恶，竟敢在风水上做手脚；三、"历代旧法每日十二时分一百刻，新法改九十六刻，康熙三年立春候气先期起管，汤若望奏春气已应。"擅改法度，妄断节令。

所列这些今天看来纯系扯蛋的罪状，却让那班与杨光先差不多水准的辅政大臣，着实当了回事。于是，以捍卫祖宗法度，坚持华夷大防的名义，"下礼、吏两部会鞫"。

结果，便是一场人头落地的惨剧。

> 清廷遂于（是年）九月二十六日起，会审汤若望，以及钦天监官员，翌年三月十六日，廷议将钦天监监正汤若望，刻漏科杜如预，五官挈壶正杨弘量，历科李祖白，春官正宋可成，秋官正宋发，冬官正朱光显，中官正刘有泰等皆凌迟处死。已故刘有庆子刘必远，贾良琦子贾文郁，宋可成子宋哲，李祖白子李实，汤若望义子潘尽孝俱斩立决。

在审讯过程中，年逾古稀的汤若望，激动过度，血压上升，发生脑血管意外，中风不语，有口难辩。他的年轻伙伴比利时人南怀仁（Verbiest Ferdinand），刚到中国不久，汉语讲得不够流利，无法为之申诉，于是罪名成立。

什么叫凌迟处死？就是千刀万剐。汤若望这回可真的让这只可怕的黄鼬，咬得死死的。当将汤若望押往刑场的时候，几位辅政大臣觉得汤"年已衰老，且效力前帝，得免死"。决定让其流徙到边远地区，诸如押往黑龙江宁古塔为披甲人奴之类，其实这更缺德，那会死得很惨。幸而孝庄皇太后出面进行干预，汤若望得以释放出狱。但很快，这位在中国传播过伽利略天文理论的日尔曼人，终于奄奄一息地死了，埋葬在这块对他来讲是异国他乡的土地上。

杨光先这一状，损到极点，缺德也到了极点，凌迟的、杀头的、流放的、坐牢的，使得钦天监成了一座空空荡荡，白日见鬼的衙门。如果按辞典说，整人是使人吃苦头，这种人命关天的苦头，也太可怕和太痛苦了。如此伤天害理作恶多端的家伙，得不到报应的话，世无天理，老天也太不公道了。

然而，迟迟不来的报应，真让人等得不能宁耐啊！

汤若望死，"监内精于西法历算之三十余名监官翦除干净，废新历《时宪历》，恢复《大统历》"，"擢杨光先为钦天监正"，这就是发生在康熙四年八月京城里的一项人事变动。

杨光先坐在八人抬的轿子里，来到钦天监上班。虽然偌大衙门里死气沉沉，鬼影幢幢，但他很得意，很风光地登上了观象台。老实说，道德警察，好当，咬死病鸡，不难，但老天爷给了他整人的全褂子武艺，却没有给他一个足以安身立命的饭碗。仰望着星斗璀灿，河汉亘天的夜空，全不知子午卯酉，连整屁也放不出一个。

切不要以为他会生出当初不如少整人，多用功，少作损，多读书的遗憾，不会的。别看他"既不懂西法历算，亦不通中国传统历法"，但"贬汤若望之历法，件件悖理舛谬，认为西洋之学乃左道之学，西洋人所著之书，所行之事，靡不悖理叛道"，搞大批判，上纲上线，这是所有整人者最拿手的看家本领。

但是，天文台仅靠耍嘴皮子能玩得转吗？

"自杨光先任职钦天监后，以《大统术》治历，节气不应，错误屡出"，因其"对历算茫然无知，采用在江南发现的元代郭守敬仪器，测算历法无效后，又查一千二百年前北齐候气之法"。其荒唐无稽，其倒行逆施，连开始亲政的康熙，也觉得问题之严重。"于万般无奈之下，杨光先乃以'身染风疾，不能管理'相推诿，于是重新起用耶稣会传教士，比利时人南怀仁。"

这是康熙八年春天的事，老百姓已经过了四年没有准确历法的岁月，现在终于等到这位逆历史潮流，反科学进步的主角，到了谢幕的时候了。"不是不报，时辰未到"的报应，朝着这个既"损"又缺德的家伙，渐渐地逼近。杨光先借以"推诿"的"风疾"，在汉语中常指下列三种病症：一是风痹，半身不遂；一是神经错乱，精神失常；一是麻风病。这三者，无论哪一种，都不是好死。然而，就像托尔斯泰引用过的"伸冤在我，我必报应"一样，老天爷（如果有的话）不会让这个整人者死得那么痛快的，不让他"疽发背而死"，不让他死得难看，是不会放过他的。

但是，听说洋鬼子又要进钦天监，本来已经病了的杨光先，忍不住还是跳将出来，急不择言地上书："臣监之之历法，乃尧舜相传之法也，皇上所正之位，乃尧舜相传之位也"，"今南怀仁，天主教之人也，焉有法尧舜之圣君，而法天主教之法也？南怀仁欲毁尧舜相传之仪器，以改西洋之仪器；使尧舜之仪器可毁，则尧舜以来之诗书礼乐、文章制度皆可毁也。"他甚至危言耸听："若将此九十六刻历日颁行，国祚短了，如用南怀仁，不利子孙。"

不过，经过"观象台测验立春、雨水、太阴、火星、木星，结果南怀仁'款款皆符'。因此，议政王等会议主张将康熙九年历法，交由南怀仁推算"。康熙在这场"中西历法之争"中，"持谨慎态度"。据《清史稿》载："圣祖尝言，当历法争议未已，己所未学，不能定是非，乃发愤研讨，卒能深造密微，穷极其阃奥。"他明白了孰是孰非，便做出抉择。终于在这年三月，先"授南怀仁为钦天监监副"；八月，又"授南怀仁为钦天监监正"。一方面，给汤若望冤案平反；另一方面，尽管受害人上告，杨光先依附鳌拜，捏词陷人，康熙倒也没有惩治这个棍徒，放了他一马。

虽然皇帝高抬贵手，报应却不能逃脱。结果，"杨光先以衰病之身，发遣回籍，行至山东，疽发背而死"（以上引文未注明出处者，均据章开沅主编的《清通鉴》）。抬着这位背部溃烂的疽患者，自然是流血流脓的一路，也是臭不可闻的一路，更是不流尽最后一滴坏水，不让他痛快死去的一路，这样酷烈的"血田"式的报应，难道不是罪有应得吗？

按中国传统医学，认为"疽"，是感受风温湿热之毒，以致经络阻隔，毒邪湿聚而生；或由于情志内伤，气郁化火，劳伤肾精，火邪炽盛；或由于恣食厚味，脾胃失运，湿热火毒内生而致。总而言之，患者都是因为有一股邪火，有一份内毒，才在背上爆发出来。

具有这类邪火和内毒者，在我的周围，也时有所见。或憋得老脸铁青，跟谁都过不去；或憋得两眼冒绿，看谁都不顺眼。正是这股子无名毒火，在脏腑里作怪，才永远一副"天丧予"的德行，像瘟神一样，甚至如今大家好容易过上的一点好日月，也恨得牙痒。碰上这些"疽"的早期和前期患者，通常，我赶紧闪过一边，让这帮老爷先走，惹不起，躲得起。

这也是鄙人受了数十年无妄之灾以后，才学会的一点聪明。虽然，我也知道，报应说，通常是不灵的，不过，想想这些老掉牙的故事，也足可以浮一大白。

一吊钱值多少

康熙四十六年（1768），玄烨南行巡察河工，途中，在皇子胤祉的奏折上批高邮、镇江、苏州三处的"粮价单"。这虽是一件很小的事情，但对一位"日理万机"的最高统治者来讲，能够留意到与老百姓切切相关的稻米菽豆的价格，比历史上那些或荒淫无耻，或杀人无算的帝王要强得多了。

应该说，历代帝王中间，玄烨在位六十一年，是统治中国较长时间的君主之一。在他统治期间，平定三藩，收复台湾，抵制沙俄，巩固边疆，使大清王朝达到全盛状态。他本人好学敏求，勤于政务，"未明求衣，辨色视朝"，在中国封建社会中，是一位比较杰出的君主。

现按他所记，将1707年夏四月的三地粮价，列表如下：

	高邮	镇江	苏州
黑豆（石）	五钱四分	五钱二分五厘	六钱零五厘
黄豆（石）	五钱八分三厘	六钱二分五厘	六钱零五厘
绿豆（石）	六钱六分六厘	六钱七分五厘	六钱六分六厘
上白米（石）	九钱五分	八钱三分三厘	九钱七分

	高邮	镇江	苏州
中白米（石）	九钱二分六厘	八钱	九钱一分六厘
下白米（石）	八钱三分	七钱五分	七钱九分一厘
江米（石）	八钱七分五厘	八钱三分三厘	
大麦（石）	二钱八分三厘	三钱五分	
小麦（石）	六钱六分六厘	七钱零八厘	
芝麻（石）	一两一钱一分	一两二钱五分	
白面（斤）	九文	九文	

清代货币采用银本位制。一两白银可兑一千文，所谓一吊钱，或一贯钱，就是一千文。因为制钱中间皆有方孔，便于绳系，因而曰"吊"，曰"贯"。

夏四月正青黄不接之际，三地粮食市场，虽有一江之隔，但差价相当接近。粮价没有大涨大跌，对"民以食为天"的老百姓来说，这日子应该说是相当安生了。这一次是他第六次南行视察河工，帝王出巡，官员护拥，伞盖遮云，旌旗蔽日，那阵势之威武，那场面之壮阔，可想而知。时人张符骧作诗记事，对此颇发了几句牢骚。

三汊河干筑帝家，金钱滥用比泥沙。宵人未毙江南狱，多分痴心想赐麻。

忆得年时宫市开，无遮古董尽驼来。何人却上《千秋鉴》，也博群王笑一回。

也许没人告密的缘故，诗人竟成文字狱的漏网分子，实属他的幸运。但"金钱滥用比泥沙"的感叹，倒是这位皇帝晚年统治的谶言，堂堂大国，他死后的国库里，空空荡荡，只有七百万两存银，也太惭愧了。任何英君明君，无论当初怎么伟大正确，年事高了以后，都难免昏聩，总是以一塌糊涂告终。他的孙子乾隆，统治中国六十年，比他少一年，活了八十八岁的乾隆，传位嘉庆，大清国也就走下坡路了。以史为鉴，老人统治时间过长，一般来说，绝不是国家民族之幸事。

不过，玄烨五十岁至六十岁，也就是康熙四十三年到五十三年前后，正是他精力最旺盛，治绩最辉煌的岁月。看四十六年的这份账单，一石米价能稳定在银一两以内，这是相当难得的太平盛世。

清代衡制的斤，要大于现在公制的市斤，近七百克为清代一斤。按现今在超市出售的富强粉，每五百克约为人民币三元的话，清代白面每斤九文，换算下来，与今天的面粉价格，大致持平。那么，当时的货币白银，每两折合如今的人民币，应该是四十元左右。《红楼梦》里，那个胡庸医为晴雯看病，滥施虎狼药，麝月打发他出诊费，给了二两银子，难怪那大夫高兴得抱头窜耳而去。现在，即使特级教授看专家门诊，也没这么高的挂号费。

康熙所记，"银每两换钱一千文"，这一千，俗称一吊。按明代何良俊《四友斋丛说·史八》："是日十三位道长，每一个马上人要钱一吊。一吊者千钱也"，说明吊是以千计数。但各个地方，各个时期，多少钱为吊，并不一致。旧时北京，就以一百个制钱或十个铜元为一吊。所以，一吊钱价值多少，是一道脑筋急转弯的问题，很难说出准数，最准确的答案，莫如就说是一吊钱。

明代道长们的聚会，各人掏钱一吊，真够宰人的。道人吃斋不吃荤，无须酒肉，十三吊钱办一桌素席，应该相当丰盛了。若依这种伙食标准，来衡量康熙一餐饭的花销，倒也不算侈靡。据当时内务府的一件奏闻："备御膳一桌，需用银十五两左右。计有猪二，羊二及鸡、鸭等其他菜八碗。其中五十斤猪二只，需银六两，羊二只，需银四两。"

康熙的一餐饭，只需十五吊钱，合人民币约六百元。内务府的报告，是康熙五十三年十二月乙亥上奏的。也许，此时的玄烨，年过花甲，肯定其消化能力大不如前，因此，即使御膳房给他上满汉全席，老人家也未必克化得动。

另外，康熙本人崇尚俭约，因而也使马屁精无法铺张挥霍。所以，玄烨与他老子不同，顺治老讲崇祯的好话，而他对那位上朝皇帝的宫廷侈靡之风，很不以为然。康熙四十八年十一月，与大学士谈明季史事，谕曰："明朝费用甚奢，兴作亦广，其宫中脂粉钱四十万两，供应银数百万两，宫女九千人，内监至十万人，今则宫中不过四五百人而已。明季宫中用马口柴、红螺炭，日以数千万斤计，俱取诸昌平等州县，今此柴仅天坛焚燎用之。"从他这番话，便知他要求自己颇为严格，注意细节，要不然，不会在南行途中，关心到自由市场上的黑豆、黄豆、江米、芝麻价格的。

如今，不知人情物理的年轻人，何以谓之一吊钱，恐怕未必说得上所以然。虽然，他们会使用"半吊子"这个詈词，但由这种钱币单位衍生而来的出处，未必知晓。因为一吊乃一千，半吊则五百，不能满串，人们用来形容知识不丰富，偏做出学问很饱满；技艺不熟练，但装出很在行的那些人，并蔑称为半吊子。

辛亥革命以后，制钱消失，改用铜板，吊的说法，民国期间虽在沿用，但已经无法像清代那样，能够方便地将钱串吊起来。安娥、聂耳的《卖报歌》里，有一句词"七个铜板就买两份报"，铜板无孔，没法穿起来，只好放在口袋里。我小时也用过的，沉甸甸的怪累赘。

中国人使用制钱，比使用铜板的历史长得多，据《汉书·食货志》，那时就有"钱圜函方"的货币。方孔，最初是为了弥补冶炼时边缘不圆，再加工时的操作方便而设，但到了后来，冶炼技术高明了，方孔沿旧习不变。我们看《资治通鉴》，唐高宗跟他叔叔李元婴、哥哥李恽开的玩笑，便知道那时也在使用外圆孔方的硬币。"元婴与蒋王恽皆好聚敛，上尝赐诸王帛各五百段，独不及二王。敕曰：'滕叔、蒋兄自能经纪，不须赐物，给麻两车，以为钱贯。'二王大惭。"

两千多年的封建社会中，基本通货就是这种外圆内方的制钱。因为，在钱的中间留着 5×5 毫米大小的正方形洞眼，可用绳索贯穿起来，有其实用价值。北方老农有一种叫作"褡裢"的布袋，现在犹能在穷乡僻壤中见到，前后等长挂在肩头，若一吊钱，为一千文制钱串在一起的计算单位。其长度，正好分挂在身前身后。"吊"的原义，或许由此而来。

由于这个方孔，制钱获得了一个谑称，叫"孔方兄"。

晋朝鲁褒有篇名文《钱神论》就是从钱的形状写起的："钱之为体，有乾坤之象，内则其方，外由其圆……亲之如兄，字曰'孔方'，失之则贫弱，得之则富昌。"明代王世贞在《鸣凤记》里，说得更传神："朝为田舍郎，暮登天子堂。问道何以故，家中有孔方。""有钱使得鬼推磨"，岂止拿钱买官呢？所以，鲁褒颂钱为神，只要有钱，"无德而尊，无势而热，排金门而入紫闼。危可使安，死可使活，贵可使贱，生可使杀。是故纷争非钱不胜，幽滞非钱不拔，怨仇非钱不解，令问非钱不发"。

因此，一吊孔方兄价值多少，就要看是什么人，用在什么地方了。

其实，老百姓手里一吊钱的分量，和康熙手里一吊钱的分量，是不一样的。《红楼梦》里元春探亲，赵嬷嬷回忆当年接驾盛况，接的正是这位皇帝。据史载，从二十三年到四十六年，康熙先后六次南行，视察河工，其中有几次曾经到南京，以江宁织造曹寅的府邸，为其行宫。这固然是无上荣光的事情，但也是一次"拿着皇帝家的银子往皇帝身上使"的高消费游戏，"把银子花的淌海水似的"，这就是诗人所讽刺的"金钱滥用比泥沙"了。

如果说，穷人的一吊钱，当命；富人的一吊钱，当水；那么皇帝的一吊钱，恐怕只好当屁，甚至连屁也不顶。就在南行记粮食细账的同年，到了年底的例行赏赐时，这位皇帝不去计算九文钱可以买一斤白面，大把地撒起银子，赏赐面之大，赏赐额之高，如果折合粮食，一辈子也吃不完的。

现将他发放给皇亲国戚的红包数额，列表如下：

级别	赐银数相当于吊	可购白米数量	可供百人食用
亲王级	8000吊	8421石	28年
郡王、受封贝勒级	7000吊	7368石	24年
贝勒级	6000吊	6315石	21年
未受封皇子级	4000吊	4210石	14年
贝子、公级	3000吊	3157石	10年
内大臣、侍卫级	100吊	105石	0.35年

封建社会就是等级社会，康熙不搞平均主义，同是皇子，有受封与未受封的差别，因此赏赐待遇不一。玄烨六十四岁时，第二十四子出生，取名胤祕，自康熙十一年大阿哥胤禔出生，至康熙五十五年，共生子（生女不计在内）三十五人，然其中十一人早夭。存活下来的儿子为二十四人，未受封的仅皇九子、皇十子、皇十二子、皇十三子、皇十四子。从这里可以估算到每年的年终赏赐，是一笔天文数字，也是国库的一笔沉重负担。

《红楼梦》的贾府，不知属于上表的哪一级，在除夕祭宗祠时，举家也在等待贾蓉到礼部去领这份皇上的恩赏呢！看来，康熙在皇子胤祉的奏折上记的豆腐账，若不是一时心血来潮，就是一次故作姿态。封建社会里的所有帝王，无论其如何暴虐、淫乱、昏庸、无能，在他还未从金銮殿的宝座上跌落下来前，都要把自己打扮出英主、明主，爱民如子的样子。

尤其做皇帝久了以后，更是抓住一切机会，表现他亲民爱民的形象，让臣民们为他山呼万岁。这种表演欲，是情不自禁的，即使清醒如康熙者，也不例外。他需要臣民对他五体投地，对他顶礼膜拜，对他歌功颂德，对他敬若神明，这和历史上所有统治者，是没有什么不同的。

虽然，康熙在他的政治遗嘱中，曾经对历代帝王做过一些评价："昔梁武帝亦创业英雄，后至耄年为侯景所逼，遂有台城之祸；隋文帝亦开创之主，不能预知其子炀帝之恶，卒至不克而终。又如丹毒自杀，服食吞饼，宋祖之遥见烛影之类，种种所载疑案，岂右前辙？皆由辨之不早，而且无益于国计民生。汉高祖传遗命于吕后，唐太宗定储位于长孙无忌，朕每鉴此，深为耻之。"固然，他在开头说了，"自秦汉以后有年号之二百一十有一位帝王中，在位久者朕为之首。朕已老矣，在位久矣，未卜后人之议论如何，而且以目前之事，不得不痛哭流涕，预先随笔自己，而犹恐天下不知吾之苦衷也"。（以上史料均引自章开沅《清通鉴》）

其实，这是他对自己迟迟不肯立储的辩护，由于太子废而又立，立而又废，举棋不定，诸王子及其人马之间的夺嫡斗争，愈演愈烈，以致这位老爷子烦不胜烦，歇斯底里发作，到了罢勋戚、杀大臣的失控状态，这都是老年统治者挑选接班人时信疑不定，首鼠两端的结果。但更为严重的，是他晚年期间，吏治渐弛，贪风日炽，地方亏欠，国库虚空，这才是老人统治的直接恶果。诗人曾言"金钱滥用比泥沙"的后患，终于在他驾崩前后暴露出来。

雍正暧昧不明地接班上台，这个野心家、阴谋家登基时，康熙留给他的固定资产，是一个幅员广阔的庞大帝国，和两千五百万人口，但国库里的流动资金，只有区区七百万两银子，实在是入不敷出，难以为继呢！雍正在位十三年，苦熬苦挣，精打细算，不停抄家搜刮，《红楼梦》里的贾府，也被抄得一干二净的，这才使国库有了五千万两存银。

如果拿这父子皇帝的后代，所签下的《辛丑条约》，要向列强赔款的本息，高达九亿八千二百多万两银子的天文数字，康熙的七百万，加上雍正的五千万，真是可怜巴巴，连零头也不够。所以，我对电视剧、小说中拖着辫子的皇帝，敬谢不敏。这些统治者的手上，都沾满了老百姓的血，即或撇开这些改朝换代，镇压异己的历史不计，试想一下，大清朝国库里的银子，难道都是他们从关外发祥地带来的吗？这几乎是人皆尽知的道理，所有的钱，都是全中国的劳动人民，一文一文、一吊一吊地创造出来的。

因此，一吊钱价值多少，若从民脂民膏的角度考量，那简直是无法计算的。

两朝天子一朝臣
—— 风骨二字，真是值得为文的中国人深思的

因为写过一篇有关周作人历史的文字，受到诮议，嘲之曰"奉旨骂贼"。其实，既是贼，奉旨骂，或者，不奉旨骂，又有什么关系？只要骂的这一位，确实做过贼骨头，骂就没有错。举例而言，总不能因为这个贼的面孔长得标致，你爱之弥切，喜之弥甚，就容不得别人骂他。或者，也不能因为这个贼写了一手漂亮毛笔字，你欣赏备至，五体投地，就要我们忘了他的贼身份。

贼就是贼，一定要把贼当神仙供，"天地君亲师"后加上这个贼，香火供奉，那是个人自由；但不许别人讲这个贼的一句坏话，那就是霸道了。孔夫子早就说过的了："乱臣贼子，人人得而诛之。"总不能因时代"进化"，思想"解放"，到了对汉奸、卖国贼，人人必得"捧"之的地步吧？

清人刘声木在其《苌楚斋随笔》卷二《南宋邓肃等论扬雄》中讲道："扬雄，后世以其能文，极力为之文过……好其文，并及其人，欲使其弥天罪恶消灭于无形。其颠倒是非，淆乱黑白，居心尚堪问乎！"看来，因其能文，而为其文过者，古已有之，也就不觉得有什么新鲜感了。

中国旧时文人，都讲"道德文章"；从理论上说，文人的"道德"和"文章"，两者应该是统一的，或尽量做到统一。但是，几千年来，相当多的人并不"道德文章"，甚至更有文章甚好而道德极差的文人。怎么办？一般都采取不深究的办法，只当看不见，何况中国人有隐恶扬善的美德。

对于当汉奸的周作人，其实大家一直心照不宣，向来是道德归道德，文章归文章分开来看他的。五十年来，相安无事，大家也约定俗成，作如是观。

本来，过分侈谈他文章如何的好，竭力忽略他道德实在的差，已经相当违背客观事实，混淆视听。迩来，更是变本加厉，金身重塑，香火供奉，连他那段当华北伪政府教育总监，为虎作伥的丑史，也因为文学行情看好，跟着要改写，那就真是岂有此理的混账了。

贰臣，在中国人的心目中，就够可耻的了，汉奸，比贰臣更遭人唾弃，更让人痛恨。因为贰臣只是叩了上一朝皇帝的头后，转过脸来又向下一朝皇帝山呼万岁而已，虽然这种迅速的转变，很不要脸，起劲地向新主子献媚，令人恶心。但在罪恶的层次上，比起当东洋或西洋的哈巴狗之流，或许要差一些。因为，贰臣过了几朝几代以后，丑恶的色彩相对淡化，而中国人对认贼作父的汉奸，是永远也无法宽恕的。

这也是以往抗日题材影片中的维持会、新民会、皇协军、翻译官之类俗称"二鬼子"的角色，为什么无一不被刻画到坏得流油，无一不让人恨得牙痒的缘故。有时候替编、导、演想，难道不怕落入脸谱化、程式化的窠臼。后来，悟通了，对于中国人来讲，像汉奸这样的话题，是做不得翻案文章的。

涉及民族感情、国家尊严，人心所向、全民认知的原则问题，则尤其不可以冒天下之大不韪，逆大多数中国人的意志。

20世纪80年代初，有一位颇有名气的作家试图突破，想出出抗战题材之新，写出一部电影文学剧本来，讲述一个被日本鬼子强奸了的中国农村妇女，生出来的孩子的故事。剧本的最初题名，颇为直露，就叫"孽种"，冲这两个字，大概也就想象出会有些什么情节了。这是一个令人从生理到心理都感到很不舒服的题材，听说，后来改了，如何改，改得怎样，也就不知下文了。

显然，此公这部电影文学的构思，是受到西方时尚流行的影响或者诱惑。当时，重新思考战争，和战争中的人性，成为文学和影片正当令的题材。但是，外国人或许能够容忍这个"孽种"，中国人，至少那些尚未完全西化的中国人，对这个"孽种"，会感到堵得慌。

中国人不但对于外国，甚至对于外族，乃至于对于同一族群的不同阵营，不同集团，不同派别，也会泾渭分明，党同伐异，势不两立，不共戴天的。我们都读过《三国演义》，关云长土山失利，讲好了条件，降了曹操，虽然，三日一小宴，五日一大宴，也未能打动他。最后，"身在曹营心在汉"的他，还是过五关斩六将跑了出来。即便如此，他的义弟张翼德还要斩了他呢！

有出戏，叫《古城会》，就写的这段故事。无论如何，投降，是事实，大节亏了，一失足成千古恨，关云长一下子找不到感觉，那西皮流水也真是唱出了他那说不清、道不明的尴尬呢！只此一点，便了解"汉贼不两立"的精神传统，在这块土地上，是何等的历史悠久，又是何等的根深蒂固。中国人，其实很讲中庸哲学，独独在大节上，非常之绝对，绝对到了不间毫发的地步。

这种断然不能容忍背叛变卖行为的绝对精神，确实是属于中国人特有的文化心态。这是和几千年来在中国土地上发生过太多的灾难，人民受到太多的痛苦有关：改朝换代的血风腥雨；异族入侵的战乱流离；外国侵略的屠杀毁灭。每当老百姓成为俎上肉任由宰割的时候，总有这种食同胞肉的引狼入室者，喝同胞血的为虎作伥者，雪上加霜，火上加油地使苦难加番。

我记得《孽种》剧本问世后，当时，从上至下都在感情上不能接受。这类题材的影片在外国，也许可以拍，但在八年抗日战争中死了两千万人的中国，大概是很难可以的。所以，想把周作人树为新圣人，或者说他是个好汉奸，会被人看作是丧心病狂的行为。即使把鲁迅打倒一千年，一千年后，周作人仍是汉奸，而鲁迅仍然是民族精神的火光。

如果有人修《民国史》，周作人未必能进得了《贰臣传》，因为贰臣只是效忠了上一朝以后，改换门庭又为下一朝卖力。若真有这部第二十六史的话，周作人应该是与溥仪、王揖唐、汪精卫、周佛海等卖国贼一起，在《汉奸卷》中就位的。

翻案，是历史上常有的事，暴君秦始皇不是翻了吗？奸臣曹操不是翻了吗？但汉奸、贰臣、佞幸、叛逆，是不容改写，也无法改写的。只是可以把这一页搁置起来，但做手脚想把这一页扯掉，大概很难。记得大清王朝鼎革之际，不得不对前朝降过来的武将洪承畴、文臣钱谦益之辈，优礼有加，尊让三分，待以上宾，共襄国是。那时，入关后立足未稳的多尔衮，把洪视作股肱，委以心腹；孤军深入江南的多尔衮之弟多铎，对钱所以客客气气，温文尔雅，都出于一种政策需要。抬举这些有影响的人物，笼络人心，对巩固新王朝的统治，是有好处的。

一般人不会这样考虑，当时，确实有人哪壶不开提哪壶地跑去问洪承畴："将军啊，崇祯已经当你为殉国英雄，举朝公祭过了，你怎么还活着为新朝效力呀？"当他被清政府封为高官，回家光宗耀祖之际，想不到他老娘，一顿拐杖劈头劈脑打来，这位令人肃然起敬的老太太，掷地有声地说："我们家只有明朝的总兵，没有清朝的将军！"这种节义观，也许对拥护周作人的信徒来说，一无可取之处。但正是这种人格上终始如一的要求，是中华文化传统维系数千年赖以不坠的精神基础。

百年过后，大清王朝，政权稳固，江山坐定，于是，历史又回复其本来的真实面目。一是弘历整顿风气的政治措施，他认为应该提倡人民对他的忠诚不二，不能鼓励臣下朝秦暮楚的变节行为；二是中国文化中这种"汉贼不两立"的绝对精神，所表现出来视贰臣、汉奸、卖国贼为大恶的水火难容的心理。于是，乾隆推翻了他先人赐予这些降臣的谥号、袭封、恤典，并对国史馆编撰们发出指示，洪承畴只配放在《贰臣传》中，而钱谦益，在弘历眼中要更不值钱些，说此人在《贰臣传》中还得次一级，只能放在乙编。

这或许就是对于中国文人特别苛求的不幸命运。

其实，清政权建立之初，不知用了多少明代的降官降将，但当时的人，和后世的人，却总是盯住这期间的几个文人不放，这确实是中国文化传统中的洁癖在起作用。一方面，"江左三大家"的钱谦益、吴梅村、龚鼎孳，称得上是风流倜傥的文学"明星"，聚光焦点，不愧为显赫一时的文坛领袖，众望所归。于是，人们的期望值，就水涨船高，有理由要求他们做出高风亮节的举止。一方面，白头少年钱侍郎，陪骑白马，做戎装的美人柳如是，招摇过世；生性狂纵的龚少卿，掷金一千五百两，娶得名妓顾顺波，金屋藏娇；风流蕴藉的吴太史，一曲陈圆圆，传遍了大江南北，洛阳纸贵……风头出足，风光无限，人们艳羡之余，难免产生"木秀于林"的危机。

更重要的一个方面，既成"明星"，就免不了有"明星崇拜"，这是古今同样的道理。有"明星崇拜"，就有"追星族"。可以想象，这些被崇拜的明星，忽而成为被唾弃的贰臣贼子，如此严重的失落，能不令追星族生出特别的憎恨吗？这恐怕是三位江东名士，成为上至皇帝，下至百姓的众矢之的的根本原因。为周作人鼓吹不遗余力者，要懂得这点群众心理，也许就不会枉费心机去涂脂抹粉了。

钱谦益受到指责最多，乾隆就带头看不起他，专门写过一首诗，把他奚落一个够。"平生谈节义，两姓事君王。进退都无据，文章那有光？真堪覆酒瓮，屡见咏香囊。末路逃禅去，原是孟八郎。"普通人对钱谦益的失节，在他生前就当面加以讥讪。"牧翁游虎丘，衣一小领大袖之服，士前揖问此何式？牧翁对曰：'小领者，遵时王之制；大袖乃不忘先朝耳。'士谬为改容曰：'公真可为两朝领袖矣。'"（清·佚名《绛云

楼俊遇》）

吴梅村略好一点，他还有一点清醒的自省意识，但最后终于剃去明代的头发，留起清朝的辫子，北上为新政权效力时，也被人嘲讽过的。"顺治间，吴梅村被召，三吴士大夫皆集虎丘会饯。忽有少年投一函，启之，得绝句云：'千人石上坐千人，一半清朝一半明。寄语娄东吴学士，两朝天子一朝臣。'举座为之默然。"（清·刘献庭《广阳杂记》）

龚鼎孳的名声本来不佳，是个来回折饼，顷刻之间，三易其主的走马灯式的人物，更为人所不齿。"李自成陷都城"，还挺赏识这位大文人，给了一个"北城直指使"的官让他做。跟着，清军围城，他一看大势不好，连忙打开城门，投降多尔衮。"授吏科给事中，迁太常寺少卿"，又做清朝的官。有一次，"大学士冯铨被劾，睿亲王集科道质讯"。龚鼎孳来劲了，为了讨多尔衮的欢心，"斥铨阉党，为忠贤义儿。铨曰：'何如逆贼御史？'鼎孳以魏徵归顺太宗自解。"结果，偷鸡不着蚀把米，"王笑曰：'惟无瑕者可以戮人，奈何以闯贼拟太宗！'"压根儿看他不起。（《清史稿》）

文人末路，一至于此，也怪不得别人，纯系自找的了。

因为，与钱、吴、龚同时，或先后的像孙奇逢、陈洪绶、张岱、傅山、黄宗羲、朱舜水、方以智、顾炎武、王夫之、朱耷、李颙、吕留良等人，或坚决不仕，或归隐山林，或削发为僧，或反满抗清，也还是能够保持住人格上的完整的。

正因如此，吴梅村活得并不开心，"为当年沉吟不断，草间苟活"，"脱屣妻孥非易事，竟一钱不值，何须说"，"浮生所欠只一死"，从这些诗句中，不难听出他忏悔和自责的心声。

他"临殁顾言：吾一生遭际，万事忧危，无一时一境不历艰苦"的说法，也值得同情。他要求死后"敛以僧装"，不穿清朝的衣衫，石碑上要求刻"诗人吴梅村之墓"，不署清朝官衔，也算是在表明自己的心迹吧？（《清史稿》）

钱谦益在北京的国史馆，当了半年编修，托病回到江南，还多方接触当时地下的抗清力量，希望有所作为，也许为了改写自己那一页不光彩的历史吧。龚鼎孳虽然不很振作，但在奖掖后进，提携新秀，发现俊才方面，倒是不遗余力的，这或许是他的一种聊胜于无的自我赎解吧。然而，即使这小而焉之的失节，无论怎样的弥补，也并不能逃脱历史的嘲笑，何况周作人乎？

鲁迅先生的《集外集拾遗补编·莲蓬人》诗："扫除腻粉呈风骨，褪却红衣学淡妆。"

风骨二字，真是值得为文的中国人深思的。

词笺燕子空衔却

—— 这个中国文学史上的第一败类及其卑鄙无耻的一生

> 丹青收藏他怎么？词笺燕子空衔却，纵落去他边着
> 甚科？从此后虎头妙染成高阁。霍生，霍生，若要相逢，
> 除非来生方可！

这是阮大铖《燕子笺》第三十一出《劝合》结尾的一段
点题的唱词。

阮大铖，中国文人之败类，撇开这个人的王八蛋方面，
暂且不去说他。单就这部《燕子笺》，平心而论，戏虽一般，
但此人在词曲语言上，达到如此诗化的高度，是不能不令人
叹服的。唐宋名家的诗词，在他笔下，为其所用，如同己出，
那融通化脱的能力，简直无与伦比。

《花朝生笔记》称他："其所作诸曲，直可追步前人……
至于《燕子笺》则美不胜收矣。"《曲栏闲话》也称他："圆海
词笔，灵妙无匹。"如：

> [一剪梅]（旦上）春来何事最关情，花护金铃，绣
> 刺金针。小楼睡起倚云屏，眉点檀心，香濡檀林。（梅香）

春光九十逼将零,半为花嗔,半为花疼。梁间双燕语星星,道是无情,却似多情。(旦)露湿晴花一苑香,小窗袅袅拂垂杨。(梅)才看紫燕衔莺粟,又听黄鹂叫海棠。(第九出《骇像》)

[凤马儿](旦)琐窗午梦线慵拈,心头事,忒廉纤。(起坐介)梅香,檐前是什么响?(梅香)晴檐铁马无风转,被琢花小鸟弄得响珊珊。(减字木兰花)(旦)春光渐老,流莺不管人烦恼,细雨窗纱,深巷清晨卖杏花。(梅)眉峰双蹙,画中有个人如玉。小立窗前,待燕归来始下帘。(第十一出《写笺》)

这类美文,在《燕子笺》中,信手拈来,俯拾即是。若是不计其人,单论其文的话,阮大铖写的戏,其词藻之华彩,文字之典雅,情致之柔曼,格调之清丽,确有不同凡响之处。同时代人的张岱,指出他的语言,“句句出色,字字出色”,虽然有点溢誉,但从琳琅满目的佳句看,说他得晚唐词人三昧,有五代《花间》余韵,倒也不算过分。

明末清初的山阴张岱,是一位落拓不羁的才子,因为先前家世鼎盛时,也曾蓄养过戏班,出息过名角,耳濡目染,这位公子哥儿兼浮浪子弟,自然也就成了一个精音律、擅丝竹的行家里手。阮大铖特地邀他从杭州到南京来,为座上宾,看他自己家里的戏班,串演他自己写的戏。我想,阮看中的不是张的家世,而是在“大江以南,凡黄冠、剑客、缁衣、伶工,毕聚其庐”的文坛地位。(佚

名《陶庵梦忆》序）

张岱对列名逆案的阮大铖，肯定会有看法，但他是玩家，还是一个玩到倾家荡产的大玩家，"好梨园，好鼓吹"，艺术至上，看戏第一，也就不在乎他那段丑恶的历史。于是，不惮车船劳顿，跑去赏玩观摩。在那本《陶庵梦忆》中，记下这次愉快的陪都之行。

"在其家看《十错义》《摩尼珠》《燕子笺》三剧"，亲自领教过殷勤的主人，将戏中"串架斗笋、插科打诨，意色眼目，细细与之讲明，知其指归，故咬嚼吞吐，寻味不尽"。因此，张岱对其作品的艺术成就，持十分推崇的态度。虽然，张岱也不得不说："阮圆海大有才华，恨居心勿静，其所编诸剧，骂世十七，解嘲十三，多诋毁东林，辩宥魏党，为士君子所唾弃，故其传奇不之著焉。"

但他终究是行家，"阮圆海家优讲关目，讲情理，讲筋节，与他班孟浪不同。然其所打院本，又皆主人自制，笔笔勾勒苦心尽出，与他卤莽者又不同，故所搬演，本本出色，脚脚出色，出出出色，……无不尽情刻画，故其出色也愈甚"。

这大约是1644年明亡前的两三年间事。

张岱，作为一位纯粹的文人，也许意识不到国土日蹙，危机临近，也许预料不及大好河山，即将易色；但关外压境的清军，节节进逼，迫近京畿的流寇，坐大成势。一向以"谈兵论剑"自雄，颇有几分军事头脑的阮大铖，看得清清楚楚，相信出头日子大概不远。之所以折柬相邀，说是切磋技艺，交流心得，其实，意不在戏，而是蛰居地下，不安于位的一种政治行为。

大文人通常被政治搞，小文人才热衷于搞政治。阮大铖不愿被政治搞，偏要搞政治，只能做个小文人。最后连小文人也不想做，只想做小人，于是，就成了中国文学史上绝无仅有的一个无耻之徒。

阮大铖（1587—1646），字集之，号圆海，怀宁（今安徽安庆）人，后迁居桐城。29岁举进士，天启朝，得吏科给事中职。先以同乡关系，走左佥都御史左光斗的门子。因升职不遂，背左投魏，并且与魏的骨干霍维华、杨维垣结为死友。不过他行事诡秘，虽"事忠贤极谨，而阴虑其不足持，每进谒，辄厚贿忠贤阍人，还其刺"。因此，至崇祯登基，"元年，起光禄卿"，很快，为魏党献媚上《百官图》的马脚败露，"御史劾其党邪，罢去。明年定逆案，论赎徒为民，终庄烈帝世，废斥17年，郁郁不得志"。（《明史》）

罢官初期，前十年间，此人还算老实，伏居南京，杜门谢客，蓄养声伎，写《燕子笺》，自编自导，自得其乐。王士禛《池北偶谈》载："金陵八十老人丁胤，常与予游祖堂寺，憩呈剑堂，指示予曰：'此阮怀宁度曲处也。阮避人于此山，每夕与狎客饮，以三鼓为节。客倦罢去，阮挑灯作传奇，达旦不寝以为常。'"

但是，随后数年，大明王朝，朝不保夕，不亡何待的未来，崇祯皇帝，日暮途穷，必然灭亡的前景，已经愈来愈清晰。政治局势的变化，如惊蛰之地动，使这条地下冬眠的虫豸，那不安生的心，难以宁耐，探头探脑，将触角伸出地面，要迎接他的春天了。

"会流寇逼皖，大铖避居白门，既素好延揽，见四方多事，益谈兵，招纳游侠，希以边才起用。"（钱秉镫《皖髯事实》）可是，魏珰门客，逆案中人，声名狼藉，臭不可近，正人君子无不躲避他，设法绕开这泡臭狗屎。所以，阮像一只软脚蟹，一条蜕衣蛇，很在意朋友，很需要援手，着力于交际，热衷于联络，极想打开局面，才有把山阴张岱请来赏戏的举措。

可是，在南京，除了与他同科考中的马士英"相结甚欢"外，当时，名盛一时的江南四大公子，都跟他不来往；不但不来往，动不动还要修理他。甚至跟他有通家之好的侯朝宗，就是和李香君谈恋爱的侯方域，也竭力疏远他，冷淡他。因此，他把张岱请到金陵，管吃管住，还要奉送红包，纹银若干两，也是突破复社精英，联手东林后人，对其封锁的一种突围策略。

阮大铖的困兽犹斗，坚韧不拔，你不能不服。第一，蛰居17年，生存状态恶劣是不必说的了。到处碰壁，从不丧气，始终图明日之计；忍辱负重，含辛茹苦，努力求东山再起。你可以否定他的人格之贱，但你得佩服他的精神之强。第二，在惶惶然如丧家犬，在人人喊打如过街鼠的17年间，绝不颓唐，笔耕不辍，写出在文学史上能留存下来的这部《燕子笺》。你可以卑视其人，但你却不能不赞赏其文。所以，《明史》在其本传中称他："机敏猾贼，有才藻。"

说实在的，这七个字，也就只有阮大铖当得起。

我们通常所谓的小人、坏蛋、败类、蠹贼、混账、恶棍、伪君子、假道学之辈，并不是都"猾贼"又"机敏"，而具"才藻"的。近些年来，在文学圈中，"机敏猾贼"者，倒是有的，可一提"才藻"二字，就鸦鸦乌了。说句不敬的话，九斤老太的"今不如昔"论，未必没有道理，如今这些阮大铖的衣钵传人，也是一代不如一代了。文学小混混儿们，文章写得那个臭，学养显得那个差，有一脸猾猾然的恶相，无咬断筋骨的犬牙，真是为之抱憾。

所以，我挺宾服这个阮大铖，他坏蛋，坏得有水平，他混账，混得很出色，要比当下骂人骂不到点子上，打人打不到坎节处，嗓门虽高，智商却低，放屁很响，才气毫无的文学垃圾，不知强多少倍？

才子张岱，乘夜航船，抵金陵城，坐丝栏车，驾高头马，灯笼引路，前后扈从，贵宾款待，盛宴接风。我估计张岱那篇奇文《自为墓志铭》，阮大铖显然过目了，所以，一下了就吃透了这个声色犬马的败家子。

张岱自言："……少为纨绔子弟，极爱繁华，好精舍，好美婢，好娈童，好鲜衣，好美食，好骏马，好华灯，好烟火，好梨园，好鼓吹，好古董，好花鸟……"于是，斜风细雨，春意盎然的石头城里，桨声灯影，遗簪堕珥的秦淮河畔，迷恋在声色中，沉醉于戏境里的他，尽管深知主人不是东西，但姣童慧鬟，明眸皓齿，左佽右俦，不拘形迹，便咧开一张大嘴，忍不住为阮大铖鼓吹，阁下这部《燕子笺》啊！"如就戏论，则亦镞镞能新，不落窠臼者也。"

写到这里，不禁伏案呜呼！敢情古往今来的评论家，好像都是很容易被人搞定的。当然，对付名士派张岱，一个被政治搞，而不是搞政治的书呆子，是很容易的。但是，对付人称"小东林"的复社人物，"机敏猾贼，有才藻"的阮大铖，就玩不转，吃不开了。

他试验过，巴结过，赔钱赚吆喝做过折本买卖，然而，只讨来没趣。

吴伟业《梅村文集》中，有一则生动的记载：

> 往者天下多故，江左尚晏然，一时高门子弟，才地自许者，相遇于南中，刻坛墠，立名氏，阳羡陈定生、归德侯朝宗与辟疆为三人，皆贵公子。定生、朝宗仪观伟然，雄怀顾盼，辟疆举止蕴藉，吐纳风流，视之虽若不同，其好名节持议论一也。有皖人者，流寓南中，故阉党也，通宾客，蓄声伎，欲以气力倾东南，知诸君子唾弃之也，乞好谒以输平生未有间。会三人者，置酒鸡鸣埭下，召其家善讴者，歌主人所制新词。则大喜曰："此诸君子欲善我也。"既而侦客云何，见诸君箕踞而嬉，听其曲，时亦称善。夜将半，酒酣，辄众中大骂曰："若珰儿媪子，乃欲以词家自赎乎？"引满泛白，抚掌狂笑，达旦不少休。

陈维崧在《冒辟疆寿序》中，也提到过阮大铖所受到的这次羞辱。

> 金陵歌舞诸部甲天下，而怀宁歌者为冠，所歌词皆出其主人。诸先生闻歌者名，漫召之，而怀宁者素为诸先生诟厉也。日夜欲自赎，深念固未有路也，则亟命

歌者来，而令老仆率以来。是日演怀宁所撰《燕子笺》，
而诸先生固醉，醉而且骂且称善，怀宁闻之殊恨。

这几位贵公子，将阮圆海羞辱一个够以后，似乎还不尽兴，紧接着，吴应箕、陈贞慧、侯方域、黄宗羲等复社名士，又贴出联署的《留都防乱公揭》，彻底揭发阮大铖为珰奴、为蟊贼、为乡愿、为赃官的罪行。这实在是中国文人互斗史上，最奇特的一篇文字。

公揭一出，石头城里便沸反盈天了。

哇噻！字大如斗，贴遍长街，路人仰观，众口流传，声势汹涌，满城哗然，正气如虹，宵小胆惊。有着一部大胡子的阮髯翁，吹拉弹唱，风流倜傥，怎么也是有过功名，做过朝官，出身世家，饶有家产的名流哇！一时间手足无措，只好"潜迹于南门之牛首，不敢入城，向之裘马驰突，庐儿崽子，焜耀通衢，至此奄奄气尽矣"。

后来成为清初三大学者的黄宗羲，那时还是血气方刚之际，也欣然命笔，记录逐阮成功后，他们这些"批阮者"的胜利集会："崇祯己卯，金陵解试……昆山张尔公、归德侯朝宗、宛上梅朗山、芜湖沈昆铜、如皋冒辟疆及余数人（俱揭中具名声讨者），无日不连舆接席，酒酣耳热，多咀嚼大铖，以为笑乐。"

黄的这篇快文，让我马上想到法国人的一句名言，谁笑到最后，才是真正的笑。同时，我也想起鲁迅先生《论费厄泼赖应该缓行》的文章，"打落水狗"，是对的。可是，你要是打不趴下这条狗，它爬上岸来，至少要抖你一身水。所以，

无论是那四大公子，还是贴大字报的复社人物，都有笑得太早之嫌。

第一，据我半个多世纪的人生经验，小人这东西，是万万不可得罪的；第二，同样也是我的切身体会，你既要得罪，就得做不是鱼死，就是网破的足够准备。倘不如此，你做不到破釜沉舟的决绝，那你就赶快拉倒，打消念头。求一时口舌之痛快，图片刻宣泄之欢悦，打蛇打不到七寸上，只能使小人更小，坏蛋更坏，恶棍会成为歹毒的食人族。

这就是天启朝的东林党人，崇祯朝的复社中人，以及能与之相呼应的清流，多年来政策上的失误。这些人，毫无疑问，既是忧国忧民的正直之士，也是满腹经纶的饱学之士。人是好人，但好人不等于没有偏狭愚执的毛病。由于声气太过相投，自然就要排他，以我画线，对"忌者浸不能容"；由于派性情绪作怪，难免意气用事，因此，党同伐异，高筑壁垒，硬是为丛驱雀，为渊驱鱼，化友为敌，使很多中间分子，成为自己的对立面，这是中国知识分子群体中最常见，也是最难根除的痼疾。

所以，明之亡，努尔哈赤、皇太极之入侵，李自成、张献忠之犯阙，固然是主要败因，但朝廷中你搞我、我搞你的党争，置危如累卵的国家命运于不顾，一定要争出是非，定下高低，干掉别人，自立为尊。弄得崇祯为帝17年，换了50位宰相，成为历史的一个大笑话。这种党争的内耗，一直到朱由检煤山上吊，又在南明弘光政权中延续下来。于是，阮大铖从南京近郊的牛首山，坐着马车，带着戏班，堂而皇之地进城了。

这使我想起一部老电影里的一句道白："我胡汉三又回来了！"

有时候，我们时常会埋怨，老天不长眼，为什么小人总能得志，而君子常常倒霉？因为，凡君子，相信这个世界是美好的，而小人，绝对认为这个世界是险象丛生的。所以，孔夫子说，"君子坦荡荡，小人常戚戚"，表明这两种人心境的截然不同。坦荡者不会全天候地关注身边四周的动静，而戚戚者却一天二十四小时都睁着警惕的眼睛，窥测方向，掌握时机，随时准备隐遁，随时打算进袭。阮大铖的"猾贼机敏"比那些"批阮者"要强得多多，还在他被黄宗羲等人，当作茶余饭后的下酒小菜时，崇祯十四年，在他闻知周延儒复为首辅后，急忙要求他给自己平反，重出江湖"辇金钱要之维扬，求湔濯"，对这个绩优股，进行远期投资。

不知得到多少好处的周延儒，情不可却，当然想帮忙，然而，帮不上忙。"延儒曰：'吾此行，谬为东林所推，子名在逆案，可乎？'大铖沉吟久之，曰：'瑶草何如？'瑶草，士英别字也，延儒许之。"（《明史》）

这就是小人的机敏灵活，我不能上，我的朋友上。我的朋友上，其实也就等于我上。果然，凤阳总督出缺，马士英被委任。随后，李自成攻进北京，朱由检自缢身亡，事态遽变，在南都，握有军权的马士英和一肚子坏水的阮大铖合谋，排挤史可法，拥立福王，是为南明弘光政权。

由于翊戴有功，阮大铖甚至当上了兵部尚书。最滑稽的，老东林党人钱谦益，也耐不住寂寞，巴结阮大胡子来了。早些年，他连正眼都不瞧这个败类的。现在，他和他的新太太柳如是，从常熟赶来凑热闹，以求分一杯羹。这位风流女子，白衣白马，在下关，先慰问阮的江防部队，当了一回劳军女郎；然后，又移莲步，阮府赴宴，坐在髯翁身边，频频劝酒，嗲态百出。

我估计，盲翁陈寅恪，作《柳如是传》，写到这里，肯定心里有一股酸溜溜的滋味。同样，复社的"文人"们，眼看着石头城上乌云密布起来，也是想笑都笑不起来了。

前面说过，小人之不可得罪，就因为有小人得志的这一天，一旦得了志，他是要秋后算账的，凡开罪于他者，都会加倍地遭到报复。现在，轮到他笑了，那可是魔鬼的笑，刽子手的笑，决不心慈手软、开刀问斩地笑。

阮大铖先将批判他的主力周镳，投刑部狱杀害，然后下令逮捕复社的吴应箕、黄宗羲、陈贞慧、侯方域等人。这还不够，难解他心头之恨，扩而大之，"士大夫及七郡清流，如黄道周、杨廷麟、刘宗周、顾杲等七十二人皆不免，于是，缇骑遍七郡矣。"（朱一是《周雷赐死始末》）

这期间，那些跟阮大铖合不来的复社名流，陈贞慧捕入锦衣卫，差一点被整死；侯方域逃得快，没有落入阮的魔掌；沈士柱、吴次尾隐名埋姓，躲到外县；黄宗羲跑到余姚，入山抗清；冒襄遁回老家如皋，在水绘园一声不作……倘不是清军迅速南下，挥师江浙，弘光帝成了俘虏，阮大铖未能继续得志下去，还不知有多少人头落地。

[滴溜子]禄山的，禄山的，潼关直犯。哥舒翰，哥

清 | 185

舒翰，全军奔散，大驾去长安西畔，传闻凝碧池，胡奴开宴。趁此悄地更衣，奔从雕辇。

[尾声] 朝冠脱却，轻裘换，将紫绶身中密绾，说不尽的家常凭伊自管看。

扈驾西巡何日还，不堪烽火满长安。

出门哪敢高声哭，多少胡儿勒马看！（第二十一出《扈奔》）

《燕子笺》中，公元6世纪胡人杀进长安的情景，到了公元1644年，竟原样不差地出现在阮大铖的眼前。不过，那是胡人，这是清兵；那是长安，这是金陵。在戏文里，他使剧中人郦尚书扈驾出奔，忠心耿耿，矢志不渝；在现实中，这位先事阉党，感觉臭得不够，再投清廷，以求臭上加臭的阮大铖，很快就变节投降，像当年汉奸为日本鬼子带路扫荡那样，薙发蓄辫，胡服左衽，从清军攻仙霞关，自告奋勇，作马前卒，走在最前面。

他没想到，在山高路陡的峰巅，不小心碰到一块石头，像是挡住他脚步，不让他往前走，绊了一跤，立即仆倒在地，此人遂像一摊牛粪似的再也站不起来。

于是，这个中国文学史上的第一败类，结束了他卑鄙无耻的一生。

他死了，不等于中国文坛再也不会有类似人物出现，不过，能写出《燕子笺》优美文字如阮大铖者，恐怕再也不会有了。也许因为有他这样一个为人为文，反差极大的先例在，所以，对时下的一些作品不怎么样，而人品更不怎么样的同行，混迹文坛，洋洋得意，名利场中，狗屁捣灶，也就不好多说什么了。

　　因为，这帮小玩闹，纵使蹦，又能蹦多高？纵使跳，又能跳多久？随他去罢！

纳兰性德及其他

"穷而后工"，是对文人经历磨难而写出成功作品的褒誉之言。

这句话当然很中听，但若是一个文人为了"工"，而认可这个"穷"，那可真是有点贱骨头了。

何谓"穷"？一般都指物质上的穷。而对文人来讲，没得吃，没得穿，没得银子的穷，固然难熬。统治者对于文人的折腾、打击、压迫、摧残，还包括不一定付诸行动，只是成年累月悬在脑袋上，不知何时掉下来的那种克利达摩斯之剑式的紧张，或者，如观音大士套在孙悟空脑门子上那道看不见，摸不着的箍儿，唐僧一念紧箍咒，就疼得死去活来的恐惧。这种精神上的穷，要比物质上的穷，更教文人吃不消、受不了。

尽管如此，一部中国文学史上，还是有很多大师，在这双"穷"的处境之下，能够得以成就其"工"，也许这就是中国文人的伟大之处了。

于是，不禁要问，这种物质上的"穷"，加之精神上的"穷"，为什么反而能激起作家奋发努力，写出成功作品呢？先前的"穷"，后来的"工"，这其中有些什么必然的关联吗？

读清人蒲松龄《聊斋志异》，其中有一篇《鸽异》，似可悟出一些道理来。

> 鸽类甚繁……名不可屈以指，惟好事者能辨之也。邹平张公子幼量，癖好之，按经而求，务尽其种。其养之也，如保婴儿：冷则疗以粉草，热则投以盐颗。鸽善睡，睡太甚，有病麻痹而死者。张在广陵，以十金购一鸽，体最小，善走，置地上，盘旋无已时，不至于死不休也。故常须人把握之；夜置群中，使惊诸鸽，可以免痹股之病，是名夜游。

这只名曰"夜游"的鸽子，一夕数惊鸽群，使其免于"痹股之病"的强迫做法，与南方渔民进城贩卖活鱼的措施相同，都要在鱼桶里放进一条吃鱼的鱼，唯其别的鱼怕被"追杀"，就得闪避，就得逃脱，就得不停游动，这样，可以保持长时间的鲜活状态。看来，制造紧张，制造不安，制造恐惧，制造痛苦的所谓"穷"，也是激活文人的生命力和创造力的所谓"工"的过程。

若果真如此，从文学发展的角度，说不定倒要向历代制造文字狱的帝王鞠一大躬。

想起20世纪的俄罗斯作家索尔仁尼琴，倒有可能是一个眼前的、现成的、为大家所熟知的例证。此公作为囚徒，流放到古拉格群岛，挣扎在死亡的边缘多年，很悲惨，很艰难，自不待言。然而，他能够在活下来都不容易的炼狱中，以想象不到的毅力，写出那部关于集中营的皇皇巨著，着实令人敬佩。

后来，他走运了，逃离古拉格；后来，他更走运了，获得了诺贝尔奖；再后来，他更更走运了，冲出铁幕定居美国。但他始料不及，向纽约港口那尊女神顶礼膜拜的同时，有了自由，是不必说的了，从此却没了文学，至少再没有像样的文学，这真是让人欲哭无泪，无可奈何之事。

问题的症结在什么地方呢？当他在古拉格群岛煎熬的年代里，克格勃无所不在的恐怖，实际起到了蒲留仙笔下那只停不下来的"夜游"效应；起到了南方渔民水桶里那条吃鱼的鱼的"追杀"效应。老用手枪顶住你的脑门，老用封条糊住你的嘴巴，老用绳索绑住你的手脚，老用死亡威胁你的生命，激发了这位在恐怖下生存的大师，要在恐怖下写作的强烈欲望。

后来，这些外部条件不复存在了，他的创造力也就无法激活，便不可避免地患上蒲氏所说的"痹股之病"。我看过他在美国寓所的一张照片，站在门口，有点像伊凡雷帝的那个弱智儿子，恹恹地甚乏生气。那张脸，很像一条肚子翻了过来的死鱼模样。估计，从今往后，他的文学的翅膀也许还能展开一二，但若想飞得很高，很远，是不可能的了。

这大概就是他在自由的美利坚，再写不出什么具有震撼力作品的缘故。

《国语·鲁语下》里有这样一句名言："沃土之民不材，淫也。瘠土之民向义，劳也。"中国古人这种言简赅，精彩非常的论断，就是对一个人的遭遇，太快乐和太不快乐，会产生出什么效应的高度概括。

"沃土"，或者"瘠土"，某种意义上说，也就是作家赖以生存的好与坏的条件，借以写作的优与劣的环境。愤怒出诗人，苦难出文学，若是太快活了，太安逸了，太优越了，连性命都会受到影响的。生于忧患，死于安乐，谓予不信，康熙朝的早夭诗人纳兰性德，他的短命，则是证明这句古语的典型事例。

大清三百年，有无数出名的和不出名的文人，没有一位比他更幸运。很长时间内，中国的索隐派红学家，认定他就是贾宝玉的原型人物。因为他的确也是一位特别多情，特别浪漫的富贵公子。在文学史上，有人可能风流，可并不富贵；有人可能富贵，但并不风流。有人可能是才子，可讨不来佳人芳心；有人可能很得女人垂青，但作品写得很撒烂污。唯这位纳兰性德，却是想要什么，就有什么的幸运儿。他太舒服了，他太幸福了，美女如云，情愫泛滥，春风得意，心花怒放。诗篇脱手，京都传诵，文人兴会，赞声四起。那时的天子脚下，谁能拥有这位康熙御前侍卫的体面光彩呢？

他的感情生活，他的爱情故事，他的浪漫插曲，他的情人踪影，简直让人艳羡不已。

> 纳兰眷一女，绝色也，有婚姻之约，旋此女入宫，顿成陌路。容若愁思郁结，誓必一见，了此宿因。会遭国丧，喇嘛每日应入宫唪经，容若贿通喇嘛，披袈裟，居然入宫，果得一见彼姝，而宫禁森严，竟如汉武帝重见李夫人故事，始终无由通一词，怅然而去。（蒋瑞藻《小说考证》引《海沤闲话》）

老天给他的风流很多，给他的才华也很多，但是这个世界上，哪有可能百分之百的全部拥有呢？留给他挥洒文采的岁月却很少，留给他享受爱情的日子则更少。也许他意识到上帝的吝啬，感觉到生命之短促，所以在他的词章里，拼命描写男女丰富的情感，竭力描写世间美丽的女性。他的《饮水词》，"哀感顽艳"，确是一部"呕其心血，掬其眼泪，和墨铸成的珍品"。（张秉戌《纳兰词笺注》）

纳兰擅写女性心理，特别在表现贵族女子的空闺孤守，离愁别绪，相思情深，恩爱难舍的情感方面，细致入微，体贴动人。他笔下的女性，无不美艳绝伦，而最让人心往神驰的，是他总是要着重写出来的，这些女性的青丝秀发。在中国古往今来的诗人当中，他也许是最善于描写女性发饰的一位。

　　锦帏初卷蝉去绕，却待要，起来还早。（《秋千索》）

　　风鬟雨鬓，偏是来无准。（《清平乐》）

　　向拥髻灯前提起，甚日还来，同领略，夜雨空阶滋味。（《秋水·听雨》）

　　睡起惺忪强自支，经常倾蝉鬓下帘时，夜来悉损小腰肢。（《浣溪纱》）

　　相逢不语，一朵芙蓉着秋雨。小晕红潮，斜溜鬟心只凤翘。（《减字木兰花》）

　　谁见薄衫低髻子，抱膝思量。（《浪淘沙》）

　　曲罢髻鬟偏，风姿真可怜。（《菩萨蛮》）

当代作家写女性时，物质的欲望很强烈，精神的享受很浅薄，色情的目光通常都形而下，下流的心理离不开裤裆。几乎没有一位我的同行，会在那些飘逸潇洒的青丝秀发上，很下笔墨功夫。试想一下，纳兰笔下那"薄衫低髻子，抱膝思量"的闺秀，那"曲罢髻鬟偏，风姿真可怜"的歌女，让我们读着读着，生出多么绮丽的画面，和丰富的想象啊！若无这美发的点染，饰物的增光，这些情致优雅的小姐，该是减色不少呢！

纳兰性德（1655—1685），原名成德，字容若，号楞伽山人，满洲正黄旗人，纳兰氏。其父为吏部尚书、武英殿大学士明珠，是康熙的重臣，权倾一时。清康熙朝，满人的汉化程度还不算十分明显，而纳兰为世家，为贵族，早就无所顾忌地全盘接受汉文化影响，曾拜尚书徐乾学为师，并与汉族的官绅、宿儒、名流、文士广泛交往，过从甚密。

康熙本人尽管很在意满汉之大防，但他却受汉文化影响甚深。对这位与他同龄的重臣之后，才俊之士，实为满族融入汉文化的楷模，既眷注，也关切。圣祖待纳兰"异于他侍卫，久之，晋二等，寻晋一等，上之幸海子、沙河，及西山、汤泉，及畿辅、五台、口外、盛京、乌剌，及登东岳，幸阙里，省江南，未尝不从。先后赐金牌、彩缎、上尊、御馔、袍帽、鞍马、弧矢、字帖、佩刀、香扇之属甚夥"。（徐乾学《纳兰君神道碑文》）

从赠物中之鞍马、弧矢之类来看，这位清朝皇帝，不无提醒这位年青侍卫，别忘了种族根本之意。纳兰十七为诸生，十八举乡试，十九成进士，二十二授乾清门侍卫，但他志不在此，一心要追蹑李商隐、李后主，要在文学史上开创属于他的天地。

当时有"满洲词人，男有成容若，女有顾太春"之说，其实，纳兰性德作品的成就，在词的造诣上力臻尽善尽美，称得上是领一代风骚的词宗。如果他不是死得那么早，会有更多的杰作佳构存世，他将是清文学史上不同凡响的诗人，会产生更大的影响。然而，实在令人非常伤感的是，生于 1655 年，死于 1685 年的他，匆匆而来，匆匆而去，只活了 30 岁。

对于这位出自满洲贵族家庭的诗人来说，优裕的物质环境，优雅的精神世界，优容的贵族生活，优渥的政治待遇……联想到"穷而后工"这种说法，幸乎，不幸乎，还真值得斟酌。

他的《饮水词》，无论当时的评论，还是后来的研究者，常以南唐主、玉谿生与之比拟。但是，天不假之以年，纵有盖世才华，也不得淋漓尽致地发挥，唯有赍恨而没。这就是他老师在《神道碑文》中不胜叹息的，"甫及三十，奄忽辞世，使千古而下，与颜子渊、贾太傅并称"。

由此可见，过于幸福，过于美满，过于无忧无虑，过于安逸享受的"沃土"，对于文人，对于文学，未必太值得额手称庆。家世的显赫，仕途的顺遂，朝野的褒誉，帝王的恩宠，也无法弥补这位词人短命的遗憾了。

一位皇帝对于一位文人格外施恩的宠遇，在历史上也许并不罕见，但在如今被捧为"盛世"的三朝里，清王朝以少数民族统治天下 268 年期间，对于文人之镇压，世所罕见，史所罕见，纳兰性德甚至敢于同遭遇文字狱的文人来往。在那样杀一儆百的恐怖政策下，当时的汉族文人，没有一个不是战战兢兢，而他却拥有这一份自由，恐怕是唯一的例外。

大清王朝以少数民族统治者御临天下的268年期间，仅中央政府一级，这三朝一共搞了160余起文字狱案件，平均一年半就要对文人开刀问斩一次。掉脑袋的，坐大牢的，流放宁古塔，或更远的黑龙江、乌苏里江，给披甲人为奴的，每起少则数十人，多则数百上千人。加上各级地方政府为了邀功，为了政绩，打击面的扩大化，加之文人之间的出首告讦，检举揭发，全中国到底杀、关、流了多少知识分子，恐怕是个统计不出的巨大数字。所谓"盛世"时期的文人，如临深渊，如履薄冰的日子，并不比索尔仁尼琴在古拉格群岛的遭遇，好到哪里去。

试看乾隆年间曹雪芹写《红楼梦》时，隔三岔五，就要跳出来大呼皇恩浩荡，歌功颂德的卑微心态，纯粹是文人脑袋掉得太多而吓出来的后遗症，大体上也能体会到做一个这样"盛世"文人的可怜了。一直到道光年间，龚自珍在《咏史》一诗中，犹有"避席畏闻文字狱，著书只为稻粱谋"的诗句，说明康雍乾三朝收拾文人的残酷，一个世纪过去，晚清文人仍是心有余悸的。

清人进关，是以一个文化落后的民族，来统治一个文化先进的民族。其心灵深处，对于文化，对于文明，对于拥有悠久文化传统，拥有深厚文明积淀的，然而是被他们统治着的，非我族类的知识分子，有一种胎里带的怀疑，猜忌，不信任。将知识分子视作异己的劣根性，是很难排除的。一个视知识分子为敌的病态政权，一年半平均一次文字狱的恐怖政权，能出现"盛世"气象，那简直就是天方夜谭了。所以，对时下流行的昧心之论"盛世说"，我是持质疑态度的。

虽然，康熙设馆编修《明史》，编纂《古今图书集成》《全唐诗》《佩文韵府》《康熙字典》；而乾隆设馆编纂的《四库全书》，更是中国文化史上的创举，他个人一生写诗四万首，数量等于唐诗总和，至今还无一个中国诗人打破他的高产纪录。这一切，说明这些帝王，早已脱离了骑在马背上剽劫游牧为生的文化落后，原始愚昧的状态。尤其康熙，对于自然科学，诸如历算、数学、水利、测量，多所涉猎，在中国最高统治者中间，是很少见的。但是，尽管他们个人称得上是高级知识分子，但这种精神上的软肋，这种灵魂上的忌讳，是万万碰不得的。所以，纳兰性德这样一个幸运儿，实在难能可贵，可他却死得这么早，成了太幸运而反倒短命的个例。

尽管对纳兰之外的文人，康、雍、乾大兴文字狱，使他们既有物质的穷，更有精神的穷，但是清代文人，大都活得很坚韧，很结实，创造力不但不被扼杀，而是表现得更蓬勃，更生气，这就叫人不禁生出咄咄之感了。

从公元1662年起，到公元1796年止的154年间，可以说是中国文人最走背字的时期，也是中国文人骨头收得最紧，脑袋掉得最多的时期。虽然，玄烨活到68岁，胤禛活到57岁，弘历活到88岁，但是，这三朝，长寿文人之多，称得上是历代之冠。

据不完全统计：

享年九旬以上者：孙奇逢91岁，毛奇龄90岁，沈德潜96岁；

享年八旬以上者：朱舜水82岁，冒辟疆82岁，黄宗羲85岁，尤侗86岁，吴历86岁，朱彝尊80岁，蒲松龄85岁，王翚 85 岁，胡渭 81 岁，梅文鼎 88 岁，赵执信 82 岁，方苞 81 岁，张廷玉 83 岁，纪昀 81 岁，赵翼 87 岁，袁枚 81 岁，姚鼐 84 岁，段玉裁 80 岁，王念孙 88 岁。

达到人过七十古来稀者：查继佐 75 岁，傅山 77 岁，丁耀亢 70 岁，顾炎武 70 岁，王夫之 73 岁，谷应泰 70 岁，朱彝 79 岁，李颙 78 岁，阮元 76 岁，陈维崧 73 岁，王士禛 70 岁，孔尚任 70 岁，郑板桥 73 岁，卢文弨 78 岁，钱大昕 76 岁……对当时平均寿命不超过 50 岁的大多数中国人来说，文人群落中的寿星老，可谓多矣！

于是，我也不禁纳闷，到底帝王的生命力强，还是文人的生命力强？在这场统治者和文人谁活得过谁的"友谊"赛中，看来，不得不作出这样一个"痛苦"结论，强者虽强未必享寿，弱者虽弱未必殒折。那结果必然是：强者愈折腾，弱者愈健壮；强者愈打击，弱者愈来劲；强者愈压迫，弱者愈长寿；强者愈摧残，弱者愈不死。

这三朝文人生命力之顽强，你不由得不惊讶，尽管文字狱平均一年半搞一次，一个个硬是活到七老八十，硬是活到帝王伸腿瞪眼，真是很令后来为文的我辈振奋不已。所以，做文人者，做帝王者，在这种数日子的较量中，到底谁输谁赢，把眼光放远一点，从历史的角度来看，还真是南面者未必南，而败北者未必北呢！

因为，在中国历史上，几乎所有的统治者，都不大"待见"文人，特别是那些捣蛋的文人，恨不得掐死一个少一个。可事与愿违，无论怎么收拾，怎么作践，谁也不到阎罗王那里去报到，相反，"穷而后工"，而得到文学史上的不朽，这颇使历朝历代的帝王伤透脑筋。

不过，到了当下这个初级阶段的物质时代，要是让文人在"纳兰性德"与"穷而后工"两者择一而为的话，我就不知道谁会选谁啦!

时人谁识李二曲

公元 1703 年（康熙四十二年）冬十月，玄烨西巡。

十一月十五日渡黄河，经潼关、临潼，当日抵达西安。侍卫和近臣都劝这位旅途劳顿的皇帝，稍事休息。无论如何，到底是年纪奔六之人，应该将养龙体。但一路来，这位陛下圣猷独断，岂容臣工多嘴？他决定次日，也就是十六日清早，到沙场阅兵。圣旨一下，满城大乱。当地的督抚臬按，检巡府监，将帅校尉，以及参阅兵佐，整整一宿，谁也不敢合眼，忙乱得脚打后脑勺。幸好，中国人对付皇帝的最妙之术，曰："齐不齐，一把泥。"只要大概齐说得过去，就会给皇帝留下军容整齐，骑射娴熟的印象。特别是下了一条死命令，俺们老陕别的本钱没有，会吼秦腔不？会吼信天游不？那本官拜托众位，放开嗓子吼万岁，这是最能讨好陛下的手段。

果然，那一天，在演兵场上，骑着马的戎装玄烨，顾眄四望，目光所及，万岁万岁万万岁的吼声地动山摇，几乎令渭水为之倒流，差点让终南为之余震，教玄烨好一个得意。再次日，也就是十七日，心情怪不错的陛下又下了令，恩免陕西、甘肃两巡抚所属地方当年钱粮，消息传开，当然让黄土地的老乡们喜不自胜。三天以后，也就是二十日，又下令陕西绿旗兵把总以上官各加一级，八旗兵将军以下，骁骑校以上各加一级。这一连串派糖活动，说明老爷子很高兴，也说明陕西方面上上下下着实下了功夫，卖了力气。

虽然还不到腊月，离过年还远，压岁钱倒先给了。看来，在中国这块土地上，如何哄骗得皇帝老子开心，如何糊弄得万岁爷龙颜大悦，是各级官员首先要学会的功课。阅兵那天，玄烨看到万岁不离口，嗓子都喊哑的众军士，颇为感动，亲口对抚军博霁宣示："朕历巡江南、浙江、盛京、乌喇等处，未能有及西安兵丁者。尔处官兵俱娴礼节，重和睦，尚廉耻，且人材壮健，骑射精练，深可嘉尚，慎勿令其变易。"

在一旁侍候的巡抚鄂海，虽是一位庸吏，拍马术还是相当精通的，听到圣上这番奖谕以后，自然也掩嘴偷着乐。不过，鄂海还是捏着一把汗。因为，双管齐下，文武齐抓，习惯于两手皆硬，是当今圣上的行事方式。武的，他已经检阅过了，文的，也少不了要审视一番。果不其然，圣上的眼神落在鄂海身上，显得有话要说。当时吓得他一激灵，脑门子沁出一层冷汗。清朝官员，对皇帝，一张口就是奴才，而隶属八旗出身的满洲官员，则尤其是奴才相十足。一到此刻，只有垂手侍立，双肩胁紧，竖着耳朵，一口一声的"喳"，恭听圣训了。

因为康熙一过潼关，就发出手谕，要召见盩厔县的一位名叫李颙的"处士"。现在，陛下查问鄂海的，正是这项安排。

李颙是谁？谁是李颙？对今天的读者来说，可是一道真正的难题了。清人陈康祺《郎潜纪闻初笔·卷八·北学南学关学》条目中这样说："国初，孙征君讲学苏门，号为北学。余姚黄梨洲先生宗羲，教授其乡，数往来明越间，开塾讲肆，为南学。关中之士，则群奉西安李二曲先生容（颙），为人伦模楷，世称关学。"三百多年过去之后，这位关学领袖，即使你到西安最繁华的鼓楼大街，挨着个地向当地人打听，我估计，十之八九，也不大会有人知道这个名字。向文联、作协的诸位贤达打听，十之七八，也未必能说得上子午卯西。

有一年，我在西安，请教过一位文学界同行，如今在周至县，可还能找到李二曲老先生的什么遗迹吗？他看了看我，眼白多于眼黑。反问道，那该是与魏长生、刘省三同辈的唱秦腔的老艺人吧？他这一说，倒使我一时语噎，不知如何应对。对于陕西籍，甚或西北籍人士，酷嗜这门地方戏，到了偏执的程度，我最早是从鲁迅先生的日记中领教过的。民国初年，先生到北京任教育部佥事，赴西安考察，其中观摩易俗社的秦腔表演，那种非看不可，不看不行的热忱，让先生很有点吃不消的。于是，接下来，因无话好说，只好听这位文学界朋友，谈当地那些名流，谁和谁结婚，谁和谁离婚，谁和谁结婚又离婚，谁和谁离婚又结婚之类的花边新闻。

虽然结婚离婚已经如此之方便和轻易，说明后解构时代确实已经来临，但我仍然觉得将这样一位在明清易代期间的广知博赡，著作等身，文章道德，世所共仰的大儒；一位与统治中国已经近六十年之久的清朝政府始终保持距离的文人；一位既未应明代科举，也未进清朝考场，全凭自学成才，苦学钻研，从六经诸史，百家诸子，到佛经道藏，天文地理，无不烂熟于胸的学者，人称"关中三李"的代表人物李颙，中国文人坚贞不屈的品格榜样，抛诸脑后，置若罔闻，忘了个干干净净，是有点说不过去的。历史并不要求你记住所有一切，这就是人类审视自身来历时的大度和宽容；而是希望你记住应该记住的，如果应该记住的都置之脑后，可真是问题了！

李二曲之所以被弘扬，被张大，被高山仰止到楷模、典范、先贤、大师的地步，因为公元 1664 年的明清鼎革，对当时的每个中国人来讲，都是一次切肤之疼的深刻体验。中国历史上的改朝换代，何止数十百次，从来没有像清人进关这一次，伤筋动骨、摧肝裂胆，几乎无人能逃过这场生死劫。且不说"扬州十日""嘉定三屠"，就脑袋顶上的几根毛，也是决定性命的抉择。你要明朝的头发，你就不能要脑袋，你要保全这颗脑袋，你就得剃得光秃秃只留一根猪尾巴似的大清辫子。所以，在屠刀和剪刀面前，文人之降服变节者、软骨摇尾者、卖友求荣者、陷害密告者、无耻佞从者、投机取巧者、拍马钻营者、苟且偷生者，多得让人窒息，多得成为灾难。因此，一不应清廷科举，二不为清廷官吏，三不与清廷合作，四不和清廷来往，始终自居遗民身份的李颙，便格外为人景仰。人心是秤，公道自在，有清三百年间，海内不知二曲先生者甚少。而三百年后，西北那黄土高原，除了安塞腰鼓，除了妹妹你大胆地往前走，可有一位撑得起"关学"这样字号的大学问家，独领一方，独开一面，也好让我那位西安朋友，不要一听到李二曲的"曲"字，马上先就联想唱秦腔的老艺人，显得乏善可陈的孤陋寡闻了。

大清王朝的皇帝，尤其这位圣祖，可不是吃干饭的，对这位"关学"领袖，印象不但深刻，而且历久弥新。"处士李颙，人好读书，深明理学，屡征不出，朕甚佳之。"最后两句圣谕，语焉不详，究竟褒呢，还是贬？让在场的陕省官员，摸不清圣上的底细。他们深信，"处士"一词，出自圣谕，那玄机和奥秘，就够盩屋县的李二曲吃一壶的了。一般情况下，未经科举，未获功名的读书人，自称或人称"处士"，是很正常的。而李颙，快八十岁的白头老翁，行将就木的前朝老朽，呼为"处士"，就如同对鹤发鸡皮、风烛残年的老妇，叫她小姐一样，听来不免牙碜。按说，有了一大把子年纪，尚未释褐的老先生，便堂而皇之的"布衣"了。但玄烨不称他为"布衣"，而称之为"处士"，这就是统治者"率土之滨，莫非王臣"的必然想法，你必须要成为大清王朝的良民。

别看鄂海一脑袋糊涂糨子，但在意识形态领域方面，那高度防范之心，滴水不漏之意，倒与圣衷不谋而合。他掰着手指数了数，顺治爷坐江山17年，康熙爷坐江山，至此也有42年，加在一起，大清王朝将近一个甲子。中国人五十年为一代，父生子，子生孙，李颙居然仍未改弦更张，另换门庭，继续当他的不入彀门的"处士"，继续做他的精神上的前朝"遗民"，所以，这次西巡，才生出召见这个花岗岩脑袋的想法吧？

他替圣上想，对于这个始终保持既不反抗，也不赞成的人生姿态，始终保持既不唱对台戏，也不随指挥棒跳舞的言行宗旨，始终保持超然物外，绝迹凡尘，独善其身，我行我素的文人品格的李颙，虽然一不生事，二不闹事，三不犯事，但陛下数十年打造出来的万宇一统，四海归心的大好局面中，有这么一个说不上是三心二意，可绝说不上是一心一意的死角，岂不让圣上有那种不够百分之百的遗憾嘛！

鄂海还真是揣摸透了玄烨的心思，陛下现在希望得到的，是政治上的绝对一统，是黎庶的完全归顺，是知识分子的心诚悦服，是大清天下的万古长青。四十多年前，他刚执政，也许不具有这样的自信，如今，屁股越坐越稳，江山越坐越牢，觉得"率土之滨，莫非王臣"的局面，是应该得到实现了。不过，圣人早说过的："水至清，则无鱼；人至清，则无徒。"统治者追求完美、完善、完全，对多样、多元、多彩、多面的社会来说，这种原教旨式的洁癖，倒有可能成为升斗小民的磨难。老百姓最怕统治者放着好日子不过，非要无事生非，非要节外生枝。陛下呀陛下，您大人大量，有必要非跟这个并不捣乱的老学究过不去吗？

早在圣上决定西巡之前，巡抚鄂海就得到京城军机处的某位章京的关照，说万岁爷此次到西京，有一个召见李颙的日程。鄂海接此信息，跌足长叹，直埋怨是谁出的这个鬼点子？让大家年都过不好。这个李二曲，岂是一个随便听摆布，任拿捏的文人呢？他不惹你，谢天谢地；你要惹他，不是没病找病嘛！可文治武功，是历代清朝皇帝最为期许的一个高境界。这次西巡，即使要体现出圣上黾勉士林的恩泽，莫过于召见当地最具代表性的文化界头面人物。在陕西省，甚或在西北地区，除了李二曲这样有年纪、有学问、有号召力、有影响力的大儒，再无适当人选。鄂海也就只好硬着头皮，派了一位干员，携了一份厚礼，趋访李颙，希望这位老学究给地方官一个面子。谁知，碰了个大钉子。这位"关学"领袖，"宴息土室""虽骨肉至亲，亦不得见"，已经二十多年足不出户了。

生于1627年（明天启七年），逝于1705年的李颙，享年78岁。玄烨西巡，是他死前两年，也就是1703年（康熙四十二年）的事情。老人家哪里想到，临死临死，又被推到政治斗争的风口浪尖上。27年前，1678年（康熙十七年）博学鸿词科，他就躺在门板上，从盩厔县抬到西安，验明正身，他确实因病重，不能应皇帝的恩典，而不参与全国会试。难道，27年后，他老人家又得被抬到西安去见这位万岁爷吗？

现在，摆在李颙面前的，是道选择题，一是公然抗旨，拒绝参拜，惹恼皇上，引火烧身；二是抬赴省城，诚惶诚恐，山呼万岁，叩首跪拜。但是，他知道，他家人知道，陕西省的父老乡亲也知道，第一个选择，他不敢做。在中国有皇帝的年代里，得罪了皇帝意味着什么，大家心知肚明。第二个选择，他做不到。清人王士禛《池北偶谈·卷九·李颙》中说："近盩厔李颙两经征聘，不出，有古人之风。颙以理学倡导关中。"六十年来泾渭分明的他，忽然屁颠屁颠地跑到西安向在朝康熙磕头，他还能继续做他的大宗师吗？乡党们的唾沫星子，就能将他淹死了。

李二曲有点七上八下，捏把汗，可想而知。不过，当今皇上也有点七上八下，捏把汗，就不免吊诡。因为玄烨不能不考虑，君无戏言，话放出去了，第一，老"处士"不来，不给你面子，你陛下如何处置？是杀他，是关他，还是亲手掐死他？第二，老"处士"还真的来了，给了你面子，你能赏他一个什么？他六十年都不买你的账，他会稀罕你的恩典吗？如果，他来了，还夹七夹八说了一些不三不四的话，你陛下又如何处置？是乱棍打出行辕，还是斩监候收押？虽然帝王之威，莫敢抗违，怎么处理也都是皇帝有理。可是，大清立国六十年，为此惩治一个你已经容忍了六十年的对立面，大动干戈，值不值得？这是1703年玄烨西巡中一段见诸史册的小插曲。

这插曲的实质，也是中国历来的统治者（尤以清代的前几位皇帝为剧），几乎难以幸免的"意识形态恐惧症"的反应，而中国文人的全部倒霉史，不幸史，掉脑袋史，不掉脑袋但像钱名士那样顶着一顶"名教罪人"帽子的不自由史，无不系于统治者的这一念之间。

清初最著名的思想家李颙，字中孚，号二曲，理学名士，闻于关中，为陕西盩厔县人。与孙奇逢、黄宗羲并为"清初三大儒"，又与郿县李柏、富平李因笃，共称"关中三李"。是一位重磅级的学问极高、品望极著的大人物，《清史稿》称他："布衣安贫，以理学倡导关中，关中士子多宗之。"难怪康熙如此高看，如此关注，如此当回事地，竟屈尊要到西安来会他一会。当时，陕人一概呼他为二曲先生，这也是中国人喜欢以地名代替人名表示尊敬的一种方式。盩厔这个县名，是解放后给简化了的。原来的繁体字，难认难写，但有讲。水曲为"盩"，山曲为"厔"，他也就自号"二曲"。一个文人能得到家乡父老子弟的如此认同，能得到当时士林杏坛的如此敬重，自有其非同小可之处，更有其与众不同之处。其实，说白了，康熙所戒惧的，也是百姓所赞赏的，一是他始终保持着虽不得不妥协但绝不阿附，不得不苟全但从不合污的清流身份；二是他始终保持着宁可清贫，不失节操，甘于淡泊，不求闻达的遗民心态。

对任何统治者来讲，文人中的大多数，他们是不会太放在心上的。"秀才造反，三年不成"，早就把耍笔杆者的软骨头和脓包蛋，看得死死的了。无论哪个朝代的知识分子，不管明朝的还是清朝的，不管过去的还是未来的，按其生存态度而言，绝大多数是奉行"活着主义"的。在他们心目中，活着乃人生第一要素。活得好，当然好，活得不好，也要活下去。再好的死，也不如再赖的活。活着，既是最高纲领，也是最低门槛。这类聪明和比较聪明的文人，通常不会抱残守缺，通常不会拿鸡蛋往石头上砸，通常不会只在一棵树上吊死自己，面对明清鼎革而发生的突然变化，这些"活着主义"者，相当程度地不自在了一阵。当最初的躁动不安期过去，随后的徘徊观望期过去，很快也就接受新主子坐稳了江山这个无法回避的现实，遂有了改换门庭，重觅出路，调头转向，再寻新机的抉择。一个个或认输，或低头，或膺服，或投诚，来不及地向新朝效忠。对这些大多数信奉"活着主义"者的文人，康熙看得透透的，只消诱之以利禄，威之以强权，不愁他们不诚惶诚恐地跪拜在丹墀之下。

但是，文人之中，并非皆是随风转舵、见机行事、改头换面、卑躬屈膝、信奉"活着主义"的机会主义者。他们将品格的完整、言行的一致、信仰的忠贞、操守的纯洁，视为至高无上的道德境界，他们认为信念、理想、主义、真理，是与生命等值的精神支撑。既然如此，皇上说什么，威权说什么，主流说什么，甚至，老天爷说什么，他们那一根筋是不为所动的。

所以，像李颙这样既不抵制，也不反抗，既不合作，更不顺从的文人，在关中产生的巨大影响力，在全国产生的强大感召力，是康熙的一块心病。

早在公元1678年（康熙十七年），年青气盛的玄烨，时方24岁，曾经想借"博学鸿词科"的征辟运动，使这位"关学"的领袖人物李颙就范，那是27年前的事情了。现在，已经很难厘清其时吴三桂正叛，战事吃紧，忙于调兵遣将镇压三藩的康熙，应该不会抛出，而且似乎不必急于抛出，这样一个属于意识形态方面的重大措施的隐情了。

我不禁想到，在这一年前的1677年（康熙十六年），所发生的两件事，是促使玄烨忽然心血来潮的起因。一是这年的十一月，康熙发出"博学鸿词科"谕旨的前两个月，一个聪明得不能再聪明，滑头得不能再滑头，糟糕得不能再糟糕的高士奇入值南书房，为内阁中书，这个中国文人中玩文学、玩政治的八段高手，对此举的推动，当有重大干系。中国文人之收拾文人的不遗余力，远胜于中国皇帝之收拾文人的雷霆万钧。皇帝之收拾文人，固然可怕，但除了政治，还是政治；文人之收拾文人，不但可怕，政治之外，还会纠缠进复杂的同行相妒、文人相轻的感情因素，那结局必更为刻毒惨烈。他成为康熙倚重的文胆以后，绝对有可能，出这个馊主意。作为文人的他，作为同属顶尖文人的他，对那些不曾失节，更未叛卖，学望深远，举足轻重，品格完整，民望所归，一言一行，模范天下的同行，自然有一种无颜故国的惭恶。我相信，推动玄烨加快实施整肃政策，反映了高士奇拉大家一齐下水的阴暗心理。

二是这年的十二月，康熙发出"博学鸿词科"谕旨的前一个月，经学家张尔岐去世，这本是一件稀松平常的事情，但张尔岐与李二曲过从甚密，加之作诗挽之的顾炎武，又同时是这两位在经学方面、在理学方面领衔者的共同朋友。虽然挽诗并无犯忌之处："历山东望正凄然，忽报先生赴九泉。寄去一书悬剑后，贻来什袭绝韦前。衡门月冷巢鸙室，墓道风枯宿草田。从此山东问《三礼》，康成家法竟谁传。"但这种非体制，非主流文坛的地下活动，绝对是统治者所不乐见的。而且，清人陈康祺《郎潜纪闻初笔·卷八·李二曲》条目中所夸张写出来的状态："一日，白昆山顾炎武元和惠周惕至，倒屣迎之，谈谦极欢。一时门外瞻望颜色，伺候车骑者，骈肩累迹。几如荀、陈会坐，李、郭同舟，东汉风流，再见今日也。"玄烨本来是个"意识形态恐惧症"患者，他的情治系统会不把这班与他不搭界，无交接，自成系统，意气相投的文人活动，如实禀报吗？

所以，转过年来，大正月里，玄烨发出"博学鸿词科"的谕旨。

自古一代之兴，必有博学宏儒，振起文运，阐发经史，润色词章，以备顾问著作之选。朕万几余暇，游心文翰，思得博学之士，用资典学。我朝定鼎以来，崇儒重道，培养人材，四海之广，岂无奇才硕彦，学问渊通，文藻瑰丽，可以追踪前哲者。凡有学处兼优，文词卓越之人，不论已仕未仕，令在京三品以上及科道官员，在外督抚、布按，各举所知，朕将亲试录用。其余内外各官，果有真知灼见，在内开送吏部，在外开报督抚，代为题荐，务令虚公延访，期得真才，以不副朕求贤右文之意。

据清人佚名著《啁啾漫记》："康熙十七年戊午，圣祖特开制科，以天下之文词卓越，才藻瑰丽者，召试擢用，备顾问著作之选，名曰博学鸿词科。敕内外大臣，各荐举来京。于是臣工百僚，争以网罗魁奇闳达之士为胜。宰辅科道题荐八十三人，各衙门揭送吏部七十二人，督抚外荐三十一人，都一百八十六人。""虽趋舍各殊，然皆才高学博，著述斐然可观，近代能文之士，未能或之先也。当征试时，有司迫诸遗民就道，不容假借。胁以威势，强舁至京，如驱牛马然，使弗克自主。而美其名曰，圣天子求贤之盛典也，其然岂其然乎？"

名曰广揽天才才彦，实为文化整肃运动，用一网打尽的的办法，将当时顶尖的中国文人，长官点名，朝臣指认，地方举荐，府道选送，类似锄草机的刈割，从，也得从，不从，也得从，统统强迫纳入大清王朝的主流体制之中。或入翰林，或为史官，或予闲职，或允致仕，那些曾经是对立面的，曾经是反清复明的，曾经以遗民身份不与清廷合作的，曾经誓不薙发，誓不胡服左衽的文人，如今端着人家的碗，岂有还不服人家管的道理。

但中国文人，也并非全是软壳鸡蛋，其中也有很少一部分人，就是以死相胁，也是拒不应试的，盩厔县的李二曲就谢绝了这次征辟。

> 李颙被征，自称废疾，长卧不起。陕抚怒，檄盩厔知县迫之。遂舁其床至西安，抚臣亲至榻前怂恿，颙遂绝粒，水浆不入口者六日，而抚臣犹欲强之，颙拔刀自刺，陕中官属大惊，乃免。

俗话说，过了初一，过不了十五，你逃过康熙十七年的"博学鸿词科"，你逃不过康熙四十二年的西巡召见。大家一致相信，文人被皇帝惦记着，与被贼惦记着，倒霉的概率是差不多的，早晚会是一场灾难。估计这位关中的学术栋梁，大概是进入其生命的倒数计时，竟有人忽悠着该为他准备祭文了。

当时，李颙已经举家迁至富平，这一天的这个小县城，驿道上来自省城的车骑，络绎不绝，县衙里传递消息的差役，往来穿梭。如果当时有直升机的话，肯定也早就降落在富平的骡马店门口，掀起满城风沙，恭候老先生上轿了。因为那些按察司、布政司、督学、巡抚、提学等有关官员，也是上窥天子颜色，是晴光霁月，还是彤云密布，来决定他们的下一步行动。至于李颙去或是不去，他们早就做了准备，去，有去的待遇，不去，有不去的处置。关中的冬天很冷，滴水成冰，官员们在李颙的土室门外，等候消息，冻得脚疼。行伍出身的抚军博霁说，索性一根绳子拴了这老汉走！做官做得很油的鄂海说，圣上只说恭请，可没交代押解，先别鲁莽行事，待我再问一声。

终于，土室里传出话来，二曲先生因病不能赴省城，不过，他将打发他的儿子代表他去参见圣上。

他当然不能去，去了还是那六十年一以贯之的李颙吗？看来，这位老先生虽然愚直，但并不迂执，想出来这样一个转圜的措施，好教那位康熙皇帝以及众多臣属，得以有一个台阶下。这边厢的高官们面面相觑，不敢做主。他不去，他派他的儿子去，能算是他去吗？他的儿子代表他，是否就能说并不等于他去呢？好在富平离长安不远，快马跑趴下数匹，马鞭抽断了数根，最后传来最高指示："今上知先生抱恙，遂有'高年有疾，不必相强'温旨，随赐书'操志高洁'匾额及御制诗章，并索先生著作。"

康熙是何等天纵聪明的君主，当他过潼关发出召见手谕时，如果所欲见者不是李颙，而是别的什么脓包蛋、鼻涕虫，早就涎着一张肉脸在西安等待着了。既然他不来，派了高官去敦请也不来，他大概是死不会改变主意的了。如今答应派他的儿子来，若是不就坡下驴的话，那只有诉诸强制手段。康熙肯定算了一下账，强迫他来，得到的多呢？还是这样优容宽待，大度豁达，由他自便，得到的多呢？于是，短暂的喧闹复归于平静，那间土室的柴门重又掩上，只有暮色苍茫中的寒鸦，给关中大地添一点生气。

中国文人之中，正是由于有李颙这样力求品格完整的人士，当他决定要做什么事情的时候，往往全力以赴，虽摩顶放踵，也在所不计。当他认定不做什么事情，或者，不能做什么事情的时候，虽斧钺刀锯，架在脖子上，也不为所动。所以，数千年来，在这块土地上，文化传统之薪火相继，礼义廉耻之不绝如缕，恐怕也是与这些人坚持理想，发扬精神，不变初衷，始终如一分不开的。

要是大家都聪明得如墙头草那样，东风来，向西倒，西风来，向东倒，那结果还真是不堪设想呢！

可怜一曲长生殿

文人，是非多，也真是没有办法。

其实，从古至今，文人，都是单干户、个体户。以常理而论，你干你的，我干我的，你我之间，或你我与他之间，不会发生，也不应发生任何关系。虽然数千年来，某个文人与某个文人，某些文人与某些文人，会产生政治上的附庸关系，经济上的依靠关系，从而也就有了文学上的仆从关系。而一旦彼此之间构成老爷和随从的关系，倒不大容易有是非了。你是皇帝，我是你的御用文人，你是老板，我是你的雇佣笔杆，我敢跟你有是非吗？所以，是非的产生，必须是那些我写什么，无须你首肯，你写什么，无须我认可的文人们，才会互相不买账，互相较着劲，互相瞧不起，互相咬个没完没了。因此，无妨说，是非，乃文人的本性，基本上是不可救药的。而中国文人，尤其的"是非"，不但是非不断，不但是非成性，而且因是非以至于恩恩怨怨，爱爱仇仇，一辈子、两辈子，也不肯化解。

清康熙二十八年（1689）十月间所发生的《长生殿》案，就是因文人的是非，而引发的一起文字狱案。

历来，都把这笔账算在清统治者的头上，其实，是有点冤哉枉也的。因为，大清王朝统治的268年间，确实发生过将近二百起文字狱，尤其在康、雍、乾这三朝所谓"盛世"的百多年间，大概平均每过半年，就要收拾文人一次。有把柄要收拾，没把柄也要收拾，清朝皇帝对文人，其镇压之不遗余力，其整肃之杀气腾腾，其处置之不稍宽贷，其刑狱之残忍惨毒，在中国思想箝制史上，堪称自秦始皇焚书坑儒以来，最为高压，最为恐怖的黑暗时期。不知有多少知识分子，因文字之累，或家破人亡，或株连三族。每案少则数十人，多则数百人，因而坐牢杀头，充军发配，妻女童孺沦为八旗贵族之婢仆，丁壮男子远戍黑龙江、乌苏里江为披甲人奴。所以，这次"《长生殿》案"，说是文字狱案当无不可，无论如何，如此大张挞伐，如此声严色厉，以致一干人等，吓得魂不附体的，尿了裤子的，求爷告奶的，拼命撇清的，不一而足。案子压在刑部，等候发落期间，这班人犯，着实度日如年好一程子。大清王朝大兴文字狱，其目的就是要让汉民族文人夹着尾巴做人，从这个杀鸡儆猴，不杀鸡同样也儆猴的效果来看，正是康熙所想达到的。

　　本案当事人洪昇（1645—1704），正是春风得意，丰华正茂之际，遭到太学除名的打击，遣返回乡，一蹶不振，以致这样一位大才子、大诗人、大戏曲家，蹭蹬一世，最后失足落水而亡。我也曾经认为，玄烨脱不了干系，但继而一想，第一，此案没有一个文人关进班房，也没有一个文人掉了脑袋，实在个别；第二，虽因国丧演出《长生殿传奇》而致祸，但并未因而禁演，相反，戏班却由此得便宜卖乖，获得更高的票房；第三，最可乐者，当事人洪昇虽然被开除学籍，不能再求功名，可他并没有被文坛抛弃，也没有被媒体封杀，一方面，在体制外写作，老子再也不受官府鸟气；一方面，受体制内认可，康熙点过头，鼓过掌，还有谁敢不买账？洪先生回到钱塘，虽败犹荣，被追捧，被尊崇，虽被打趴，却比站直的人还腰杆硬。从此过着优哉游哉的日子，享着众星捧月的风光。

大概任何时代，在意识形态领域里，这种按下葫芦起来瓢的反弹现象，是很让统治者伤脑筋的。越批越红，越整越火，越斗越风光，越收拾越牛的中国文人，是屡见不鲜的。官府不喜欢，百姓很待见，你说他臭，我说他香；你说他香，我说他臭，偏要逆反当局，恶心当局，实在让主管部门无可奈何。如果没有这场文人是非，惹出这起文字狱，洪昇混好了，顶多补上一个知县。恐怕康熙派驻在江南的特务头子、江宁织造曹寅，不会把他放在眼里。如今一介布衣，贾宝玉的爷爷却不得不礼敬三分。

关于这起清初的文人是非，坊间传有多种版本。

在陈康祺《郎潜纪闻初笔》里，是这样说的："钱塘洪太学昉思昇，著《长生殿传奇》初成，授内聚班演之。圣祖览之称善，赐优人白金二十两。于是诸亲王及阁部大臣，凡有宴会，必演此剧，而缠头之赏殆不赀。内聚班优人请开宴为洪君寿，而即演是剧以侑觞，名流之在都下者，悉为罗致，而不给某给谏。给谏奏谓，皇太后忌辰设宴乐，为大不敬，请按律治罪。上览其奏，命下刑部狱，凡士大夫及诸生除名者几五十人。益都赵赞善伸符，海宁查太学夏重，其最著者。

后查改名慎行登第，赵竟废置终其身。"

在王应奎的《柳南随笔》里，说法大同小异："康熙丁卯、戊辰间，京师梨园子弟以内聚班为第一。时钱塘洪太学昉思昇著《长生殿传奇》初成，授内聚班演之。圣祖览之称善，赐优人白金二十两，且向诸亲王称之。于是诸亲王及阁部大臣，凡有宴会，必演此剧而缠头之赏，其数悉如御赐，先后所获赀不赀。内聚班伶人因告于洪曰：'赖君新制，吾辈获赏赐多矣！请开筵为君寿，而即演是剧以侑觞。凡君所交游，当延之俱来。'乃择日治具，大会于生公园，名流之在都下者，悉为罗致，而不及吾邑赵星瞻征介。时赵馆给谏王某所，乃言于王，促之入奏，谓是日系皇太后忌辰，设宴张乐，为大不敬，请按律治罪。上览其奏，命下刑部狱，凡士大夫及诸生，除名者几五十人，益都赵赞善伸符执信、海宁查太学夏重嗣琏其最著者也。后查改名慎行登第，而赵竟废置终其身。"

而查《康熙起居注》，关于此案，有如下的记载："二十八年十月初十日癸酉。辰时，上御乾清门听政，部院各衙门官员面奏毕。大学士伊桑阿等以折本请旨：吏部题复，给事中黄六鸿所参赞善赵执信、候补知府翁世庸等，值皇后之丧未满百日，即在候选县丞洪昇寓所，与书办同席观剧饮酒，大玷官箴，俱应革职。上曰：'赵执信着革职。'"

《起居注》是具权威性的官方文书，告发者黄六鸿，即上引两文中所谓的"某给谏"，当无疑义。至于他为什么像疯狗一样，狂咬赵执信和洪昇，而且咬住了就不撒嘴呢？从王培荀的《乡园忆旧录》，得知这场文人是非的由来。"赵秋谷先生（即赵执信）以演《长生殿》罢官，剧本虽洪昉思撰，而秋谷改定处特妙。劾之者为礼科给事中黄某,即著《福惠全书》者。前官山东郯城令有声,相传黄入都以土物及诗集馈秋谷,秋谷回帖云:'土物拜登,大集敬璧。'因是衔之刺骨,盖修报也。里居时,尝见其奏疏,牵引多人,且有书办溷杂。末云:'臣在礼言礼,于诸人宿无嫌怨。'其中多有名士。都人有口号云'国服虽除未免丧,如何便入戏文场。自家原有三分错,莫把弹章怨老黄。''秋谷才华迥绝伟,少年科第尽风流。可怜一曲《长生殿》,断送功名到白头。'"

现在看起来,这场文人的是非,主角乃赵执信和黄六鸿,洪昇纯系无妄之灾,算是陪着吃挂落的倒霉蛋。怪只怪这个赵执信,一、自大;二、因自大而轻狂;三、因轻狂而高标自许,目空一切,因而得罪了黄六鸿这个文人中的小人,那他只有吃不了兜着走啦! 赵执信(1662—1744),字伸符,号秋谷,青州府益都县人。七岁能文,十四岁为秀才,十七岁中举,十八岁殿试二甲进士。二十三岁山西乡考正试官,二十五岁升右春坊赞善兼翰林院检讨。春坊者何? 乃太子府官,那是未来新朝的栋梁,谁敢不礼敬? 谁敢不巴结? 啊! 赵秋谷此时不到三十岁,举业仕途,文名诗运,无不心想事成,唾手可得,这一份堂而皇之的履历,由不得他不狂。何况他玉树临风、潇洒脱俗、青春年少、倜傥不群,一时间里,文坛视为希望之星,官场看作后起之秀,当然不把一个土得掉渣的外省知县,一个名不见经传的三流文人放在眼里。

黄叔琳的《赵执信墓表》说他得意之时:"朝贵皆愿纳交,而先生性傲岸,耻有所依附,落落如也。故才益著,望益高,忌者亦益多。"名士如朱彝尊、陈维崧、毛奇龄……据《清史稿》称："尤相引重，订为忘年交。"试想一想，连这班前朝遗老，都放软身段，折节与交、心仪其人、张扬其才，那烘云托月的作用，岂不忽悠得赵先生不知自己吃几碗干饭？突然间，一筐柿饼，一篓红枣，也许还有胶县白菜、章丘大葱之类，出现在赞善府的门口，这就很让赵执信捏鼻子了，再加上一册自费出版的《黄六鸿诗文集》，以及恭请大师指正等等，立刻一脑门官司给喝退出去。这就是陈恭伊在《观海集序》所说的了："士之诗文赍者，合则投分订交，不合则略视数行，挥手谢去，是以大得狂名于长安。"

在这个世界上，凡文人之狂，可分两种，一是无本事的狂，一是有本事的狂。无本事的狂，为狂之大多数，泛滥成灾；有本事的狂，为狂之极少数，难得一见。无本事的狂，又称傻狂、癫狂，由于具有装疯卖傻的戏剧性，往往因其观赏价值能被社会接纳。而有本事的狂，则表现为狂放，狂狷，这类在精神世界里高蹈睿哲，通脱不羁的智士，由于常常走前真理一步，不但没有戏剧性，相反倒会拆穿戏剧性，因而不被社会容纳。赵执信的狂，实质属于后者，表象近乎前者，这也是太容易成功的人士，总记住上帝那张慈祥的呵护他的脸，而记不住上帝也会将冰冷的后背对着他，百密一疏，失于检点的过错了。于是，才二十七岁的他，看了朋友的一场戏，一帆风顺、鹏程万里的幸运儿，顿成丢官卸职，吗也不是的落水狗。

吃了闭门羹的黄六鸿，当然视作奇耻大辱。小人如蛇，赵秋谷诗写得不错，但应对蛇蝎，却书生意气。打蛇要打七寸，你打不死这条蛇，你就千万别惹他。他居然收下土产，退回文集，这就是分明的蔑视和挑战了。蛇在暗处，人在明处，蛇有足够的耐心等待，人却未必随时随地加以提防。好，内聚班觉得赚了不少银子，名优觉得挣了不少体面，那时候也无知识产权或版税这一说，也无潜规则或票房抽头这一说，于是说，洪太学，小的们颇承老爷这出戏，成了内聚班的摇钱树。这样吧，七月初一，您老的生日，咱们在您府上来一台堂会，全用 A 组演员，来演您的《长生殿》。顺便找东兴楼或者丰泽园来办几桌席，客尽管你请，菜尽管你点，只当小的们尽一份心意。洪昇说，此事甚佳，赵秋谷先生乃文坛祭酒，主宾席万万不能少了他。

其实，黄六鸿等着这一天，初初，倒是希望能得到洪昇洪太学的邀请，怎么说，这位年青才子的新戏，他是捧过场，叫过好的。可他不了解，都下文人这个圈子，第一看名气，第二看分量，你虽有名气而不响，你虽有分量而不重，人家不将你放在眼里，这也是文坛势利的必然。因此等到这一天，怎么也盼不来这张请柬，不禁有点郁闷，更有点气恼。

在中国，大概也不光是中国，所有的三流文人，从来不肯承认自己三流；而偏偏所有的三流评论家，最拿手的好戏，就是把一流文人的桂冠，给三流文人加冕成"大师"。

黄六鸿，字思湖，福建侯官人，曾为郯城、东光知县，擅笔墨，有政声，遂调为京官，为工部给事中，应该要比三流文人略高一筹。因为他所著述的《福惠全书》，集其为州县一级首长如何施政的经验体会，颇具实用价值。《清史稿·艺文志》还曾将这部书列入官箴类读物，这部当时"大清王朝干部必读"，所有为县令者无不人手一册。为此，他觉得自己是块料，还是块不错的料，当然应该被邀，绝对应该列席，而居然被拒之门外，这真是岂有此理？更听说当晚那个赵执信，坐在主桌上座，一方面，指手画脚、高谈阔论；一方面，扒海参、烩鱼翅、烤羊腿、炙鹿肉，吃得不亦乐乎，这都让他血压升高，气得牙痒。王夫之说过："君子之道，有必不为，无必为；小人之道，有必为，无必不为。"这个文人中的小人，有必为者，就是报复，无必不为者，就是要往死里整这个赵秋谷。怒从心头起，恶从胆边生的黄六鸿，控之以皇后丧期未满百日，开锣演戏为大不敬罪，写下这封检举信。其实这本是文人的是非，他无限上纲，往康熙刚死不久的佟皇后的丧仪上挂，就成了政治上的大是非。隔日，赵秋谷、洪昉思因昨夜酒喝高了，尚在美梦之中，那黄六鸿以他给谏（相当于纪检委）的身份，已将状纸递到刑部衙门。

史家说，洪昇是朝廷中南派和北派党争，或满洲官僚与汉人官僚一次政治较量的牺牲品，这当然也有道理。但是，康熙要给知识分子一点颜色看看，也是他的一贯方针。不过，要没有黄六鸿扮演这个始作俑者的角色，官不追，民不究，也就偃旗息鼓了事。别说党争不兴，皇帝老子想找事端，也是挑不起来的。

中国文人，基本上都是银样蜡枪头，全是嘴把式。得意时膨胀，气壮如牛；失意时收缩，瘪皮臭虫；能请神，而送不了神；能惹事，而不能了事。至此，也就只好抻长了脖子，等着开刀问斩了。最终，大出意外，太阳从西边出来，因文人是非而起的《长生殿》案，却以削职罢官、革除学籍而宣告了结。如果这也算是文字狱的话，也许是大清王朝唯一的一次从轻发落，少之又少见的网开一面，因此，难能可贵。

心怀叵测的黄六鸿，本想题奏上去，激起龙颜大怒，估计那些大吃特吃海参、鱼翅、羊腿、鹿肉的与会者，尤其那个收下柿饼、大枣、白菜、大葱而不认账的赵秋谷，脑袋也许不一定掉，皮肯定要剥去一层的。谁知康熙高高举起，轻轻放下，某给谏却从此"猪八戒照镜子，里外不是人"，很长时间足不出户，怕人家背后戳脊梁骨。不久，黄六鸿到底找了个致仕的理由，灰头土脸回到原籍去了。

无官一身轻的赵秋谷，从此山南海北，周游四方，在诗的写作路线上，追求现实，纾民众心曲，反映生活，为社会呐喊。与其妻舅王士禛主张的"神韵说"唱反调，认为文人不能关在都城的小圈子，而应该走出象牙之塔，进入百姓乡土的大范畴，沉积多年以后，诗词写得更有骨力，文章写得更有内涵，自成清初一家。这大概可谓失之东隅，收之桑榆，算得上有一个差强人意的收获。

至于那位吃挂落的洪昉思，公元 1691 年（康熙三十年）回到家乡。江南父老对这位没落才子，敞开怀抱，热烈欢迎。据他友人金埴所著的《巾箱说》记载，这位剧作家仍是一个乐观主义者："往予杭州寄亭，去昉思咫尺。每风动春朝，月明秋夜，未尝到不彼此相过。偕步于东园。游鱼水曲，欲去还留；啼鸟花间，将行且竚。昉思辄向予诵'明朝未必春风在，更为梨花立少时'之句。且曰：'吾侪可弗及时行乐耶？'"

看来，这起轰动一时的案件，对他这个当事人来讲，并无什么挂碍。第一，书照样出；第二，戏照样演；第三，他照样受到官方、半官方、民间人士的高规格接待；第四，最主要的，就是尤侗为其《长生殿传奇》一书出版时所作序文中，所描写的那不变的狂，也就是他这个文人的精气神犹在："狂态复发，解衣箕踞，纵饮如故。"

应该这样说，洪昇不狂，还是洪昇吗？要是黄六鸿知道这一点，就该撒泡尿把自己淹死。

金埴在《巾箱说》中，提到洪昇最后的风光："昉思之游云间、白门也，提帅张侯云翼降阶延入，开讌于九峰三泖间，选吴优数十人，搬演《长生殿》。军士执殳者，亦许立观堂下。而所部诸将，并得交纳昉思。时督造曹公子清寅，亦即迎至于白门。曹公素有诗才，明声律，乃集江南名士为高会。独让昉思居上座，置《长生殿》本于其席，又自置一本于席。每优人演出一折，公与昉思雠对其本，以合节奏，凡三昼夜始阕。两公并极尽其兴赏之豪华，以互相引重，且出上币兼金赆行。长安传为盛事，士林荣之。"

虽然，洪昉思的结局，令人扼腕，从南京返回杭州，路过乌镇，不幸因醉酒失足落水而亡，但在这场极其光鲜、极其繁华、极其隆重、极其礼遇的盛大演出之后，得大风头，得大满足，得大解脱，得大欢喜，也可死而无憾了。

大清王朝热衷于搞文字狱，为史之最，不过，这一次例外。《长生殿传奇》案中赵执信、洪昉思与黄六鸿的角力，说到底，只是一场文人的是非而已。

完美王士禛

清代顺康年间，为江湖公认的文坛大腕王士禛，堪称完人。

在中国历史上，有这样一条铁律，一个被帝王宠信有加的文人，必然会被老百姓鄙弃摒绝；反过来，一个被广大民众接受容纳的文人，必然会被当局视作异类，或者是将要铲除的异己分子。王士禛所以能成为完人，就在于他既能吃住统治者，还能吃住被统治者，甚至包括被统治者中的反统治者，也照吃不误，这等正反通吃的全天候功夫，可谓绝活。康熙是何等精明人物，都被他玩得滴溜溜转，最后，哪怕惹恼了陛下，也能全身而退。一直到康熙的孙子乾隆在位，已经死去多年的他，继续得到恩典，正名赐谥，优渥垂青。这等超级吃功，你能不钦佩，你能不羡慕吗？说不定还会生出一丝忌妒，因为无论你如何努力巴结上下左右，如何尽心周旋四面八方，下辈子，下下辈子，也达不到王士禛的这一份堪称炉火纯青的圆熟。

自明末清初的钱谦益过世以后，他就坐在钱谦益曾经坐过的文坛领袖位置上，这大概是在康熙三年（1664）的事情。王士禛年方而立，四首《秋柳》诗，拿了大奖，立马当上大清王朝的文联主席，或作协主席，那还得了，顿时牛得一塌糊涂。中国人喜欢一窝蜂，赶热闹，泆上水，随大流，而中国人之中的中国文人，更容易受植物神经支配，屁颠屁颠，人云亦云，起哄架秧子本领一等，遂有人提出："国朝之有士禛，亦如宋有苏轼，元有虞集，明有高启。"肉麻地吹捧他为大清文学的代表，鼎革时代的象征。这当然属于过誉之词了。他是了不起，不假，但也不曾了不起到登峰造极的程度。有什么办法呢？中国自有文学评论这个行当以来，从古至今，执吹鼓手为业的这班英雄好汉，一直以抬轿子为己任。虽说这是胎里带的毛病，但却是人家的啖饭之道。而中国文学的虚假繁荣，还真是得依赖他们的大嘴支撑市面。所以，他姑妄言之，你姑妄听之，尽管时下宽带收费，4G 收费，但评论家的废话，从来是不收费的，所以，既不必当真，更不必介意。

王士禛的文学成就，在清朝算高的，拿到他朝去，遑论与宋之苏轼比，存有天渊之别，就连与明之高启比，也不能望其项背。开个玩笑，若王士禛放到宋朝，未必能与苏东坡齐肩媲美，同样，高启要放到清朝，并让他多活几十年的话，恐怕就轮不到王士禛大出风头了。但那些只见树木，不见森林的文学评论家，非要抬举某位作家，非要鼓吹某部作品，嗜痂之癖，你也只有其奈他何了。说到底，每个时代的文学水平，很难用一把尺子度出长短，作家和作品，也不可能有一个刚性标准，量出高低。某个时代，大师层出不穷，联袂而来，杰作石破天惊，如潮涌现；某个时代，文人零星寥落，意兴阑珊，作品浮光掠影，平庸一般。譬如，在文化繁荣方面，清代不如明代；譬如，在文学深度方面，当代弱于现代，差异肯定是存在着的。

因此，近人钱锺书的《谈艺录》，对王士禛的八字评价，"一鳞半爪，不是真龙"，直指其弊，一针见血，还真是击中要害。不过，要是钱先生早说四百年的话，可能招来极大不愉快。因为王士禛周围，始终有一个无形的，然而相当活跃的人气集团，在烘云托月般地拥趸着他，最重要的是上有当今皇帝罩着，遂形成一股举足轻重的力量。不仅仅是在舆论方面，足以施加影响，恐怕在行政方面，也有不可小觑的左右能力。所以，在他盛时，不但没有反对派，连偶尔反对的声音也听不到。他的姻亲赵执信，著《谈龙录》，认为"诗之中，须有人在"，对他漂白文学持异议，也是到了王士禛的衰暮之年，才敢面世。当大家向王立正敬礼，众口一声，就是好，就是好时，赵执信唯有闭嘴，不敢置一词。

现在来看，王士禛的走红，是清代初期那元气大伤，总体趋弱的文学环境下的产物，这有点像晋人阮籍登广武，观楚、汉战处，叹曰"时无英雄，遂使竖子成名"那样。斯其时也，名声较响的大人物，都是明末遗民，经过鼎革的战乱，经过文字狱的熬炼，虽然一部分人镇压了，一部分人缄默了，一部分人钻进考据和小学的故纸堆了，但瘦死的骆驼比马大，那些出生于明朝，成名于清朝的新生代，面对钱谦益、黄宗羲、顾炎武、王夫之、孙奇逢、李颙、谈迁、张岱、万斯同、阎若璩等庞然大物，难免相对泄气，自惭形秽。说得雅些，"泉涸，鱼相与处于陆，相呴以湿，相濡以沫"；说得俗点，抱团取暖，自抬身价，便矬子里拔大个，把同辈之佼佼者王士禛推到台面上来罢了。

不过，无论如何，在清代文学史上，王士禛还是很重要的一页。第一，他的诗写得还算精彩。第二，他的诗理论符合当局的意识形态政策。第二点要比第一点更加奠定他在顺康年间的文学地位。政治第一，意识形态上的洁癖，清统治者是一点也不含糊的。王士禛的"神韵说"，某种意义上的文学漂白论，对康熙来说，可谓适得朕心，讨得龙颜大悦，是完全可以肯定的，否则，他不会这样走运。当然，王士禛此说，并非独创，用来阐发此说的最具招牌性质的两句话，一是唐人司空图的"不着一字，尽得风流"，一是宋人严羽的"羚羊挂角，无迹可求"，说明其来有自。版权虽不属于王，但王能够融会之，升华之，系统之，实践之，于是，漂白文学的"神韵说"应时出现，最重要的意义，对于那些不再视自己为明人，而是清人的文人们，提供了一个得以安身立命的精神空间。

这样，以钱谦益为代表的明末遗民一代，随着他们的老化和死去，退出文学舞台，国愁淡化了，家恨稀释了，王士禛在康熙的给力下，成了顺康年间的广大教化主。

王之"神韵说"，所以能成为卖点，一方面是诗至明末，"因陈积习，肤廓纤仄"（纪昀语），偏弊株守，了无生意，已钻进牛角尖，黯无前景，大家在无路可走的时候，自然期盼一个新局面的出现；一方面是"神韵说"的漂白作用，那空透明渺，冲和淡远，风致清新，不落实处的境界，比较投合统治者的胃口。在中国，没有一个皇帝，愿意文人给他添乱的，因此，王士禛的"神韵说"，讳言现实，不碰前朝，无关族群，只在空灵，自然得获当局青睐，遂独树一帜，率模天下。自都门而外省，士子无不竞相效仿，由蒙童至皓首，写诗无不追求空灵。侪辈同僚，以与其交往为荣，晚生后学，以得其指点而红，诗界唱和，以得其佳作添彩，风景名胜，以得其题词增光。文章出手，诗歌传诵，常常产生轰动效应，足迹所至，流连忘返，总是倾倒万千苍生。所以，晚清史学家李元度感叹道："公以诗鸣海内垂五十年，士大夫识不识，皆尊之为泰山北斗。"著《扬州画舫录》的李斗也说："公以文学诗歌为当代称，总持风雅数十年。"

当时到北京来的骚人墨客，得到一谒渔洋先生的机会，才算不虚此行。但经常碰壁，不断撞锁，后来经人指点，捷径就在慈仁寺，只消到了那里，便可一睹尊颜。这就是清人陈康祺《郎潜纪闻》所写："相传王文简晚年，名益高，海内访先生者，率不相值，惟于慈仁寺书摊访之，则无不见。"明代的慈仁寺，清代的琉璃厂，当下的潘家园，都是北京城里有名的旧书市场。因此，若想面见这位大师，就得在慈仁寺先去等候着。在《古夫于亭杂录》中，同样的故事，王士禛又重复了一遍："昔在京师，士人有数谒予而不获一见者，以告昆山徐尚书健庵（乾学），徐笑谓之曰：'此易耳，但每月三、五，于慈仁寺市书摊候之，必相见矣。'如其言，果然。庙市赁僧廊地鬻故书小肆，皆曰摊也。又书贾欲昂其直，必曰此书经新城王先生鉴赏者……士大夫言之，辄为绝倒。"

有些亲历的事情，最好自己说，比较有现场感；但有些亲历的事情，最好别人讲，更能具客观性。智者千虑，必有一失，老先生未能把握住这种微妙的分寸感，对自己的造名术，不无得意地信手写来，自诩自矜之情，溢于言表，反而产生负面效果。不过，慈仁寺摊的小故事，也足以说明王士禛享誉长达半个世纪的事实。在中国文人倒霉的全部历史上，获得如此褒赞，确属难得的罕见现象。

因此而言，中国文人也真是可怜见的。首先，彼此相掐，堪称厉害；其次，上下相压，尤为可怕。后者的杀伤力，大于前者十倍，怕也不止。所以，过去的一个文人，现在的一个作家，能够持续红上十年、二十年，不灰不黑，不倒不垮，不遍体鳞伤者，真是屈指可数。这位大佬，除了谢幕时稍受一点挫折，严格算起来，起码有七十年，安然无恙。其诗、其文、其画、其书法，居然没有成为明日黄花，居然没有被人完全忘却，按照"五四"以来的文人盛衰史，按照新时期以来的作家兴灭史，通常规律，差一点的，五年换茬，好一点的，十年轮回，再熬下去，继续挣扎者有之，苟延残喘者有之，当然，顶风臭四十里者也有之，能够如新城先生这样老而自在，老而滋润，老而优游，老而风光，不背后被人戳手指头的，那就少之又少了。

虽然，顺康之际，离今天并不太远，但历史这东西，只记看得见的行为举止，不记看不见的心路历程，因而其中许多暧昧，遂成一片真空。所以，对于这位执顺康文坛牛耳地位的大佬，现在已说不清他的这种漂白洗净，追求唯美，眼空一切，背对现实的诗歌理论与文学实践，为统治阶级所看中；还是这位活了77岁的长寿老人的主动逢迎，或有意配合。当然，也不无可能是王士禛在文字狱的恐怖气氛下，看到庄氏《明史》案，戴名世《南山集》案的血迹斑斑，而着意经营的一条安全系数相当高的文学道路，苟安自得；说不定康熙对文人实施大规模镇压，然而并不可能，也不打算予以全部屠灭的情况下，不得不放开的一条允许文学生存，但不允许文学造反的活路，于是，漂白文学，一拍即合。也许，以上的臆测并不存在，弄不好有"厚诬"之嫌。那么，最合适的推断，王士禛的美学观点，比较吻合统治者的绥靖怀柔政策。第一，无害。第二，既然无害，必然有益。第三，无害而且有益，用来装门面，何乐不为？第四，更何况，为了显得海晏河清、国泰民安，有比文学更具力度的宣传形式吗？因此之故，一个，半推半就，一个，欲拒还迎；一个，高调要唱，一个，好处要给。这世界上，属于政治层面的角力，所作所为，无用功是不存在的。于是他，官越做越大，名越来越高，位越来越重，文章诗歌漂白得越来越好，成为文学史上双保险的一个奇迹。

王士禛（1634—1711），号阮亭、贻上，又号渔洋山人，山东新城（淄博市桓台县）人。从王士禛的高祖起，新城王氏乃支脉繁衍，络绎不绝的簪缨世族，自明代嘉靖以来，一直为官宦人家，而且一直为书香门第。据说这位高祖曾制子孙必遵的庭训："所存者必皆道义之心，所行者必皆道义之事，所友者必皆读书之人，所言者必皆读书之言。"要求看似简单，做到却颇不易，可见家教之严。而清人钮琇的《觚剩》，则记载了新城王氏家族的内部制度，更显家风之正："新城王氏自参议公而后，累世显秩。家法甚严，凡遇吉凶之事，与岁时伏腊祀庙祭墓，各服其应得之服，然后行礼。子弟各入泮宫，其妇始易银笄练裙，否则终身荆布而已。膺爵者缨绂辉华，伏牖者襜褕偃蹇，贵贱相形，惭惶交至。以是父诫其子，妻勉其夫，人人勤学以自奋于功名。故新城之文藻贻芳，衣冠接武，号为宇内名家。"

在这样不负名门望族的期待下，所形成的巨大压力，有时也会成为巨大动力，本来禀赋优异，加之好学上进的王士禛，其表现出类拔萃，超越群伦，是预期中事。顺治七年（1650），16岁的他，应童子试，然后历经县、府、道试，屡战屡捷。顺治十二年（1655），应会试（类似全国通考），中式，但他没有接着参加殿试。殿试，乃皇帝的面试，为士子登科的最关键、最重要的台阶，从此登堂入室，成天子门生，任何考生都不会放弃的。但他戛然止步，退出竞争，据说主考政者排斥新城王氏，故而暂避锋芒，这自是一种遁辞。实际上是他面临人生道路的大转折，煞费踌躇，一时间做不了决断的结果。这位明日之星，是继续做精神上不忘故国的明朝人，还是服膺新主做实实在在的清朝人？国仇家恨，他未必甘心弃旧迎新，胡服左衽；天下已定，反清复明纯系痴人说梦，永无可能。这道选择题摆在他面前，有点举旗不定。最后，他决定了，在明朝时期只是一个孩提的他，有必要在意这种民族气节吗？现在，就连文学前辈钱谦益，也薙发蓄辫，在明史局为大清王朝服务。而"浮生所欠只一死"的吴梅村，也兴冲冲地到北京，在国子监任一名学官。那么，他，还有什么顾忌，还有什么犹豫，不去参加顺治十五年（1658）的殿试，以求发达呢？

结果，来到京城应试，榜中二甲第三十六名进士，循例，应该进入中央政府的职能部门，但很快，却被外放为扬州府推官（相当于正科级的司法局长），他有点沮丧。

王士禛的一生，文名大于官声。15岁时就出版个人诗集

《落笺堂初稿》，得到那时文坛盟主钱谦益的首肯。23 岁时秋游济南，在大明湖畔举办过一次笔会，参加者不少，唱和者更多,因为他作的《秋柳》四首，语惊四座，诗传八方。在《菜根堂诗集序》中，他说到这组诗的缘起时，小吹了一点牛："顺治丁酉秋，予客济南，时正秋赋，诸名士云集名湖，一日会饮水面亭，亭下杨柳十余株，披拂水际，绰约近人，叶始微黄，乍染秋色，若有摇落之态。予怅然有感，赋诗四章，一时和者数十人。又三年，予至广陵，则四诗流传已久，大江南北和者甚众，于是《秋柳》诗为艺苑口实矣。"

四首之一这样写的：

> 秋来何处最销魂，残照西风白下门。
>
> 他日差池春燕影，只今憔悴晚烟痕。
>
> 愁生陌上黄骢曲，梦远江南乌夜村。
>
> 莫听临风三弄笛，玉关哀怨总难论。

这首诗写得含蓄朦胧，隐约从容，清愁淡怨，欲说还休，你很难说他有多大欢悦，但也忖度不出他有多大忧愁。高兴吗？显然不。痛苦吗？也未必。妙就妙在他似乎说了什么，其实他什么也没有说，然而，字里行间，你还是觉得他想表达出来什么的，可是，究竟是什么呢，他也不会明确告诉你，你还是自己去琢磨吧！如果你一定要探讨什么叫"神韵"的话，这种游移不定，模糊闪忽的境界，也许正是答案所在了。应该说，王士禛这组早期作品，还没有完全漂白，因而也未完全具有他"神韵说"的风格。正是其中还能读出一点"故国之思""盛衰之感"，所以顾炎武、冒襄这样的铁杆明末遗民，也随之唱和，而让他名震海内，比得一个什么大奖更为光彩。

于是，王士禛沿大运河奔赴扬州，尽管他不是很乐意来到扬州当一名"粗官"，但是却对这座人文荟萃的东南重镇，所能提供给他的人脉资源，感到极大兴趣，第六感觉告诉他，这简直是开挖不尽的富矿，你可不要错失良机啊！因此，他迅速地判断形势，适应环境，改变策略，转移重心，这就是他非同一般的高明和精明了。虽然他的"神韵说"的诗歌创作，漂白得毫无政治，但没有政治的本身，其实也是一种政治。这位标榜不讲政治的文人，却做出极具政治性质的决定，从到扬州的第一天开始，要打造经营出一个属于他的文学天下。所以，他从顺治十七年（1660）到扬州任推事起，到康熙四年（1665）被调回京，返礼部任职，这五年时间内，全方位地，多层次地，与各界人士进行密集的交游、往还、酬唱、饮谶，为自己打通人脉，积攒人气。他以扬州为中心，以长江为纽带，辐射苏浙皖三省，凡斯文冠盖，学者鸿儒，前朝遗老，当时俊秀，华族贵胄，陋巷穷儒，门生子弟，世家故旧，倡优乐工，艺人票友，无不在其高频率的面对面的接触之中。甚至那些北上京师的江南名流，那些京城南下的外放高官，因为都要乘船经大运河，而必在扬州码头暂歇，贻上先生也要一一酬应，交通声气，送往迎来，以示礼敬。第一，他没有架子；第二，他真的慷慨；第三，学问虽大，但求教之心迫切；第四，他的文学漂白观不具政治色彩，无所挂碍，倒也为他打开各党各派的门，提供方便。于是，大家无不为其磊落的风采，风雅的谈吐而倾倒；为其博赡的学问，灵韵的诗篇而折服。

一而十,十而百,口碑不胫而走。主人雅,客来勤,圈子越来越大,五年扬州,打下他一生受用不尽的人脉基础。

在李斗的《扬州画舫录》中,记载着时人对他的评说,吴伟业曰:"贻上在广陵,昼了公事,夜接词人。"冒襄曰:"渔洋文章结纳遍天下,客之访平山堂、唐昌观者,日以接踵,渔洋诗酒流连,曲尽款洽。客相对永日,亦终不忍干以私。尝有一莫逆临别,公曰,愧官贫无以为长者寿,署有十鹤,敬赠其二,志素交也。"清人徐釚曰:"虹桥在平山堂法海寺侧,贻上司理扬州,日与诸名士游讌,于是,过广陵者多问虹桥矣。"宋荦说:"阮亭谒选得扬州推官,游刃行之。与诸士游讌无虚日,如白、苏之官杭,风流欲绝。"

康熙三年(1664),扬州任满的他,得到总督、巡抚、河督的联名保举,入京供职。

文学圈,说到底,也是江湖。既然是江湖,并非总是风平浪静,优哉游哉的所在。能够在惊涛拍岸,暗流汹涌,水深莫测,险象丛生的江湖中,混出一点名堂的,都非等闲之辈。近三十年,或近半个世纪,我也颇见在江湖上出没的老资格,暴发户,小混混儿,没脚蟹,自我感觉良好,视自己为浪里白条,张牙舞爪,不可一世,谁知扑通狗刨两下以后,便没了身影,闹出笑话;以为自己为时代先锋,花拳绣腿,弄潮冲浪,谁知天桥把式,全是嘴上功夫,几个浪头下来,便淹得眼睛发直,贻人笑柄。江湖好混,混出名堂,不易;作家好当,当出水平,也难。所以,如王士禛者,有真功夫,有大学问,有理论依据,有创作实践,加之信众的鼎力支持,加之盟友的扎实奥援,这两个"加之",十分关键,你就看当下那些文化大佬,哪个屁股后边没有一帮马仔、瘪三、跟屁虫？只有如此前拥后护，才能在江湖中得到"不管风吹浪打，胜似闲庭信步"的从容。

从扬州开始，围绕着他的人气集团，逐渐成型。调回北京，任礼部主事、户部郎中起，他的这个鼓吹、哄抬、忽悠、发力的后援团，更为壮观，在制造舆论，拉高行情方面，很起作用。近人张舜徽分析："士禛享名之盛，身后尤彰于生前，亦半由后学表章之力。"其实也不尽然，王士禛能够进入康熙的视线当中，这帮啦啦队的大合唱，陛下不可能不耳闻。就看当时，比他大20岁的宋琬，要请王"定其诗笔"；比他大15岁的施闰章，求王核定其诗集，还要"登堂再拜"。有几个文人是傻子，再说胡子一大把，岂是白活的，正是看到王的如日中天的声势，看到王背后有当今圣上的影子，才不得不对他降贵纡尊，曲意逢迎。而比他大1岁的徐乾学，虽为顾炎武之甥，但却是一个与其舅绝对背道而驰的势利小人，那就更为马屁了。"往岁郃阳王黄湄、江都汪季，邀泽州陈说岩、新城王阮亭及余五人，集于城南祝氏之园亭，为文酒之会。余与诸公共称新城之诗为国朝正宗，度越有唐。"显然，这位康熙权相明珠的亲信，明珠之子纳兰性德的门师，提前获得内部消息，王士禛即将大发达，这才抢先加冕他为一代宗师。

果然，人要走运，鬼神难挡，天上掉的馅饼儿，不偏不倚地砸到了他的头上，据王士禛的《召对录》《渔阳山人自撰年谱》，那故事还颇具一点今古奇观的味道。"康熙丙辰（十五年），某再补户部郎中，居京师。一日，杜肇余臻阁学谓予曰：'昨随诸相奏事，上忽问，今各衙门官读书博学善诗文者，孰为最？'首揆高阳李公（霨）对曰：'以臣所知，户部郎中王士祯其人也。'上额之，曰："朕亦知之。'""明年丁巳（十六年）六月，大暑，辍讲一日。召桐城张读学（英）入，上问如前。张公对："郎中王某诗，为一时共推，臣等亦皆就正之。'上举士祯名至再三，又问："王某诗可传后世否？'张对曰："一时之论，以为可传。'上又额之。七月初一日，上又问高阳李公、临朐冯公（溥），再以士祯对，上额之。又明年戊午（十七年）正月二十二日，遂蒙召对懋勤殿。次日特旨授翰林院侍读。"从此，入值南书房。

要是知道康熙那几年里，由于强撤三藩，激使吴三桂反叛，双方战争处于胶着状态，胜负前景不明，因而觉得江山不稳。由于害怕人心败乱，更害怕文人给他捣蛋，这个精明的政治家，需要一个文化战线上的领军人物，为他稳住阵脚，也就不诧异王士祯为什么会鸿运当头了。从康熙所说"朕亦知之"忖度，这个以"神韵说"，以漂白文学为创作主旨的王士祯，早就是陛下心目中的不二人选。所以，王士祯进入南书房的第一件事，就是选他漂得再白不过的三百首诗，送呈御览。康熙阅后，大喜，因为正合孤意，赐名曰《御览集》，并写下评语："作诗甚佳。"如果放在十年"文革"期间，这大概就是"样板诗"了。

从此，康熙恩典不绝，十七年，赐御书"存诚""格物"二匾，三十九年，赐御书"带经堂"匾额，四十一年，再赐御书"信古斋"匾额。"二十五年中三蒙御笔题赐堂额，荣宠逾涯。"与此同时，他也由少詹事、兵部侍郎、都察院左都御史，一路升迁到刑部尚书，达到他人生得意的巅峰。然而，大清王朝的诗运，一路下坡，再无起色，直到晚清龚自珍出现前，无一震撼中国的诗人，也无一感动中国的诗篇，王士禛漂白文学的"神韵说"，当不能辞其咎矣！

尽管，人在江湖，身不由己，但是，从文学史的角度看，三十年、五十年、一百年，作为文人的这个群体，一无骨鲠之性，二无阳刚之气，三无黄钟大吕之声，四无批判现实主义之锋芒，一个个油光水滑，甜嘴蜜舌，滋润而且快活，坦然而且自得，长而久之，久而长之，总是将文学漂白，犹如蒸馏水中养鱼，早晚会因缺氧，而肚皮朝天，死毯拉倒的。

毛奇龄其人

一

毛奇龄是清初文坛的一位怪人，说他怪，就是此人好抬杠。

两个人，你不服我，我也不服你，但偏要将对方说服，争得面红耳赤，声高八度，甚至捋袖掏拳，口出恶言。老百姓管这种争辩过程，叫作抬杠。凡抬杠者，通常都是输了也不认输的坚硬派，有理要抬，无理也要抬的，人们对这些"死了的鸭子嘴硬"者，戏称为"杠头"。我们在生活中都有遭遇到此类"杠头"的体验，理他吧，一肚子气，不理他吧，照样还是一肚子气。

抬杠，常见于市井大众，知书识礼者不屑为，但毛奇龄例外，抬杠成癖，顶牛上瘾，这是一个值得研究的现象。

中国文学史三千年，像他这样总是非难一切，总是质疑一切，总是驳倒一切的"杠头"；甚至，就是为了反对，而反对本来大家都认为正确的一切，纯系为杠而杠的"杠头"，可谓独此一家，天下难寻。而且口气之大，足以噎你一个跟头。他说："元明以来无学人，学人之绝斯三百年矣！"所以，有清一代，对毛奇龄的学术评价，褒者贬者不一，说好说坏都有，但对毛奇龄的做人评价，其不可理喻的别扭，其无理取闹的争拗，其不肯服输的倔强，其彻底否定的逆反心理，咸持负面看法。

其实，毛奇龄之杠，成为当时和嗣后的争议话题，是那个尴尬的历史时代所决定的。

毛奇龄活到九十多岁，可谓长寿。第一，作为一个有学问，更有争议的文人，脑袋大过常人，当局很容易就摸得着；第二，作为一个反清没门，复明更没门的志士，头顶长过棱角，政府更不会将他忘怀。俗话说，不怕贼偷，就怕贼惦，康熙本人未必知道他是老几，但康熙身边的那些智囊，那些文胆，肯定知道他是老几。面对清统治者那愈来愈严酷的思想箝制，面对满洲主子日甚一日的文字狱恐怖政策，面对诸多文人动辄获咎一劫不复的政治打击，他采取这种活着一天，抬杠不已，健在一日，杠头如故的生存方式，未必不是精神解压的途径。尽管很招人非议，很令人讨厌，可老先生一直到死，毫无悔意。

因此，据我私忖，估计这位老夫子，对这种自我心理调适，大概很自得，甚至还窃喜他终于形成的招牌形象。

说白了，中国皇帝收拾中国文人的手段，虽然很多，但是中国文人应付中国皇帝的招数，似乎更多。毛氏的杠，旨在宣泄，意在排解，其实是带有政治色彩的行为。他最为脍炙人口的抬杠，莫过于发难苏轼的七律《惠崇春江晚景》了。

明眼人看得出来老头子是负气之作，谁都当作一则笑话，毛奇龄却正经八百地抬，得意扬扬地抬。也许中国人对于名人，通常很宽待，便纵容得这班名流信口胡嘞，不知收敛，高谈阔论，不着边际。你就看当下电视讲座上有的家伙瞎说八道，走火入魔，而居然被容忍，居然不抗议，说明中国观众多么有涵养。顶多换一个频道，不看那张肉脸，免得夜间做恶梦，也则罢了。要放在外国，不知该有多少电视机被愤怒的群众砸掉。所以，大概也只有在我国，类似毛奇龄"鹅不知耶"的屁话，竟然有好事者认真地记录下来。

苏轼这首诗，尽人皆知："竹外桃花三两枝，春江水暖鸭先知。蒌蒿满地芦芽短，正是河豚欲上时。"好在清新淡雅，好在平白如话，尤其好在诗中的第二句，堪称神来之笔。西方人好说，"魔鬼在细节"（Devils are in the details），在文学创作中，一个精彩的细节，往往决定作品的成败。毛奇龄当然懂得，感知到春水温润的鸭子，是这首诗中的精彩所在，也就是所谓的魔鬼细节。可他偏要强词夺理：鸭子知道，鹅就不知道吗？

事出陈康祺的《郎潜纪闻初笔》，卷十二："汪蛟门比部懋麟，尝诵东坡'春江水暖鸭先知'句。西河在座怫然曰：'鹅讵后知耶？'人遂谓西河不知诗。余谓是句之妙，西河何尝不知，特其崛强本色，不辩不快。此老生平著述，全是一时火气，不许今人低首古人，何尝为解经讲学起见。"袁枚在《随园诗话》的卷三之九中，也述及"鹅不知耶"这句毛氏屁话，并大不以为然："东坡近体诗，少蕴酿烹炼之功，故言尽而意亦止，绝无弦外之音，味外之味；阮亭以为非其所长，后人不可为法，此言是也。然毛西河诋之太过，或引'春江水暖鸭先知'，以为是坡诗近体之佳者。西河云'春江水暖，定该鸭知，鹅不知耶？'此言则太鹘突矣。若持此论诗，则《三百篇》句句不是：在河之洲者，斑鸠、鸤鸠皆可在也，何必'雎鸠'耶？止丘隅者，黑鸟白鸟皆可止也，何必'黄鸟'耶？"一直到王文诰辑注《苏轼诗集》时，对毛西河的抬杠犹耿耿于怀，干脆斥之以"卑鄙"，可见其义愤填膺之状。"此乃本集上上绝句，人尽知之，而固陵毛氏独不谓然。凡长于言理者，言诗则往往别具肺肠，卑鄙可笑，何也？"

"何也？"回答很简单，不拿鹅来杠鸭，就不是毛西河的风格了。不过，陈康祺的"全是一时火气"，倒是点中了毛西河的软肋。

在明末清初的文人群落中，毛奇龄（1623—1716）是毫无疑义的大学问家，在解《易》这一门经学研究上，其一家之言，具有扛鼎的权威性。然而，与他基本上为同龄人的黄宗羲（1610—1695）、顾炎武（1612—1682）、王夫之（1619—1692）、李颙（1627—1705）、吕留良（1629—1683）、徐乾学（1631—1694）诸人相比，他们无一不是铮铮佼佼，众望所归，出类拔萃，有口皆碑的饱学之士，而他却是属于剑走偏锋的野狐禅，半路杀出的三脚猫，加之在志节上，不及黄、顾、王之铁骨忠贞，磊落豪横，在人望上，不及李、吕、徐之高超俊逸，风格迥出。而在那个讲气节的年代里，人格的考量往往起到决定性作用，所以这个极自负、极计较、极介意的西河先生，很不被人视为这个大师行列中的一员，使他郁闷，因此，这也促成他不甘雌伏、不想认输、不愿落败、不肯费厄泼赖的性格，而变得不可理喻的别扭。

《清史稿》称他："淹贯群书，所自负者在经学，然好为驳辨。他人所已言者，必力反其词。"最有名的例子，就是那部伪《古文尚书》，自宋以来，都疑其作假。阎若璩专书疏解，力证其假冒伪劣，可毛偏要作《古文尚书冤词》力辨为真。《清史稿》说这个抬杠专家，"又删旧所作《尚书广听录》为五卷，以求胜若璩。所作经问，指名攻驳者惟顾炎武、阎若璩、胡渭三人。以三人博学重望，足以攻击。而余子之下，不足齿录，其傲睨如此"。毛奇龄，不但杠同时代的顾、阎、胡等同辈，隔了好几百年的苏轼，因为这句"春江水暖鸭先知"，照样挑动了他的逆反心理。

如果毛氏的"抬杠"，竟止于口角之争，也只罢了。此公岂但动口，脾气上来了，还会动手。据方浚师的《蕉轩随录》，有一次毛奇龄与李因笃论古韵，以博闻强记，名重于时的关西夫子，与顾炎武被视为当世可师之文宗，自然不甘示弱，于辩诘中竟使西河先生一时语塞。这位老人家哪经过这等挫折，始则恫吓，继则大怒，最终甚至施以拳脚，武力相峙，这简直大辱斯文。在大家的排解下，老头子仍一脸愠色，咆哮不已，未肯罢休，那样子，在座的人，肯定是想笑而不敢笑，脸上不笑，心里却又乐不可支。

陈康祺《郎潜纪闻三笔》卷十一《李天生之豪侠》条载："李天生（即李因笃）检讨，性行忼豪，尚气慨而急人患，一秉秦中雄直之气。生平与二曲交最密。天生宗朱子，二曲讲良知，各尊所闻，不为同异。亭林在山左被诬陷，天生走三千里至日下，泣诉当事，而脱其难。在都门，尝与毛西河论古韵不合，西河强辩，天生气愤填膺不能答，遂拔剑斫之，西河骇走。康祺窃谓天生古豪杰，其周旋亭林、二曲，不愧古人之交；其剑劫西河，未免稍失儒者气象。然以西河之利口，喋喋，滑稽不穷，非劲敌如天生，恐亦不足以折其骄横诡之气，宜当时传为快事云。"

全祖望在其《鲒埼亭集外集》中，也说到这次先动口后动手的故事："西河雅好殴人，其与人语，稍不合，即骂。骂甚，继之以殴。一日，与富平李检讨天生会于合肥阁学座论韵学，天生主顾氏韵说，西河斥以邪妄。天生秦人，故负气起而争。西河骂之，天生奋拳殴西河重伤。合肥素以兄事天生，西河遂不敢校，闻者快之。"

毛氏的这种活到老，杠到老，一息尚存，"抬杠"不止的精神，直至乾隆年间，纪昀主编《四库全书》时，大概仍是文坛的热点话题。

作为主笔的纪晓岚，在《总目提要》里，对他敬之、畏之，又无可奈何之，因为此公无论做学问，写文章，无论考据经学，发表观点，都"好为驳辨"，遂做了一个极精譬的总结："凡他人所已言者，必力反其辞。"你说东，他偏说西，而你一旦说西了，他又说东。纪昀在评介他的著作《诗话》时，对他这种非人之所是，是人之所非的文学批评态度，也是不以为然的。"奇龄以考据见长，诗文直以才锋用事，而于诗尤浅。"认为毛之"所论宋诗，皆未见宋人得失，漫肆讥弹"。认为毛之"所论唐诗，亦未造唐人藩篱，而妄相标榜，如诋李白，诋李商隐，诋柳宗元，诋苏轼，皆务为高论，实茫然不得要领"。

应该说，纪昀对他的评价，相当客观："奇龄之文，纵横博辨，傲睨一世，与其经说相表里，不古不今，自成一格，不可以绳尺求之。然议论多所发明，亦不可废。其诗又次于文，不免伤于猥杂，而要亦我用我法，不屑随人步趋者，以余事观之可矣。"尽管如此，不能不郑重对待这位著作等身的学者，在他主编的《四库全书》中，收其著作达五十二种之多，作品被收《四库全书》，自然也是一种荣耀，以作家被收藏的数量计，他不数第一，也数第二。

在《四库全书》收藏古今书目中，名列前茅，也许是历史对他剖眼相看的一点。

我始终认为，他的抬杠，是他心理不平衡的结果。他的否定一切，一切否定的绝对态度，是他对自己期待过高，但在现实世界里，这些期待不仅难以落实，却处处碰壁。他认为他应该受到世人的尊崇，然而他又做出不被世人尊崇的事情，也就难以得到众口一词的推誉，于是失落，于是恼火，于是动口加之动手，于是天下人不中他的意，同样，他也不中天下人的意。

我很钦佩这样于书无所不窥，学识博大精研，笔锋无所不涉，才气汪洋恣肆，能够一辈子"好为驳辨"，贯彻始终的怪人。当代文坛上，"好为驳辨"者也有，但如毛西河淹古贯今的饱学之士，简直再也找不到一位。

二

毛奇龄，浙江萧山人。字大可，号秋晴，因郡望西河，又称西河先生。生于明天启三年，逝于清康熙五十五年，享年九十三岁。此人称得上腹笥丰赡，学识渊博，凡经学、文学、史学，乃至音韵、诗词、书法诸多方面，都达到了完善成熟的程度。应该说，钻研学问不难，而成为娴熟方方面面学问，那可不易。毛奇龄为清代初期的一位全天候的、货真价实的、经得起历史考验的学问家，当是无疑的结论。

这位负才纵横、傲睨当世的文人，固然是狂狷一生，反弹一生，对传统质疑一生，对正统非议一生，对众所一词的儒家定论逆反一生。可表面上的嬉笑怒骂，狂放恣意，别人眼中的无所忌惮，事必反弹，这一切，并不代表他活得很快乐。虽然，抬杠不止，可以取得口头上的一时宣泄之快，虽然，施以拳脚，可以得到肢体上的暴力发泄之快，但都不是他所追求的目标，更不是他所期盼的境界。

如果我们从他明清鼎革前后的人生轨迹，便知道他何以不快乐的由来。

一、"总角，陈子龙为推官，爱之，遂补诸生。"

二、明亡后，"哭于学宫三日，山贼起，窜身城南山，筑土室，读书其中"。

三、顺治三年（1647），陈子龙抗清殉难，毛奇龄追随其师大义，入南明政权毛有伦宁波抗清军中。"是时，马士英、方国安与有伦犄角。奇龄曰：'方、马国贼也，明公为东南建义旗，何可与二贼共事？'国安闻之大恨，欲杀之，奇龄遂脱去。"（《清史稿》）

在中国儒家的传统精神中，师承，既是一种责任，也是一种信义，更是一种不可背约的担当。因为中国人相信，师生之间的文化联系，是与父子之间的亲情联系应该画等号的，所以才有"一日为师，终身为父"这个太公遗训。因此，陈子龙对于旧国的眷恋，对于故土的忠贞，对于异族的抵抗，对于生死的豁达，以及他最后被俘不屈，杀身成仁的大义，如炬如火，燃烧起这位弟子对于江山社稷，不被腥膻的反抗意识；如光如电，指引着这位传人对于复我衣冠，还我故土的斗争道路。可以说，毛奇龄的一生，始终是在陈子龙精神力量的笼罩下，感召有之、激励有之、鞭策有之、镜鉴有之，而炯戒，则更有之。

一个大写的人，永远足以为人师范，而对早年受业于陈子龙的毛奇龄则尤其是，明崇祯八年（1636），才十三岁的他以优异才禀，应童子试，恰陈子龙为主考官，见其稚气尚存，曾戏称："黄毛未退，亦来应试？"毛奇龄答曰："鹄飞有待，此振先声。"从此，遂为入门弟子。在所有关于这位西河先生的记载中，无不特别提到他受知于陈子龙这一点，可以断定，他以他的座师自豪，也曾经登堂入室，随侍左右，奔走往还，颇以其师那首《易水吟》中"昨夜匣中鸣"的"并刀"自许。

公元 1664 年，时年二十一岁的毛奇龄，与全体中国人一样，陷入了痛苦的抉择之中。是留发不留头，做明朝的忠烈，还是留头不留发，做清朝的顺民？对儒家子弟而言，改朝换代，也许不及衣冠制度的变换，更为触及灵魂，而薙发留辫，要比胡服左衽，更是一种屈辱性的令其臣服的手段。所以，他与其师采取了与大清王朝为敌到底的态度。

毛奇龄有一首《赠柳生》的绝句："流落人间柳敬亭，消除豪气鬓星星。江南多少前朝事，说与人间不忍听。"那是一个熬煎的年代，那是一个折腾的年代，当时，摆在知识分子面前，出路大致有四：

一、以死殉国；

二、武装斗争；

三、变节降顺；

四、苟且偷生。

毛奇龄既是抗清英雄陈子龙的得意门生，自然也当追随其宗师，转战江南，英勇抵抗。这段历史空白，已无从知悉，但陈子龙历经艰险，不折不挠，屡遭挫败，九死不悔，最后，不幸被俘，一死明志，殉忠前朝以后，作为陈子龙门生的毛奇龄，这位明末廪生，虽未能与其师同进共退，但迅即加入南明鲁王的军事活动，沿着他老师的抗清足迹，游击于江浙一带，继续战斗。然而，崇祯朝所有的败象，在南明小政权再度重复，大势既去，败局已定，大厦之既倒，非人力之所能挽救，只好看它完蛋。鲁王败后，毛奇龄化名王彦，亡命江湖。这应该是公元 1644 年（顺治元年）至公元 1678 年（康熙十七年）间事。明亡后的这三十年间，应该说，毛奇龄对他的入门老师陈子龙，在精神上的尊重，在感情上的缅怀，在反清复明事业上的传承，完全合乎儒家所要求的，"父在，观其志；父没，观其行，三年无改于父之道，可谓孝矣"。

可是，到了公元 1679 年（康熙十八年），西河先生五十六岁，已经是知天命的年纪，突然出现令人大跌眼镜的变化，竟要应博学鸿词科，受招安。

在这个世界上，有勇敢者，也有不勇敢者。勇敢者，固可钦敬，不勇敢者，也不应苛责。毛奇龄不是绝对的不勇敢者，勇敢过，不成功，遂再也勇敢不起来，这是可以理解的，但完全没有必要一百八十度转向，放下武器也就够了，一定要去当伪军吗？这世界好宽广，这天地好辽阔，你四十年浪迹江湖，萍踪万里，清政权不也未能伤及你分毫吗？为什么要自投罗网？再退一步论，按师即父、父即师的儒家传统，你怎么能够向有杀父之仇而不共戴天的满洲主子输诚纳款，俯首帖耳呢？近人梁启超在《中国近三百年学术史》中，将毛奇龄与钱谦益、李光地等辈，俱列入伪学者之流，很显然，公元1679年（康熙十八年），他被招安的这一步，是他头顶上这个"伪"字的来历。

康熙对汉民族士人一手硬，一手软，剿抚并重的绥靖政策，最成功的一次，莫过于这年五月的博学鸿词科了。第一，大清王朝江山坐稳；第二，大明王朝气数已尽；第三，最具有实力的三藩眼看完蛋；第四，康熙高规格地收买人心，于是这次"己未特科"，便成为一个表演的戏台，中国文人中最赖蛋的、最没起子的、最卑鄙无耻的、最下作最丧心病狂的，都跳了出来，群魔乱舞、丑态毕露、洋相百出、令人不齿。而在这个舞台上看不到身影的一群，却是中国文人中最精华的、最有骨气的、最信仰坚定的、最正直最光明磊落的精英，他们拒不从命、谢绝招安、守拙安穷、不求闻达的高风亮节，令人高山仰止。那些与毛奇龄年纪相当的同辈文人，如黄宗羲、如顾炎武、如王夫之、如李颙，他们或逃入山林，或躲进洞穴，或绝粒成病，或誓死抵制。不买账、不上当、不应征、不受招安，与无法拒绝诱惑的西河先生相比，高下立见，瑕瑜不同。

此公兴冲冲从萧山北上，以布衣应博学鸿词科，本想大现身手，谁知康熙志在安抚汉人知识分子，不在意才干识见，无所谓人品学问，只要你来应试，你就等于弃明投清，入吾彀中，只试一诗一赋，统统予以网罗。发榜后，毛试列二等，授翰林院检讨，任《明史》撰修官，充会试同考官。便在南城找了间小院，接来家眷，过起京官的衙门生涯。饮茶赋诗，品酒会友，三天一雅集，五天一堂会，倒也忙得不亦乐乎。此时此刻，一日为师，终身为父的陈子龙，早抛在九霄云外。毛奇龄的这一“华丽”转身，由布衣而庙堂，由遗民而新贵，本以为会轰动，会叫座，会得到一个满堂彩，没想到却是很丑陋、很恶心的结果，因为中国人的记忆力，说来也有点奇怪，常常忘掉不该忘掉的，某些人自以为的伟大；但却常常记住不该记住的，某些人最忌讳的渺小。陈大樽，一代诗豪，末世奇雄，谁人不知，哪个不晓，你是他的门生，他是你的座师，阁下的这种背师行径，能不让人啐唾沫吗？

作为《明史》馆纂修，并不安心于埋头史料，搜罗资证，却忙里偷闲，给康熙上了一本《平滇颂》。毫无疑义，这是一篇马屁文学。当时，康熙征讨吴三桂，尚未取得胜利，一方面对吴三桂讨伐之、粪土之，一方面对康熙吹捧之、神化之。也许康熙身边有的是阿谀奉承的御用文人，毛奇龄哪里拍得过高士奇这等马屁精，白忙活一场，什么也没捞着。那年的年终奖有没有倒在其次，这篇《平滇颂》引起的物议，却沸反盈天。第一，吴三桂对于大明王朝，虽万死不赎，但你毛奇龄也是降人一个，以同类为牺牲，做俎上肉，千刀万剐，以求取悦于新朝，在道德上先就站不住脚。第二，你毛西河本来“少年苦节”“有古烈士风”的美誉，如今怎么也溜须拍马，不顾廉耻地下作起来。于是，给人留下“晚节不忠，媚于旃裘”的恶评。

终于，他明白了，这是一次投入太多，付出太大，而收获甚少的蚀本生意，不当遗民当顺民，不作孤忠做时贤，只是得到史馆中的一席位置。长年坐冷板凳下去，这实在太划不来了。呜呼，这样一个聪明人，怎么能不懂得物稀为贵的市场原则呢？当清廷入关之初，抵抗者众，反对者多，不合作者遍地皆是时，第一个软骨头洪承畴表示降服，会被皇太极视若至宝。第二个软骨头吴三桂表示归顺，会让多尔衮受宠若惊。可后来，一个比一个赛着软骨头，一个比一个赛着王八蛋，你毛奇龄迟来的投诚，康熙就不会将你当香饽饽待了。于是，公元1686年（康熙二十五年）因痹疾患足，借病隐退，长居杭州，既没有十分地堕落，也不敢公开地反抗。住在杭州竹竿巷他哥哥家中，专事著作，苟安求生。

这期间，康熙因政局渐趋稳定，遂加紧对汉族文人严密控制，遂有戴名世的《南山集》案，这次文字狱，牵连方苞和安徽桐城方氏宗族，被绞、被杀、被关、被流，以及合家老小集体自缢、投塘者，足有数百条人命，这是公元1711年（康熙五十年）间发生的悲剧。时已米寿的毛奇龄，听到这个消息后，吓坏了。因为方苞为《南山集》写序，而成为同案犯，他很害怕为其师卢函赤《续表忠记》一书所作的序，是否会因都记南明政权的史事，招来杀身之祸。凡文字狱兴，最可怕的不是皇帝的震怒，而是会有无数的小人跳出来，鸡蛋里找骨头，文章里做文章，顺藤摸瓜，找缝下蛆。毛西河一生，因这抬杠，不知得罪了多少人？谁要趁此咬他一口，必死无疑。因此，他一天到晚，提心吊胆，茶饭不思，坐卧不宁。偶有动静，心惊肉跳，公人路过，魂飞魄散。一个八十八岁的老汉，哪禁得如此折腾，看来，即使没有小人收拾他，他自己也会在惊吓中，收拾了自己。

天才的最大不幸，首先是生错了年代；其次是生错了地方；再其次居然活得很长很长，所谓"老而不死"，所谓"寿则辱"，其实就是拖得很长的痛苦。那些日子里，这位老先生，如坐针毡、如履薄冰，至此，作为一个苟全于世的文人，他所能做的，就是推得一干二净，嫁祸于人了。全祖望《鲒埼亭集外集》中《书毛检讨忠臣不死节辨后》一文，对这位老先生为保全自己，推卸责任的卑污行止，大加谴斥。"已而京师有戴名世之祸，检讨惧甚，以手札属镇远之子曰，吾师所表彰诸忠臣，有干犯令甲者，急收其书弗出也。其子奉其戒惟谨。乃检讨惧未止，急作此辨而终之曰，近有《续表忠记》者，假托予序，恐世人之不知，不可无辨。呜呼，检讨不过避祸，遂尽忘平日感恩知己之旧。检讨所作底本并其手札，至今犹藏卢氏。其子尝流涕出以示予，予因而记之。检讨亲为之序而反复如此，则可骇也。"

于是，我们看到的那个抬杠的毛奇龄猥琐、自私、庸俗、卑下的另一个侧面。他虽然有学问，但是，人格上并不完整，他虽然著书等身，但是，思想上并不高尚。当他汹汹然驳难这个世界时，他曾经是谁也压不服的强者；可当他面临利害选择，安危应对时，他却是一个进退失据的侏儒。

一个人怎么活，是他自己的选择，好和坏，对和错，旁人是不宜置喙的。同样的道理，一个古人，他的一辈子，他走过来的路，印着自己无悔的足迹，别人是无法改变那段历史的。后人评价的好和坏，与本人感觉的对和错，也许并不总是画等号。因为时代不同、观点不同、立场不同，感受也不同。明白这一点，对于古人，应该尽量宽容一点才是，背离时代的求全责备，罔顾性格的过高期待，认为应该站直了活，宁死也不屈，而不应该低三下四，受嗟来之食的高调，都有缺乏辩证唯物和实事求是的不足之处。

所以，全祖望在他那篇文章的末后，说了这样一句话，给我很大的启发："天门唐庶常建中曰，君姑置检讨弗问，盖谅其非本心耳。予大笑而颔之。"同样，法国汉学家戴廷杰（pierre-henri durand）在其所著《戴名世年谱》中，提到这件事，也表现出来一种宽容和厚道的精神："文祸方震天下，股栗畏陷坑，伤义以避网，岂独毛奇龄一人而已哉？"

公元 1716 年（康熙五十五年），西河先生终于寿终正寝。

死前，他留下遗言："不冠，不履，不易衣服，不接受吊客。"这四不，也许是他对这个世界最后一次的抬杠。

和珅跌倒，嘉庆吃饱
——这位清代大贪，还是一位"大墙文学"作家呢！

公元1799年（嘉庆四年），八十九岁的太上皇乾隆，去冬不豫以后，病情每下愈况，转过年来，初一加剧，初二不起，初三驾崩，乾隆盛世至此告一段落。

中国皇帝通常都很短命，弘历是为数不多的长寿者，然而，不论臣民们将"万寿无疆"这个口号，喊得如何震天动地，最终还是老天爷说了算，让你五更死，不得到天明，他眼睛合上了。

送终的人当中，有两个人表情比较怪异，一个吓得要死，极恐惧，但要做出极镇静样子的，是和珅；一个乐得要死，极快活，但要做出极悲苦样子的，是嘉庆。其他跪在大行皇帝灵前做泣血稽颡状，做痛不欲生状的皇亲国戚、文官武将，对这一君一臣的表演，看在眼里，记在心里，都估计会有一场好戏可看。但没有料到戏文马上开始，连上场锣鼓都没敲，大幕就拉开了。

嘉庆不是很有为的帝王，但对付和珅，其行动之迅雷不及掩耳，其手段之斩草除根不留后患，倒是表现得极其刚毅决断，似乎颇有一点英主之气，可惜他一辈子好像也就英明伟大这一次。"初三日，纯皇帝宾天，初四日，上于苫次谕统兵诸臣，初五日，御史广兴疏劾和珅不法，初八日，奉旨革和珅职，拿交刑部监禁。"（无名氏《殛珅志略》）。要不是考虑到皇妹是和珅的儿媳，要不是考虑大年节下开刀问斩不吉利，和珅早就人头落地了。

这也好，让这位中国历史上不数第一，也数第二的巨贪，看着自己积二十年的搜括，堆砌成的一座价值八万万两银子的冰山，霎那间化为乌有。关在大牢里的和珅，看到这样一个下场，能不感慨万千吗？抚今追昔，于是，一首诗涌上心头："夜色明如许，嗟予困未伸。百年原是梦，廿载枉劳神。室暗难挨晓，墙高不见春。星辰环冷月，缧绁泣孤臣。对景伤前事，怀才误此身。余生料无几，空负九重仁。"

诗，写得不怎么样，但却是正经八百的"大墙文学"。

"大墙文学"分两类，一类是关在大墙里写的，另一类是走出大墙后写的，前者我相信真情实感要多一些，后者难免有得便宜卖乖的成分。因为不论哪个朝代，只要进到局子里，"只许规规矩矩，不准乱说乱动"这个戒条，是千古以来蹲班房者的第一守则。至于出来大墙以后，笔走龙蛇，天马行空，那精神状态就大不一样了。所以，索尔仁尼琴的《古拉格群岛》尚可一读，但他走出古拉格，跑到美利坚之后的作品，便少有精彩，大概也是这个原因。

从"诗言志"的角度看，和珅的诗，百年一梦，廿载劳神，还真是言之有物，不能不说是深刻的谛悟，比之后来那些或刻意渲染，或无病呻吟，或意在泄愤，或涂脂抹粉的"大墙文学"，要有看头得多。但从艺术角度上仔细推敲，此诗也不免"大墙文学"共有的那种意蕴浅白，直奔主题的通病，感情是有的，诗情就不足了。前人也说此诗："诗殊不佳，足觇其概。"

但"廿载枉劳神"的这个"枉"字，倒是古今中外贪污犯最后必然会产生的顿悟。何谓"枉"，就是头掉了，命没了，纵使贪下金山银山，又有个屁用？最滑稽的当数唐代巨贪元载，代宗李豫抄他的家，竟查出调味品胡椒八百石，总量约合60吨，实在令人匪夷所思，谁也弄不懂他收藏这吃不完、用不尽、卖不出、无他用的香料干什么。最后死时，他连一粒胡椒也带不到阴间去。宋代巨贪蔡京也是一个莫名其妙的大贪官，抄家时发现其家有三大间屋子，从地下一直堆到房梁，装满了他爱吃的黄雀酢，即使他转世投胎二百次也食用不尽。最具讽刺意味的是他的结局，在充军发配途中，老百姓对他恨之入骨，硬是不卖给他食物，给多少钱也不卖，活活饿死了。同样，和珅曾经拥有八万万两银子，在写这首绝命诗的时候，口袋里空空如也，连一个铜子也没有。

能不长叹一声"枉"也者乎？

尤其让他感到十分的亏和十分的冤，这些钱全进了绝不是他的对手，那个窝囊废嘉庆的腰包，让他捡了一个天大的便宜。所以，公元1799年，和珅倒台后，京城流行的一句民谚，便是"和珅跌倒，嘉庆吃饱"，八亿两银子，相当于朝廷十年的总收入，这位皇帝，没法不在他父皇的灵前偷着乐。

话说回来，巨贪和珅虽万死难赎其罪，但若无其主子乾隆的百般宠信，纵容包庇，他有可能贪污下如此天文数字的赃款？现在已无法弄清楚和珅感到"辜负九重仁"的乾隆，为什么任其贪赃枉法的真正内情了。

因为，中国的历史学家有"为尊者讳"而隐恶扬善的传统，个人写的回忆录，通常也是尽说好的，不说孬的。有的人，甚至将屁股上没擦干净的遗矢，也美化成头顶上的光环，历史遂成为扑朔迷离，雌雄莫辨的谜。不过，若按《史记》和《汉书》的《佞幸列传》类推，凡能成为帝王的弄臣者，多半具有同性恋的关系，而和珅偏偏是一位"仪度俊雅"的美男子。因为，从乾隆对和珅无微不至的关怀来看，他不像万岁爷，更像一位老情人。我始终在想，弘历如此厚爱和珅，是不是有可能存在着性畸变的因素，也是说不定的。

据《庸盦笔记》，谈到和珅的发迹史，"乾隆中叶，和珅以满州官学生在銮仪卫当差，选舁御轿，一日，大驾将出，仓皇求黄盖，不得，高宗曰，是谁之过欤，各员瞠目相向，不知所措，和珅应声曰，典守者不得辞其职。高宗见其仪度俊雅，声音洪亮，乃曰，若辈中安得此解人，问其出身，则官学生也。"

"俊雅""解人"二语，耐人寻味。

有的野史演义，说和珅乃轿夫出身，是有点臭他。但乾隆三十四年（1769），和珅30岁前，在相当于仪仗队的銮仪卫为三等侍卫，是一个极普通的，扛扛旗子或者打打黄伞的仪仗队员，大概是不会错的。然而，命运这东西也难以预料，一是他的优雅风度，二是他的识解理趣，被高宗一眼看中，这是乾隆四十年（1775）的事情。于是，时来运转，升任御前侍卫和副都统，将他调到身边来了。

君臣之间的距离缩短，这是最最关键的一点，读者幸勿轻轻看过。

果然，不到一年间，比单口相声《连升三级》还邪乎，升为户部侍郎兼军机大臣、兼内务府大臣、兼步军统领。也就是说，一身兼任财政部、内务部、首都警备区和陆军司令等要职。前清的军机大臣，实际上就是一人之下、万人之上的宰相，乾隆将如此机要重职授与他，可见对这位弄臣爱之弥切。好像还怕其仅拥有炙人权势，不足以表示对他的爱，格外赏他一个崇文门税务监督的肥缺。旧时北京有东富西贵之说，别看这是级别极低的衙门，但却是一个肥得流油、日进斗金的美差。

乾隆四十五年（1779）以后，益发飞黄腾达，由户部侍郎升为尚书，副部级升为正部级，副都统改为都统，内务府大臣上加衔领侍卫内大臣，军机大臣上加衔议政大臣、御前大臣、兼理藩院尚书。尤其贻笑大方的，将一个基本上没有学问、未经科举、也没读过多少经史子集的、只是一个官学生（大约相当于高中文化程度）的和珅，兼四库全书馆正总裁，别看纪大烟袋学富五车、才高八斗，也只能给他当副手。

这就是"我说你行，你就行，不行也行"的古代版。乾隆帝真是爱他呀，把最钟爱的小女儿和孝公主，许配给和珅的儿子丰绅殷德，君臣两人成为儿女亲家，试想，天底下，除了乾隆以外，还有谁能超过他？嘉庆，他根本不放在眼里的。

乾隆四十六年（1781），和珅再兼兵部尚书头衔，外加管理户部三库，老爷子等于把国库的大门钥匙，也交给这位情人，任其自取。乾隆四十八年（1783），和珅交出兵部尚书衔，任户部、吏部两尚书，受封为一等男爵。乾隆五十一年

（1786），由协办大学士升为文华殿大学士，为户部的管部大臣，有权管理户部所有长官；五十三年（1789）晋升为三等伯爵；五十六年（1792）兼翰林院掌院学士，步步高升，令人目不暇接。嘉庆二年（1797），乾隆帝身为太上皇，仍不忘自己的情侣，改任和珅为刑部管部大臣，兼户部管部大臣，嘉庆三年（1798）晋升为公爵。

乾隆将一个仪仗队员，抬举到掌管军国大事的重位，尤其当了太上皇以后，全权委托和珅便宜行事，气焰嚣张到极点，别说满朝文武、大小官员，对他畏之如虎，就是皇子皇孙、亲王贝勒，对他也要礼敬三分，甚至已正式称帝的嘉庆，有什么事要面奏乾隆，也得拜托和珅，请他通融。

唐之元载，宋之蔡京、明之严嵩，都是历史上有名的贪官，但得到帝王如此高抬厚爱者，和珅是独一份。中国帝王的男宠之风，在二十四史中，唯有《史记》《汉书》不怎么避讳，直书"共卧起"这种同性恋行为，嗣后的史家，便闪烁其词了。但从和珅所受的宠遇看，龙阳之兴、断袖之癖、帝王的弄臣现象，一直到清末，仍是中国宫廷中最阴暗的一角。

所以，和珅不仅是巨贪，恐怕更是中国污秽文化中的那最肮脏的毒瘤。

颙琰登基四年，说来可怜，是个有名无实的儿皇帝，一切都得视老子的脸色行事，还要与大权在握的和珅虚与委蛇。所以，盼着太上皇撒手西去，做大清国真正的一国之主，是颙琰四年来的梦。好，这一天终于来到，老爷子终于不再指手画脚，停放在殡殿里了。

和珅的神气，马上就是昨夜星辰昨夜风了，傻子也能看得出来，嘉庆在"御榻前捧足大恸，擗踊呼号，仆地良久"，那三流演员的瘪脚演技，完全是在装蒜。但从他掠过和珅时的眼神，谁都明白，这位权相的脑袋能在脖子上维持多久，是大有疑问的了。

谁教他拥有那么重令人嫉恨的权，那么多令人眼红的钱呢？从 1775 到 1799 年，和珅倚势弄权，疯狂聚敛，二十多年搜括下八亿两银子的天大家业，创下中国贪污史上吉尼斯纪录。

从清人笔记中，查出来的三种说法，基本上是相同的：

一、《清稗类抄·讥讽》，"和珅在乾隆朝，柄政凡二十年，高宗崩，仁宗赐令自尽，籍没家产，至八百兆有奇，时人为之语曰'和珅跌倒，嘉庆吃饱。'""八百兆"，即 8 亿两银子，清代的一两银子，相当于人民币 50 ~ 60 元，其查抄财产总值应该有 40 亿至 50 亿元人民币的样子。

二、《庸盦笔记·钞查和珅清单》，"十七日，又奉上谕，前令十一王爷盛柱庆桂等，查钞和珅家产，呈奉清单，朕已阅看，共计一百零九号，内有八十三号，尚未估价，已估者二十六号，合算共计银二万二千三百八十九万五千一百六十两。"这个数字为 223895160 两，仅仅是已估价者；而尚未估价者，三倍有余，其总数也应接近上述引文所估。

三、《梼杌近志·和珅之家财》，则说得更为清晰。"其家财先后抄出凡百有九号，就中估价者二十六号，已值二百二十三兆两有奇。未估者尚八十三号，论者谓以比例算之，又当八百兆两有奇。甲午、庚子两次偿金总额，仅和珅一人之家产，足以当之。政府岁入七千万，而和珅以二十年之宰相，其所蓄当一国二十年岁入之半额而强。虽以法国路易第十四，其私产亦不过二千余万，四十倍之，犹不足当一大清国之宰相云。"

清朝末季，屡败于列强，所签不平等条约都以割地赔款了事。其中《马关条约》，赔款为二亿两，《辛丑条约》，也就是庚子赔款，为四亿五千万两，两者相加，为六亿五千万两，"仅和珅一人之家产，足以当之"，清末民初的人士，持有这样的看法，当然也是有根有据的。

贪污，对政权来说，犹如人之流血不止的创口，要是不止住汩汩流血，这个人最后必失血而亡。同时，贪污，对统治者来说，犹如人之患恶性传染病，要是得不到控制，疫情扩展，许多人都因染此贪症而亡。清代自乾隆后，便走下坡路，出现这样总额为八亿两银的巨贪，以及随后嘉道咸同更大面积的贪污腐败，不能不说是清廷灭亡的重要原因。

据《清史稿》，以乾隆五十六年计，岁入银 4359 万两，岁出银 3177 万两。以嘉庆十七年计，岁入银 4013 万两，岁出银 3500 万两。那么，和珅个人的家产，相当于大清国每年 GDP 数的二十倍以上，颙琰要不眼红才怪。

所以，初三那个夜晚，老爷子停尸在寝宫，嘉庆来了个绝的，一是为了切断和珅与外界的所有联系，二是为了给这对同性恋伴侣最后一次厮守机会，他当众宣布，着委和相替朕为大行皇帝守灵。

和珅敢抗旨说一声不？

和珅敢借口我要回家穿件厚一点的衣服？

和珅只敢在心里骂，你这个小王八蛋羔子，老子早该让老头子将你废了！

嘉庆看着他，知道他所思所想，更知道他后悔不迭，下手已晚，因此，也在心里回答他，阁下，除非你有办法让老头子还阳，否则，你死定了！

在中国，做皇帝者，一国之主，贵为天子，未必不是小人，而小人，又有几个不睚眦必报呢！嘉庆资质平平，才分很低，从顺治、康熙、雍正、乾隆到他，恰巧也是"君子之泽，五世而斩"的衰仔了。但是，老子断气以后，能够当机立断、果敢行事，令人对他刮目相看。第一举措，就是褫夺和珅的军机大臣、九门提督等职；第二举措，是"不得任自出入"，切断与其党羽联系，令这位弄臣在殡殿昼夜守灵，按时下的说法，也就是"双规"了。

大清王朝，仿佛成为一种传统，每次易帝，都有一场对前朝重臣的残酷清洗。如顺治清算多尔衮，如康熙擒捉鳌拜，如雍正禁锢隆科多、赐死年羹尧，如乾隆除掉讷亲，以及嘉庆赐令和珅自尽……应该说，都是一出出精彩好戏。密谋策划于幕后，酝酿串连于地下，枭首祭刀于不防，斩草除根于无穷，风云变色于顷刻，刀光剑影于宫廷，这些权力角逐中血肉横飞，人头落地的故事，想不到三百年后，成了荧屏的香饽饽，编导演的摇钱树。

封建王朝接班人的更迭，即使父死子继的正常承袭，也是一次宫廷地震。坐上龙椅的新主子，往往先做两件事，一是消灭竞争对手，二是清洗前朝重臣。嘉庆不能饶了和珅，就因为他同时拥有上述双重身份，不干掉他，这龙椅未必坐得稳。更重要的，他接手的是一个老爷子六下江南花空了国库的赤字政府，而和珅，腰包却鼓得要命。现在，老爷子死了，我不朝他要钱，跟谁要？

可要他钱之前，先得要他命。

嘉庆想吃掉和珅，要他这份天大的财富，蓄谋已久，非止一日，从铲除和珅的全过程看，那滴水不漏、周密细致、按部就班、斗榫合卯的精确，显然，有一位幕后高参，早就为他制订下一份日程表。我一直在史册中寻找这位级别至少是九段的权术高手，曾经是嘉庆为太子时的老师，后来受和珅迫害谪降外省的老夫子朱珪，我觉得大有可能。这位吏部尚书、署安徽巡抚，应该是清算和珅这出好戏中，深居幕后、决不出头露面，然而老谋深算的高级参谋。

颙琰让和珅在殡殿"双规"，这是当年崇祯在其兄死后接位，收拾魏忠贤时，派魏为山陵使，发往昌平修陵的老戏重演，这一手，绝非凡庸的嘉庆想得出来，肯定是他当年的侍讲学士朱珪指点，但历史记录，包括最详尽的起居注，都隐除不述。只有"自是大事有所咨询,（朱珪）皆造膝自陈，不草一疏，不沽直，不市恩，不关白军机大臣"这些词语，略可了解有关朱珪的蛛丝马迹，但仅从这些词句，就大致可以猜想出来，这位嘉庆的老师在这次清洗运动中的作用了。

嘉庆接乾隆，与其祖父雍正接康熙，情景大致相似。这两位都是高龄统治者，康熙在位 60 年，乾隆在位 64 年，长期执政，力衰心竭。生理的老，是宇宙新陈代谢之必然，所以，年长的统治者，治国的经验可能非常宝贵和丰富，但身体力行起来，就缺乏年青领袖的朝气和干劲。加之心理的老，也使得这些高龄帝王缺乏应变机能而落伍，趋向求稳保守而滞后，往往不能适应时代的变化发展，而走向自己的反面。所以，弘历晚年与玄烨晚年，都将一团糟的政局交给接班者。

老爷爷最适宜扮演的角色，是给孩子们带来礼物的圣诞老人。七老八十，日理万机，宵衣旰食，勤民听政，对自己说来是痛苦，对别人说来就更痛苦，对整个国家而言，绝对是祸不是福。这二位，史册的记载，都有"晚年倦勤骄荒，蔽于权幸""性喜夸饰，适滋流弊"等词句，可见这都是老皇帝易犯的通病。这两朝最后所形成的政纪松弛，官员腐败，财政拮据，国库空虚的结果，也差不太多。

但是，雍正是干才，能够扭转康熙造成的颓势，而嘉庆是庸才，无力改变乾隆的衰势，弘历死后第四十一年，爆发了鸦片战争，从此，大清王朝便一败涂地。

朱珪导演的嘉庆干掉和珅，与崇祯干掉魏忠贤，是同一出戏的明朝版和清朝版，但朱由检可是单打独干，没有一个人帮他的忙。最初，朱由校驾崩，遗命他登基接位，处境比嘉庆险恶得多，魏忠贤只要看他不顺眼，随时可以置他以死命。进宫后的崇祯，连宫里的饭都不敢吃一口，生怕下鸩将其毒死，好几天只吃揣在怀里的，系他嫂子熹宗皇后为他烙的饼。而颙琰，实际上是有一个反和珅的地下集团，为其出谋划策，说不定去年冬天，乾隆一病不起之后，嘉庆就将首席参谋朱珪密召回京。

这一切，和珅蒙在鼓里，了无所知，这就是作恶者"得道多助，失道寡助"的效应了。第一，他之不得人心，已到了天怒人怨的地步。第二，他之贪得无厌，也到了鬼神俱惊的程度。据近年来抓获的贪污犯来看，无论大小，只要钻进钱窟窿里，就完蛋了，钱是他的命，钱比他的亲爹亲妈还亲。和珅也是如此，握权二十多年，疯狂攫取，不顾一切，为非作歹，利令智昏。乾隆干什么，他也许能知道；嘉庆干什么，他未必全知道；而这位被他进了谗言外放的朱珪，就更不可能知道何去何从，即使别人微闻风声，也不会去向他报告。此人不但不去安徽当巡抚，还在京城住下，为了进宫方便，在靠紫禁城较近的东华门，置了一套小院，有事没事，一顶小轿抬进宫来"造膝自陈"。看来，大家不但把和珅瞒得死死的，对他的铁杆亲信，也封锁得严严的。

　　于是，"初八日，奉旨革和珅职，拿交刑部监禁"以后，"十八日，公拟和珅罪状，请依直隶总督胡季堂条奏，照大逆律，凌迟处死，着从宽，赐令自尽"（据无名氏《磔珅纪略》）。从和珅的兴亡史，我们可以得出这样一个结论，正是因为他一有权，二有保护伞，三有贪得无厌的欲望，四有愈陷愈深的侥幸投机心理，五有最容易滋生贪污腐败的王朝体制，才成为中国封建社会最后的，也是最大的贪污犯。

　　现在来看，"和珅跌倒，嘉庆吃饱"，换个说法，"嘉庆为了吃饱，和珅必须跌倒"，也未尝不可。和珅固然该杀，但嘉庆也不是好东西。虽然，和珅殚思竭虑地提防嘉庆，但从未想到趁乾隆活着，将颙琰废立。按说，结党营私，羽毛丰满，盘根错节，上下呼应的他，要想政变夺权，难保不能成功。可是，年届花甲，双足委顿的和珅，再也没有力气和勇气，去冒什么险了。尤其，日积月累，那八亿两银子堆成的金山，对这个"少贫、无籍、为文生员"出身穷苦旗民的和珅来说，早已异化为财富的奴隶，别想再有什么作为。

看起来，《清史稿》说他"少贫，无籍"这四个字，有深意焉。中国历史上的四大贪官，唐之元载，宋之蔡京，明之严嵩，清之和珅，都与早先贫穷的身世，寒苦的家庭，小农经济意识的精神世界，缺乏起码的文化教养，有着某种因果关系。他们在聚敛的兴趣，贪污的癖好，搜括的目标，以及从贪黩中获得满足感方面，在为非作歹的过程中，胃口之贪婪无耻，手段之穷凶极恶，行为之卑鄙下流，淫乱之动物本能，道德之沦丧殆尽方面，无论过去的贪官，无论现在的贪官，无论巨贪、惯贪，无论大贪、小贪，毫无例外地都是一丘之貉。

所以，位居相国，总揽朝政的和珅，也不能例外，作为侍卫内大臣，充四库全书馆正总裁，尽管相当程度的假冒伪劣，哪怕装蒜，也应做出领袖儒林、一代学宗的样子。但是，这个有了八亿两银子的相爷和珅，与以前没有多少饷银的仪仗队员和珅，与以前生计维艰家境贫寒的旗人子弟和珅，那一份铭刻在心底里的寒酸，是永远也不能磨灭的。据《梼杌近志》："和相赋性吝啬，出入金银，无不持筹握算，亲为称兑。宅中支费，亦由下官承办，不发私财，其家姬妾虽多，皆无赏给，日飧薄粥而已。"

他早年是御轿打旗的，后来他发达到也可以坐御轿，由别人为他打旗的地步，但他的灵魂中，还是那个打旗的，一口一声"喳"的侍卫形象，外变而内不变，形变而实不变，这是中国所有"少贫、无籍"的贪官污吏最可悲的心理状态。

和珅，作为小农，鼠目寸光；作为穷人，惜财如命；作为奸佞，以为只消将主子侍候得舒舒服服就行，而遑顾其他；

作为同性恋者，只图眼前的欢乐，根本想不到情人会有被上帝召走的那一天。于是，他不怎么把嘉庆放在眼里，更不把满朝文武放在眼里。他知道有反对派，知道有不甚买他账的大臣，也知道表面恭顺的嘉庆，未必真心服气于他，但他认为有老爷子罩着，便浑不在乎。可他忘掉了，更多的，是那些保持着沉默的大多数老百姓，这些不发出声音的人，才是他无法逾越的喜马拉雅。

一旦你倒台，便是过街耗子，便是千秋万代的臭名。

据《鸥波渔话》，处死这位巨贪以后，"又于和珅衣带间，得一绝句云，'五十年来幻梦真，今朝撒手撇红尘。他日瞳口安澜日，记取香烟是后身。'"

无论是"廿载枉劳神"，还是"五十年来幻梦真"，对这位"大墙文学"的作者而言，一切的悔恨都未免太晚太晚。如果，他知道，还有三天，被赐自尽，也许连这点诗意也化为乌有了。

戒之在得

鲁迅先生的《且介亭杂文》里，有一篇《买〈小学大全〉记》的杂文。其中，引用了《论语·季氏》的一句话："君子有三戒……及其老也，血气既衰，戒之在得。"细细品味，很有道理。

老了，就要见好就收，就要适可而止，就要鞠躬谢幕，从运动场中回到看台，当一名观众。人的一生，其实是一个加减法的过程，年青时期，不断地追求，不停地获得，是加法。进入老年以后，便是减法了，一直减到两手空空，如同刚出生空着手来到这个世界那样，再离开这个世界。至此老天拔地，老眼昏花，老态龙钟，老朽无能之际，你老人家还不厌其烦地求，还不厌其多地得，那就很不令人尊敬了。

《小学大全》的著者，为清乾隆朝人尹嘉铨，一位道学先生，官做得也不小，大理寺卿，相当于最高法院或司法部的长官，熬到这个位置上，也就可以了。人就是这样：没有钱的时候，物质欲望特别强烈；有了钱以后，权力欲望就会上升；而在官瘾、钱瘾都满足以后，求名的欲望就会浓厚得可怕。尤其人到晚年，更看重声名的满足。

没名者求名若渴，有名者求名更热，名小者求得大名，名大者与人比名，名不怕多，就怕不名，名上加名，最好是举世闻名。按说，一个人当上了皇帝，譬如隋炀帝杨广，应该是得到了名欲的最大满足吧？不！他对大臣杨素说，我的骈体文，四六句，也是满朝第一，当仁不让的。因求文名，他竟把一位诗人杀了，还说，看他今后还能写出比我好的诗！

由此可见求名者那一颗不得安宁的心。

小孩子希望大人注意他，就闹人来疯，这是初级阶段的求名。成年人企图引起别人的注意，或颠三倒四、装疯卖傻；或出出洋相、唱唱反调；或奇形怪状、哗众取宠；或故作悖谬、语出惊人……炒作自己，不顾廉耻，这是中级阶段的求名。

最厉害的，还数不甘寂寞的老年人，抖擞那一把快要散架的老骨头，才叫不肯安生，这是高级阶段的求名。

由此看来，名是一个无底洞，永远也填不满的。

尹嘉铨已经离休，回到老家河北博野，论理该享他老太爷的清福吧！不，他怎能就此罢手呢？因为"名"这个东西，如同海洛因，染上了就难戒掉，一生一世也摆脱不了。甚至奄奄一息、回光返照，悼词怎么写，墓志铭怎么刻，是"坚定的"，还是"坚强的"；是"久经考验的"，还是"忠诚的"，都是放心不下，斟酌再三的。

这就好比文学界的名仕贵媛，作品放在头条，还是放在二条；得正式奖，还是得提名奖；是著名作家，还是知名作家，都会寸土必争、寸步不让、讨价还价、面红耳赤的。看来，这是"名"之酷爱者的古今同好了。

所以，尹嘉铨想出来为他父亲请谥，也是名欲熏心，才弄得不安分的。鲁迅先生写道："乾隆四十六年，他已经致仕回家了，但真所谓'及其老也，戒之在得'罢，虽然欲得的乃是'名'，也还是一样的招了祸。"

　　"戒之在得"，说来容易，做到却难。近年来，文坛上有那么一些人，说写得不那么太坏可以，但绝说不上写得很好。能力有大小，才华有高低，这本也无碍，但一定谋什么头衔，当什么委员，顶什么桂冠，挤进什么排行榜，而奔走竞逐，累得屁滚尿流、巴结攀附，功夫全在文外，为这个"名"，折腾得一佛出世、二佛涅槃，而且，不知伊于胡底？

　　也许文人更容易为名所诱，为名所驱，所以，尹嘉铨做出令乾隆爷大为光火的事，也就不必奇怪了。

　　公元1871年4月，乾隆西巡五台山回銮，驻跸保定，在籍休致的这位前大理寺卿，按捺不住他的表现欲了。当然，这样的接驾盛典，侍候过乾隆的他，怎么能缺席呢？他像热锅上的蚂蚁，向北眺望，会不会从大路上飞来一彪快马，奉圣旨，亟传老臣尹嘉铨入觐。其实他应该明白，官场是很势利的，所有冀图固宠的臣下，只是希望皇帝的眼睛眷顾于他，哪里愿意他老人家出现，而分散皇上的注意力呢？这位道学先生，站在路口，左望不来，右望不到，真是心急如焚啊！

　　博野位于蠡县、安国之间，离保定府，要是有私家车，也就几十分钟的路程，照老先生退下来的三品官，享受二品的离休待遇，肯定地方政府会给这位京官，配官轿侍候的。要不，他自己去一趟，尽一分老臣护驾之心，人家不会用乱棍将他打将出来；要不，他就现实主义，死心塌地在家待着，只当没有发生这回事，也就天下太平。四月份，雨前毛尖也该上市了，泡杯新茶，与夫人、小妾调调情，也是怪不错的养生之道。

可是，名欲烧心，使得他坐卧不安。人老了，就像一个老小孩儿，很拿他们没有办法。这位假道学，去罢，怕人家把他这过气的官僚，不放在眼里，主席台上不去，贵宾席没位置，只能跪得远远的，用望远镜才能看到圣上。不去罢，这就意味着他真成了在野之人，林下之民，拉秧的黄瓜，基本上的无名之辈了，这是他绝对受不了的。又想吃、又怕烫，既自尊、更自卑，那一夜，尹嘉铨光在炕上烙饼了。

苦思冥索大半宵，他终于想出来锦囊妙计，为其老爹尹会一请谥和从祀，是个绝好的主意。皇上恩准下来，不但孝子当上了，风头也出尽了，想到这里，他高兴得直搓手。天色露曙，让下人赶紧为大少爷备马，火速前去保定府，向乾隆皇帝行宫呈上这份自以为是两全其美的奏折，哪晓得名未求着，反倒搭上了一条老命。

其实，皇帝也未必不小人，乾隆一看，你尹嘉铨不来朝拜，不来面谒，竟打发你儿子来，也太荒谬、太嚣张、也太目无王法、目无纲常了吧？或许这个先入为主的印象，看到尹嘉铨的请谥奏章，马上龙颜不悦，面露愠色。"与谥乃国家定典，岂可妄求？此奏本当交部治罪，念汝为父私情，姑免之。若再不安分家居，汝罪不可逭矣！钦此。"

可接下来，看到尹嘉铨请祀的另一本奏折，打的旗号是请批准本朝的名臣汤斌、范文程、李光地、顾八代、张伯行等从祀孔庙，这当然也是无可无不可的事情。然而，发现奏章中这位老先生"名"令智昏，竟敢奏请"至于臣父尹会一，既蒙御制诗章褒嘉称孝，已在德行之科，自可从祀，非臣所敢请也"等不逊词句，弘历不是昏君，对如此下作，如此无耻的挟带私货的邀名行径，乾隆能不勃然大怒？"竟大肆狂吠，不可恕矣！钦此。"

尹嘉铨还在家里静候佳音呢，谁知死期已经不远。

李白的"天子呼来不上船"，冯延巳的"吹绉一池春水，干卿底事"，这两位诗人敢于跟皇帝逗逗闷子，都是有先决条件的，是吃准了皇帝在那一刻心情不坏、胃口很好、血压正常、精神不错。问题在于尹嘉铨退居乡间，已是闲云野鹤，肯定信息阻绝，孤陋寡闻。再加上人老以后，脑细胞固化，容易囿于己见，自我封闭。被人总捧着，总抬着，也容易自以为是，自成一尊。

所以，他不知道，即使知道，也不会当回事，乾隆在第五次南巡前，已经处理了江苏东台举人徐述夔的诗狱，这是一件很大的案子，涉及了许多人，还有很重要的高层人士。他在北京还有公馆，能看到邸报，也会有人通风报信，但他忙于讨小老婆，竟疏忽了。

凡文字狱，都是先有小人举报，然后才有皇帝震怒，下令严办，然后才有杀一儆百，人头落地，这次也不例外。在徐述夔的《一柱楼诗》集中，发现了"明朝期振翮，一举去清都""大明天子重相见，且把壶儿搁半边"犯禁诗句，有人举报出来，因为这种影射讥刺，太过显露，触动了清廷种族忌讳的敏感神经，定为十恶不赦。于是，将已死多年的徐述夔及其子徐述祖，从棺材里拖出来戮尸，其孙徐食田论斩砍头；

失察的江苏布政使陶易，列名校对之徐首发等俱押往斩监候，用现代的话说，也就是死缓罪吧？

最关键的一笔，也是尹嘉铨无论如何不能掉以轻心的，是对江南大才子沈德潜的处理。算起来，这位已故的礼部尚书，是声望不让其父尹会一的朝廷同僚。尹会一是道学家，沈德潜是诗人兼诗评家，而且还是乾隆做诗的枪手。所以，尹会一虽任过吏部员外郎、工部侍郎，能面见乾隆，得睹天颜的机会很少。沈德潜则不同，是乾隆十分赏识，亲自擢拔的首席御用文人，经常蒙召到内廷，赐平身，可以坐下来与陛下谈论诸如唐诗和宋词、李白与杜甫之类话题，很神气一时的。

此人也是太老了的缘故，八十多岁致仕，告老还乡，作为皇帝的第一笔杆，光焰万丈，何其了得？肯定招摇过市，大出风头，苏州本不大，简直装不下他。在中国，文人皆喜欢被捧，老文人尤其需要大家捧。捧昏了头的沈大学士，没细看徐书中的"反动"内容，倚老卖老，为这部诗集的作者写了篇传记，结果，作者满门抄斩不说，老先生虽死，因这篇序，也受到"仆其碑，撤其祠"的处置。

尹嘉铨如果不是名欲缠心，求名心切，应该从三年前发生的这次文字狱吸取教训。乾隆对于这些高级知识分子，妄自尊大、自成一统，是相当反感的。鲁迅先生分析道："清朝虽然尊崇朱子，但止于'尊崇'，却不许'学样'，因为一学样，就要讲学，于是而有学说，于是而有门徒，于是而有门户，于是而有门户之争，这就足以为'太平盛世'之累。"

所谓学说，所谓门徒，所谓门户，或所谓流派，或所谓渊源，或所谓圈子，或所谓山头、江湖……说到底，无论过去，无论现在，那些权威、大师、泰斗、名流，老了以后，一定要当老爷子、老宗师、老太爷、老祖宗，就是要大家高山仰止，礼拜赞美，哪怕心脏上了支架，哪怕三天两头住院，哪怕上气不接下气，哪怕明天去见上帝，生命不息，求名不止。名，对他们而言，如同氧气和水，已是不可或缺的一环了。

要让尹老夫子明白，人到了这把岁数，"血气既衰"，应该"戒之在得"的道理，是绝不可能的。名，上了瘾，也是无药可治的。

大学士三宝奉命主审这件案子，先从生活问题、男女关系入手，又在臭字上大做文章，将其批臭之后，不倒也歪了。

对这位道学先生最具杀伤力的攻击手段，就是纠劾他强娶烈女为妾的道德败坏一事。跪在堂下的尹嘉铨，一边掌自己的嘴，一边骂自己寡廉鲜耻、欺世盗名、假道学、伪君子。

三堂审讯以后，定为"相应请旨将尹嘉铨照大逆律凌迟处死"。

康、雍、乾三朝，迭兴文字狱，血也流得够多的了，杀鸡给猴子看，阻吓作用也已起到了，大多数文人也都把尾巴夹得很紧。乾隆便不让他受凌迟之罪，改为绞立决，恩准他一次痛快的死亡。

这位著作等身的大文人，就为他老了老了还不知缩手，还想"得"到更大名声的行径，为这个"得"，付出了生命的代价。

虽然，尹嘉铨案是个特殊的个例，但《论语》里这句"戒之在得"的古训，对已经到了夕阳西下、桑榆晚景的老人来说，还是很具惕厉意味，值得深思的。

愉悦至极袁子才

愉悦，从历史的长远角度来看，从使命感的神圣角度来看，对文人而言，是一种可得而不可常得，可有而不能常有的奢侈品。

当然，一个文人，在一些事情上，快活得不行；在一段日子里，压根儿用不着忧虑和恐惧；在一定范围中，甚至连顾忌、戒备、防范、紧张，也是无须在意的，从而获得相当程度，或一定程度的愉悦感受，是绝对可能的。但是，终其一生愉悦，从头至尾愉悦，无日无夜不愉悦，无时无刻不愉悦，这种福星，中国没有，世界也没有，过去没有，将来也不会有。古人说过"人生识字忧患始"，古人还说过"不如意事常八九"，这就说明生活本身，其实是并不愉悦的。因此，作为文人，愉悦难得，不愉悦却常得，是太正常的事情。

不过，乾隆年间，江左三才子之一的袁枚（1716—1797），这位随园老人的一辈子，是几乎接近于上述福星水平的愉悦文人。

在中国历史上，在那个很难愉悦得起来，文字狱大行其道的年代里，袁枚的出现和存在，应该说是一个奇迹。这位老人家，不但他自己感觉到愉悦，享受着愉悦，同时代的人也都认为他，即使不算百分之百的愉悦，也足够百分之九十九的愉悦了。很有一些同行，不但羡慕得直流哈喇子，还嫉妒得恨不能咬他一口。所以说，如果只是自己感觉到愉悦，也许是作不得数的，谁知你是强撑着的？还是假装着的？唯有众人都一致认为，那才是货真价实的愉悦。

因此，不管你对袁枚的评价是好是坏，对他这种能够获得全天候愉悦的结果，我觉得有值得中国文人为之深思的地方。

其实说白了，袁子才的愉悦或不愉悦，与别人是并不相干的，愉悦是他，不愉悦也是他，干咱屁事？为什么人们要将他的愉悦当回事呢？问题就在于这位老先生的一辈子，基本也是乾隆皇帝的一辈子呀！如果袁枚是个有他不多、无他不少的三流诗人，是个作品不多、废品不少的末等文人，也则罢了，皇帝不会把目光投射到这班文坛小虫子身上的。可他却是领袖群伦、左右诗坛、引导潮流、众望所归的庞然大物，乃举足轻重之人，非同小可之辈啊！古语说，"木秀于林，风必摧之"，这样一个大脑袋，在这位皇帝铁腕文化政策的统治下，既没有受过被摸顶的荣耀，也没有挨过吃凿栗的疼痛，细想想，该是多么多么（恐怕还要加上一个"多么"）的不容易了，那是一个闭门家中坐，祸从天上来的年代，是一个死了以后应该入土为安却不能安的年代。结果，袁老先生在他的随园里，优哉游哉地风花雪月着，得其所哉地吃喝玩乐着，既没有派出所的警察半夜敲门，也没有戴墨镜的便衣盯梢尾随，能够安然无恙地，逍遥自在地，甚至还是大摇大摆地，风风光光地度过一生，这岂不是奇哉怪哉，值得刮目相待的事情嘛！这其中的蹊跷，大家嘴上不说，心里全都纳闷，为什么他在乾隆当政期间，居然成了个特例，难道这位老先生在陛下眼中，竟然成为一个隐身人吗？

弘历（1711—1799），比袁枚早生五年，晚死两年，是位厉害的皇帝，也是位爱挑剔，甚至到吹毛求疵程度的皇帝。随便举个例子，乾隆十三年（也是袁枚辞掉公职再也不做朝廷命官的一年）十月二十日，翰林院撰孝贤皇后的冬至祭文，这本是一篇例行的应景文章。但文中出现了"泉台"这样的字眼，弘历一看，挑起刺来。他说，"泉台"二字，加之常人尚可，岂可加诸皇后之尊？皇后归天，只能去西天极乐世界，哪有进十八层地狱之理？简直混账至极！也许，九五之尊，不会出此粗口，但他心里会这样申斥的。什么混账东西，你们以为朕是草包蛋，是外行领导内行，想蒙我唬我吗？结果，张廷玉、阿克敦、德通、文保、程景伊为此俱着罚本俸一年，连基本生活费也不给。由此来看，这样一位咬文嚼字的皇帝，必然也是一位特别爱好收拾文人的皇帝。这一点，与他的父亲雍正、祖父康熙、曾祖父顺治，同出一辙，甚至有过之无不及。

虽然到他在位，大清江山，已经坐稳一百多年。然而，一个人的根，扎在血脉之中，非一朝一夕形成，也就非一朝一夕能够改变；如果不幸这根是劣根的话，那就成了劣根性。清朝历代皇帝，那种发源野蛮的讳莫如深，文化落后的耻于齿及，满汉大防的不可逾越的劣根性，根深蒂固、不可改易、盘根错结、无力挣脱，遂造成这个种族最后的没落，这个国家最后的衰败。这些出身于草根阶层的头领，莽原部落的渠首，即使登上权力巅峰，也难免这种抱残守缺的愚执。有什么法子呢？试为乾隆以及其父其祖着想，统治着人数、地域大于自己，文明、文化高于自己的汉民族，如何不被同化，如何不致淹没，戒备防范都来不及，忌虑抵制还来不及，焉能有将国家、民族进入世界之林的宏图大志？所以，对这些整日疑惧不安，心理复杂变态，充满过敏反应，深感危机叵测的帝王来说，面对汉族精英分子，在清洗上之不择巨细，在铲除上之不遗余力，在屠灭上之不留死角，是一点也不奇怪的。

而弘历在这方面，可以称作是青出于蓝胜于蓝的一位。据故宫博物院早年出版的《满清文字狱档》，顺治在位18年，康熙在位61年，雍正在位13年，乾隆在位60年，加在一起，共计152年，清代的中央政府一级，或政治运动式的大规模，或消防灭火式的中规模，或追查扑杀式小规模，先后共制造了160余起的文字狱案件，平均不到一年，也就是十个月的光景，对汉族文人开刀问斩一次。在这种皇帝钦批的诏狱里，坐大牢的、掉脑袋的、株连九族的、流放宁古塔，或更远的黑龙江、乌苏里江，给披甲人为奴的，每起少则数十人、多则数百人。加上地方政府一级的扩大战果，层层加码，法外行刑，斩尽杀绝，恨不能挖地三尺，人人过刀，以邀功求赏，用这些无辜文人的鲜血，染红自己顶子，全中国到底关、杀、流、坐、立决、凌迟、斩监候多少文人，恐怕是个统计不出来的巨大数字。

所以，袁枚生活在每隔十个月，就得收紧骨头一次的年代里，不但毫发无损，皮毛未伤，而且相当愉悦地活到了81岁，寿终正寝，能不教人吮牙花子，啧啧称羡吗？能不令人视为奇迹，纳罕叫绝吗？要知道，乾隆如果想修理的话，是绝对来得及的，因为袁枚咽气之后两年他才咽气，但这位陛下，百密一疏，竟让这样一位"倡性灵说，天下靡然从之"的大文人，居然逃脱乾隆那一双鹰隼般捕获猎物的眼，简直不可思议。

所以，我特别钦佩这位老滑头，头大且滑加之老。俗话说，"老了的兔子不好拿"，他就属于这种让乾隆没辙的老人家。

说实在的，他的名气，大得不可能不让当局对他注意有加，他的行状，其招摇、其响动、其出格、其影响，不可能让当局对他置之不理。据李元度《袁枚事略》："所作随园诗文集，上自公卿下至市井负贩皆重之，海外琉球至有购其书者，仕虽不显，而世谓百余年来极山林之乐，享文章之名，未有及先生者。"这份张扬、这份排场、这份气势、这份声誉，尤其不可能不让中国文学史上首屈一指的，诗产量最高的乾隆皇帝，漠然视之、心不为动。然而也怪，他快活欣喜一辈子，舒畅自在一辈子，吃喝玩乐一辈子，风流潇洒一辈子，相对于他同时代的那些愁眉苦脸、焦虑恐惧、担惊受怕、坐卧不安、惶惶然不可终日的同行，那天壤之别，简直不可同日而语。

弘历好作诗，这是这位皇帝的毛病，做你的皇帝得了，干吗非要挤进诗人队伍里来？乾隆十四年（袁枚辞官后的次年）六月，他的处女作《御制诗初集》问世，共44卷，收其自元年起到十二年的诗共 4150 首。此后，越写越多，欲罢不能，到了嘉庆年间，他当太上皇了，还在写，一生写诗达四万多首，超过《全唐诗》所录的唐人诗篇总量，这实在是惊人可怕之多。一位如此强烈喜好写诗的皇帝，对文人来讲，我相信，福的可能性很小，祸的可能性反而很大。固然，皇帝爱好文学，马屁文人得以施展其溜舔功夫，但那些非马屁文人、拍不上马屁的文人、马屁没有拍好，拍到了马脚上的文人，就不会有好日子过。大学士张廷玉，因为一纸祭文，用了"泉台"二字，罚俸一年。由此可以了解弘历，必是一位非常精细、非常尖刻、非常不容人、非常挑鼻子挑眼、非常具有侵略意识的人。如果他不是帝王，是个普通人的话，第一，不能共事；第二，也不能交友；第三，当他的上级可以，做他的下级，你就没命了。因为这种唯我独尊的强人，几乎不能容忍超过他、胜过他、对他不敬、对他的存在构成威胁的另一个。在太庙历代清帝的肖像之中，乾隆这张脸，是最不面善的。

袁枚辞职，未必受到北京城里乾隆对于张廷玉五大臣罚款影响，但下决心打报告自炒鱿鱼，他肯定了解这位懂诗的皇帝，对于诗人的存在，决不是什么福音。果如其料，第一，对钱谦益，乾隆三十四年下令销毁他的《初学集》《有学集》，四十一年汇辑《四库全书》时发布上谕，"钱谦益等人，实不足齿，其书自应概行焚弃"。同年，命国史馆编列明季《贰臣传》，收入钱谦益，将其彻底搞倒搞臭，打入另册。第二，对沈德潜，乾隆二十六年，将这位老夫子由苏州召至北京，因为陛下正处于诗歌创作热潮之中，急需一位捉刀人为其大量制造诗篇。归愚先生虽年近古稀，但乾隆对他破格提拔，恩庇有加，授编修，擢中允，五迁内阁学士，官至礼部侍郎，以年老乞休，乾隆许原品致仕，并赐诗送行，作为御用文人，得此殊荣，可谓登峰造极。然而，四十三年，徐述夔《一柱楼集》诗案起，乾隆以其曾为作序的罪名，尽管已死多年，也不轻饶，"仆其碑，夺其谥"。其实，大家都明白，沈老先生告老还乡之后，管不住自己的嘴，透露他为陛下代笔的秘辛，这才招来刨坟掘棺之灾。就这样两位诗人的下场，能不让袁枚不寒而栗吗？

现在，弄不懂袁枚是一种自觉行为呢？万万不能跟作诗的皇帝玩文学，那可是一种危险的游戏；还是袁枚下意识的本能规避？似乎总是躲着这位陛下，形成他的生存准则。所以，他做官，也只做江南的官，如溧水、江浦、沭阳等小地方的知县。偏偏两江总督尹继善，器重他的行政能力，赏识他的诗词才华，虽一为上司，一为下属，但同为斯文，倒也相处得不错。从袁的《随园食单》里，可以看到他在总督府里，吃过鲟鳇鱼、风猪肉、鹿尾等诸多大菜的记载，可证他们除了诗词上的唱和、文字上的投契外，还是一对很对胃口的食友。随后，尹继善就"剧调"他到江宁就任，以示倚重，也算擢用。江宁是个大县，是官员们仕进南京的跳板。因为南京是清朝政府控制江南的重地，为乾隆所关注，后来，他六下江南，都落脚于此。但袁枚却不领情尹两江的这种安排，很快就请假，"引疾家居"。

吴敬梓著的《儒林外史》，其中有一句名言："南京是饿得死人的地方"，同样，在袁枚眼中，南京的官场，也是能整得死人的地方。乾隆十三年九月，两江总督尹继善与两广总督策楞对调，这场权力角斗，使袁枚看透了，政治这玩艺，文人还是不宜沉溺其中为好。如果你不是玩家，而且你也玩不过人家，浅尝辄止，也就够了。况且，尹文端赴岭南就任，他在这个能饿得死人的南京，就不大好待了。尽管尹继善不是他的保护伞，但朝中有人好做官，可是放之四海皆准的道理。遂生顿悟，拉倒吧！索性连官也不要做了。不做你的官，不端你的碗，自然也就不受你的管。这时，吏部下文起复，要调他到陕西去任职，他就借口"丁父忧归，遂牒请养母"而致仕。

这位乾隆四年的进士，到乾隆十三年就辞官了。那年他应该是 32 岁，约相当于现在文坛上那些"70 后""80 后"年纪的后生，我觉得袁枚的举动，确有惊世骇俗之意义。试想，如今那些耳顺之年的官员，挣扎着不肯让位，那些古稀之年的干部，扑腾着发挥余热，更甭说那些四五十岁仕进得意之辈，干得正热热乎乎，怎能金盆洗手？那些五六十岁求得大发展之人，还打算继续峥嵘一番，岂能归隐山林？所以，袁枚为彻底不受羁束，离权力中心远一点、再远一点，离是非旋涡远一点、再远一点，实在是极明智、极清醒的选择。于是，激流勇退，退出政治，躲开乾隆皇帝。老实说，不是所有考得进士出身的读书人，都舍得抛弃前程，做到这一点的。据《清史稿》：袁枚"年十二，补县学生。会开博学鸿词科，海内学者二百余人，枚年最少。试报罢，乾隆四年成进士，选庶吉士"。这正是登高望远，前途无量之际，学而优则仕，不就等着这个阶梯吗？但他"卜筑江宁小仓山，号随园。崇饬池馆，自是优游其中五十年。时出游佳山水，终不复仕"。从此，他的活动范围，足迹所至，始终囿限于长江下游，江浙两淮一带。

不做到这点决绝，他也不能获得他想要的愉悦，果然，他辞官以后，一心经营他的随园。广造声势、广结善缘、广交朋友，更以他的《诗话》，广为扩大影响。据姚鼐《袁随园君墓志铭》云："四方士至江南，必造随园投诗文，几无虚日。君园馆花竹水古，幽深静丽，至梐槛器具，皆精好，所以待宾客者甚胜。"又云："随园诗文集，上自朝廷公卿，下至市井负贩，皆知贵重之。海外琉球，有来求其书者。君仕虽不显，而世谓百余年来，极山林之乐，获文章之名，盖未有及君也。"那时候，老先生退隐在随园里，左拥佳人，右列美姝，谈笑鸿儒，往来俊秀；山珍海味，花舫堂会，茗茶美酒，水榭唱曲；官员慕名来访，商绅络绎于门，门墙桃李攀附，造请座无虚日；书商靠他挣钱，刻局赖他赐活，名流借他增光，诗坛由他主盟。他可以说是乾隆年间中国文人的风流魁首，引导时代潮流的浪漫先锋，那时，既无文联，更无作协，但他却成为众望所归的不具领袖名位的实际文坛领袖。

他称他自己："好味，好色，好葺屋，好游，好友，好花竹泉石，好璋彝尊、名人字画，又好书。"可这世界上，最是文章不值钱，好风雅，无一不需要大批银两来开销打发。特别是那座园林，是要有相当雄厚的物质基础，才能上规模，成气候的。他甚至大言不惭地说，曹雪芹《红楼梦》中的大观园，就是以他的随园为蓝本的。我们都知道那荣宁二府，为迎接元春省亲，将"银子花的像淌水似的"。由此，我们对于这位随园老人，就像我们评价历史人物一样，活得磊落与行为的苟且，讲得好听与心里的龌龊，想的达观与性格的卑下，看的清高与欲望的强烈；乃至于文章道德与声色犬马，诗情画意与庸俗无聊，正直不阿与低三下四，铁骨铮铮与软弱缺钙，都可能合二而一，并行不悖的。有什么办法呢？这就是那个封建专制社会里面一个文人，不准备拿鸡蛋往石头上碰，还想活得长久一点的处世哲学。心里想的，嘴上说的，身体力行的，绝对不可能三点成一线，像小胡同赶猪那样直来直去的。在中国，有几个文人，不多好几个心眼呢？

对袁枚的评价，鲁迅先生持苛刻的态度，认为他不过是位清客。清客，即帮闲，一帮闲文人而已。不过，他也认为，"清客，还是要有清客的本钱的，虽然有骨气者所不屑为，却又非搭空架者所能企及。例如李渔的《一字言》，袁枚的《随园诗话》，就不是每个帮闲都能做得出来的"。而胡适先生的看法，则比较肯定得多，也能理解之所以这样，乃性情之故，他是统评乾隆朝这三位才子的："袁枚、赵翼都是绝对顶的天才，性情都很真率，忍不住那种矫揉的做法和法式的束缚，故多能成大家。蒋士铨以《临川梦》为最佳——知道他是一个第一流文人，不愧他的盛名。"

其实，人之一生，就是一根直线和一根曲线并行的轨迹。直线是本真的我，曲线是社会的我。社会的我随之客观世界的变化而生出适应的曲曲弯弯，本真的我虽受天性和本能的支配，但无论如何也不能排除曲线的影响。智者之智，在于曲线虽曲，不致太曲而扭曲，在于直线应直，不致太直而愚直。这位随园老人，自是智者无疑，不过，他的这两条平行不悖的线，为了他的愉悦，曲得有些过头；同样，也是为了他的愉悦，直得显然不够，历史，大概就是这样定位没有被乾隆捉进文字狱的袁枚。

于是，无论在他健在，还是身后，他都是议论分歧，众说纷纭的人物。

> 随园生前，才名遍海内外，高丽琉球，争购其诗。其实借名诗话，以结纳公卿，招致权贵，颇有一种狡猾手段。当时同辈如赵瓯北等，已多诋诹之。至其身后，诹之者犹众。袁之门生某，尝私刻印曰："随园门下士"，后受舆论攻击，乃复刻曰："悔作随园门下士"。张问陶初亦崇拜子才，名其诗集曰《推袁集》。袁殁后，更名"船山诗抄"。（民国佚名《慧因室杂缀》）

当然，生前追捧、死后唾弃、忽然觉悟、划清界限，是无可厚非之事，也是这么多年来，"城头变换大王旗"之后，那些聪明人事所难免之举，已是大家司空见惯的花头精了。袁枚终究是位智者，聪明就在于他看穿一切，而且知道历史是一面筛子，一过性的闲言碎语、过眼烟云、花花草草、污泥浊水，会被沙汰出局，而有斤量的、有价值的、抹杀不掉的、诛灭不了的东西，会长时期地传承下来。

在他的《随园诗话》卷一里，有这样一则故事，表达出来他的这层意思："予戏刻一私印，用唐人钱塘苏小是乡亲之句，某尚书过金陵，索予诗册。予一时率意用之，尚书大加呵责，予初犹逊谢，既而责之不休，予正色曰：'公以为此印不伦耶？

在今日观，自然公居一品，苏小贱矣。诚恐百年以后，人但知有苏小，不复知有公也，一座鳏然。'"我不大相信袁枚会如他所说的那样，正言厉色地与一品尚书辩驳，但是，他所坚持用长远的历史角度观察，此一时也，彼一时也，还是很有道理的。同样，虽然袁枚这位江左才子，可诟病之言、之行、之诗、之文，很多很多，他在乾隆年间，那高压的政治气氛，那低迷的文化环境，那恐怖的镇压手段，那无望的帝国统治之下，能发出一点来自性灵的心声，并且靡然成风，将这位皇帝的四万余首诗，给挤到角落里去，成为人们不闻不问的文化垃圾，不也是一种消极抵抗吗？

一个文人，赤手空拳，能对皇帝做些什么？在严酷的、严密的、严厉的精神控制，文化钳制，意识形态压制下，存活下来，让弘历逮不着把柄，捉不住破绽，而且，在他的眼皮子底下，还相当程度地愉悦着，该是多么不容易啊！

清人陈康祺在其《郎潜纪闻》里，对他的评述，还是较为公允的。这是由他的一幅《随园十三女弟子湖楼请业图》说起，此老时年已八十有一，但春心犹在，找了一位画师，定要将这些名媛仕女画在图上，团团围住这位恩师，衣钗裙带，国色天香，他在姹紫嫣红的女弟子中，享受着那一种只能算是柏拉图式的满足。这大概是当时许多正经人对他最不以为然的德行了，可他，这位愉悦主义者，堂而皇之，张而扬之，才不在乎别人说三道四。《郎潜纪闻》的作者，对此倒无异辞，而是说"康祺以谓随园风流放诞，充隐梯荣，诗格极卑，碑版亦多不根之作；其著述，惟骈体文差强人意，余无足观。其攀附公卿，提倡骚雅，志不专在猎名。蒋苕生蝇营獭祭之词，赵云松虎帐蛾眉之檄，同时隽彦，都已窥破此老心肝。惟生际承平，天假耆寿，文名盖代，福慧双修，殊为文人难得之遭遇。湖楼请业一图，香粉琴尊，丹青昭映，不可谓非湖山韵事也"。

被一群说大不大，说小不小的女文人包围着、簇拥着、恭维着、挤靠着、紧贴着、弗洛伊德着，也是当代一些老文人所憧憬、所期盼、所营造、所实践的愉悦呢！

但是，同为清人的刘声木，在其《苌楚斋随笔》的《论袁枚出游》一文中，让我们看到了一个其实并不完全愉悦，并不绝对愉悦的随园先生。

袁简斋明府枚，以诗文小慧，当乾嘉全盛之时，坐享山林之福者数十年，后人羡慕之者众矣。实则随园当日广通声气，肆意逢迎高位，以为己用。下材又奔走其门，以为间接之光荣。随园遂借此为渔猎之资，收为点缀山林，放浪霞骸之用，其用心亦良苦矣。观其后半生，大半出门遨游，在家时少，实为避难而起。不知者，以为真好山水也，殊为所愚。细审随园之出游，皆在刘文清公任江宁府时，欲实行按治驱逐之后。当时虽有人为之关说，未能实行，然随园知不容于众议，是以终年出游，以避他人指摘；且恐又有人实行案治者，终难漏网。随园虽自言于诗集，明示不怍，实因其事早已道路喧腾，不得不自言之，以示光明磊落，计亦狡矣。予观其诗集，检其出游之岁月而始知之。其出游系出逼迫，非出心愿，是以随园心终不怿。临终诗有云："我见玉皇先跪奏，他生永不落红尘。"在他人方美其遇，在随园深知当日之行为，已苦其艰，但难为不知者道耳。不然，随园果何所不足意，而欲不再生人间世耶？其故可思矣！

他愉悦吗，这位随园先生？我不禁想问一声。
所以，愉悦对于文人来说，的的确确，是一种奢侈品。

没落文人樊樊山

从历史的角度看，当一个时代进入终结期时，便会有沉渣不断泛起。这些从泔水缸里翻上来的秽物，自是臭不可闻，令人作三日呕。然而，彼等却泛得理直气壮，而且振振有词：藉此最后关头，俺们倘不抓紧翻腾一下的话，那就永无出头之日啦！

同样，从社会的角度看，在大千世界中曾经沸沸扬扬过，甚至曾经不可一世过的人物，进入古稀、八秩、进九、耄耋之暮年，也有做沉渣之泛起，不甘于从此沉沦的个别闹者。由于他们自我感觉依旧良好，由于他们老骥情结依旧强烈，虽然早就离开演出的舞台，虽然生命的支票余额无多，但还陶醉于昨天的沸沸扬扬之中，沉浸于前天的不可一世之中，于是，闹个没完没了。

这其中，最情不自禁，最按捺不住的，莫过于那些过气的文人学者，过时的大师名流，若不跳将出来，闹出一点动静，只怕到死也闭不上双眼的。这些豁牙露齿，撒气漏风的著名人士，这些老眼昏花，迎风掉泪的顶尖人物，最痛苦的，莫过于表演、表现、表态、表示存在的机会，少了，莫过于出场、出席、出面、大出风头的可能，没了。面对世界将其遗忘的残酷现实，想到剩下的日子屈指可数，为了尽可能地吸引世人的眼球，泛起、扑腾、挣扎、蹦跶，一个闹字，便是主调。

人之老，固属无奈，但也必然，谁也逃脱不了新陈代谢这个自然规律。《千字文》曰，"寒来暑往，秋收冬藏"，到了人生的冬天，就应该是"藏"，而不是"闹"了。设想一下，归隐于林下，度桑榆之年；负暄于南墙，享天伦之乐；澹泊且自守，布衣无所求；宁静而致远，唯有菜根香，那是何等怡然，何等恬淡，何等安生，何等悠然的境界啊！可这些不服老的老文人、不愿老的老学者、不承认老的老权威，因为有过名声而且响，落下自视甚高的后患；因为出过风头而且足，坐下害怕冷落的病根。于是，一不甘于老死牖下，而五脊六兽；二不甘于无人问津，常心急如焚；三不甘于湮灭无闻，便抓耳挠腮；四不甘于永远沉沦，就上蹿下跳。正如唱完了戏，不肯卸装下台，还要荒腔走板唱两句的蹩脚演员，令人大倒胃口一样；正如踢完了球，不肯退出赛场，还要趔趄歪斜踢两脚的三流球员，让人大煞风景一样。

有一位知名于清朝末年、民国初年的大文人樊樊山，这位老先生的晚年，就是那段历史终结期间，经常泛起作秀、经常不安于位、经常闹些名堂、经常洋相百出的闹者。樊樊山，即樊增祥，生于1846年，死于1931年，湖北恩施人。字嘉父，号云门，又称樊山居士。此人享年85岁，可谓高寿，可无论当时，无论后来，对这位老文人，尊敬者少，不敬者多。因为此公留在世间的第一印象，就是他最后数十年间不停的表演。尤其，入民国以后，年近古稀的他，一面标榜遗民的志节，一面捞取新朝的好处，为了谋得一个民国政府的参政差使，既求其高雅之身份，更图其丰厚之俸禄，竟不顾脸面，行事不端，更首鼠两端，上下其手，颇受当时社会訾议，士林咸以此公无耻。

不过话说回来，在旧中国，一个能闹腾得上下皆知，左右不安，来去从容，进退自如的文人，绝非等闲人物。

他自幼苦读诗书，十七岁乡闱中式，光绪三年，时年三十二岁，上京会考，中进士，授庶吉士。随后进入仕途，从渭南知县起家，累官陕西、江宁布政使，还当过几天护理两江总督。在文坛上，他师从李慈铭；在官场上，他崇奉张之洞。庚子事变慈禧、光绪逃往西安，那母子俩谢罪国人的罪己诏，就出自他的手笔。他是个有真学问的文人，工于诗，为晚清高产诗人；也是个有真才干的官员，擅刑名，其治狱判牍为世所称。

据陈赣一的《新语林》，樊增祥在七十岁以前，从政为干练之吏，作文为一时之俊，而且还是一个人长得很帅，官当得很好，字写得很棒，诗做得很多的风头人物。第一，他的形象，"樊云门眉宇轩骀，须发未白，望之如四五十许人，而其年已逾古稀"。第二，他的政声，"历官陕西宜川、渭南诸大邑，疾恶如仇，听讼明决，有仲由折狱之长，杂曼倩诙谐之笔，良善者有所劝而无情者不得尽其辞，凡对簿公庭莫不相悦以解，世比之海刚峰、陆稼书"。第三，他的捷才，"近人赋诗之速者首推樊樊山"，"樊樊山才思敏捷，下笔千言。其师张之洞七十诞辰，樊尽一日夜之力撰骈文二千余言寿之。有句曰'不嘉其谋事之智，而责其成事之迟，不谅其生财之难，而责其用财之易。’张阅至此段，掀髯笑曰：‘云门诚可人也，二百年来无此作。’”

他最令人惊叹的，就是此公诗作丰赡，多达三万首，他是清代居乾隆之后的第二位多产诗人。就算他从二十岁写起，到八十岁搁笔，年平均五百首，日平均一首有半，也是让人不得不折服的。据陈衍的《石遗室诗话》：“樊山生平以诗为茶饭，无日不作，无地不作……论诗以清新博丽为主，工于隶事，巧于裁对，见人用眼前习见故实，则曰‘此乳臭小儿耳’。所做七律居其七八，次韵叠韵之作犹多，无非欲因难见巧也。”又曰：“樊山诗才富有，欢娱能工，不为愁苦之词。自言少喜随园，长喜瓯北，请业于张广雅、李越缦，心悦诚服二师，而诗境并不与相同，自喜其诗，终身不改易辙，尤自负其艳体之作。”又曰：“樊山生平以诗为茶饭，无日不作，无地不作……尝见其案头诗稿，用薄竹纸订一厚本百余叶，细字密圈，极少点窜，不数月又易一本矣。”在高拜石的《光宣诗坛点将录》中，也有类似说法。樊氏殁后，“遗诗三万篇”，蔚为诗坛文豪。

数十年遐迩知名，领风骚晚清文坛的这个樊樊山，入了民国，虽然非官非民，仍是士林聚焦之才子，虽然无官无职，仍是朝野瞩目的要人。一个才子，一个要人，让他从此杜门谢客，闭关守拙，在北京前门外打磨厂的寓所里，赋闲至死。看别人花红柳绿，自己坐冷板凳，看别人吃香喝辣，自己啃窝窝头，岂不要逼得他发疯？当代那些江郎才尽的作家，那些腹中空空的诗人，哪怕一辈子连响屁不曾放过一个，到了写不动，写不出，更写不好的晚年，也不肯退出文坛的。而樊樊山，三万首诗，饮誉京师；满腹文章，风流蕴藉；年虽古稀，精神癯铄；前清遗老，民国新贵；这些本钱，是他老人家不能退出历史舞台的原因。一个人的基因、性格，决定其命运走向，一个人的毛病、缺陷，影响其精神动态，樊樊山绝不是一盏省油的灯，注定了非闹不可。

此老当然要闹，不闹白不闹。一个吗也没有、屁也不值的拆白党，就靠胡吹海嗙，投机倒把，而沐猴而冠，而祖坟冒烟者；一个"山间竹笋，嘴尖皮厚腹中空；墙头芦苇，头重脚轻根底浅"的文化人，精于作秀，勇于炒作，而人五人六，满身朱紫者，无论过去，无论现在，还是将来，都会是屡见不鲜的事情。而樊樊山以他的实力，再加上他造势之功夫，请托之力度，走动之勤快，马屁之响亮，到底拿到民国政府的参政一职，也是瓜熟蒂落，实至名归的结果。前门外的打磨厂，是条不长的胡同，因老爷子一朝得意，满巷春风，顿时间也车水马龙地热闹起来。

可是，一些前朝人士对其变节行为，大不以为然。叶昌炽的《缘督庐日记》甲寅五月初六，就有这样一条记载："闻樊山已应聘，旧人新官，从此一钱不值矣"，便是代表性的舆论了。樊樊山老脸皮厚，才不在乎别人抱何等看法。要知道，当过官员，尝到权力的甜头，必恋恋不忘官场；做过文人，领教名声的诱惑，必不舍淡出文坛。不甘寂寞，不甘冷落的樊樊山，背大清而投入民国怀抱，乃是其投机取巧的天性所致。老派人物的诟议，在他看来，这个既尊荣体面，又名高望重，既上达天听，又下视群伦的差使，可不是一钱不值，而是一本万利的买卖啊！

袁世凯本非善类，其老奸巨滑，其贼精狡诡，连孙中山都被他玩儿了，能被区区樊樊山这个糟老头子忽悠住，也令人费解。其实，袁的幕僚建议首选文人为参政者是王湘绮，而王湘绮也果然从上海启程北上就职。这个樊樊山眼急手快，抢先一步，赶到火轮船上以大义劝阻：您可不能去，一去就是贰臣；再则，那袁大头是能成事的主吗？王湘绮一想有理，遂弃舟回府。袁世凯见王不买账，退而求其次，樊就得到梦寐以求的美差。

首先是樊樊山那张能将死人说活的嘴巴，猛灌米汤，猛上眼药，袁大头一介武夫，哪禁得起他溜须拍马的超级舌头，哄得五迷三道，诓得七荤八素。连袁家几个公子，如袁克定、袁克文之流，喝酒看戏，吟诗作对，品评优伶，粉墨登场，也都给搞定了，在老子耳边说樊的好话。其实最主要的，是中国的统治者，无不附庸风雅，无不自命风流，无不要在诗词歌赋上露两下。袁当然明细，乾隆的诗，臣下代笔者多，枪手捉刀者多，出于御笔者少。樊的三万首，虽非上乘，全系自撰，作为洪宪皇帝的他，自然要物色一个货真价实的御用文人；樊樊山更明细，你袁项城登上九五大位，若要舞文弄墨，粉饰升平，若要逢场作戏，吟风咏月，能陪陛下唱和联句者，舍我其谁？

于是，狼和狐一拍即合，沆瀣一气。

据刘禹生《世载堂杂忆·樊樊山之晚年》："袁世凯解散国会，设参政院，搜罗清旧臣，国内名流，特聘樊樊山为参政院参政。樊樊山亦刻意图报，故参政谢恩折有云：'圣明笃念老成，咨询国政，宠锡杖履，免去仪节。赐茶，赐坐，龙团富贵之花；有条，有梅，鹃神诗酒之宴。飞瑞雪于三海，瞻庆云于九阶。虽安车蒲轮之典，不是过也。'"樊用了"安车蒲轮"这个典故，马屁拍得就太露骨了。此典故出《汉书·武帝纪》，车轮用蒲草包裹，迎送德高望重之人，以防颠簸，表示优礼有加的意思。樊一方面将袁比作汉武帝，一方面水涨船高地抬高自己。在座者无不感到肉麻，但洪宪皇帝却很受用，立刻"谦樊樊山诸老辈参政于居仁堂，谦毕，游三海，手扶樊山，坐于高座团龙缕金绣牡丹花椅上，樊山视为奇荣。大雪谦集瀛台，举酒赋诗，世凯首唱，樊山继之曰《瀛台诏宴集》，故谢恩折及之"。袁世凯这一扶，樊樊山受宠若惊。回到打磨厂寓所，兴奋得夜不能眠，赋长诗一阙，其中有句曰："长安大雪一昼夜，金鸡鹃为白鹭鸶。闭户索句陈无已，慕三公者宁非痴。上殿昨用故人礼，严光无改羊皮披。归来得诗即属和，老翁酣戏犹童儿……"直到东方既白，老爷子还摇头晃脑，吟哦不辍，喜不自禁，窃窃而乐。家人以为他撞了邪，要驱秽气。

这也不足为奇，无论何时，无论何地，只要沉渣泛起，无不伴着难闻气味，令人掩鼻的。

然面，好景不长，袁世凯当了83天的"中华帝国大皇帝"，就宣布退位。樊樊山也随着袁的垮台而从参政的高位摔下来。按人情之常，樊与袁如此投契，袁对樊如此高抬，至少也应该做出同进退的姿态，从此退出政界，不蹚浑水，也让人对樊的人格有些许的尊敬。可这位大清王朝第二高产诗人，他看到黎元洪当临时大总统，弯子转得比谁都快，马上改换门庭。原来挂着的洪宪红日旗，也改为共和五色旗，老爷子既不做大清王朝的臣民，也不做洪宪皇帝的部属，而要投奔革命，走向共和了。"美不美，家乡水，亲不亲，故乡人"，樊樊山从这句民谚里，看到了希望，看到了光明。

他以同乡前辈的身份，给黎黄陂上书："大总统大居正位，如日主中，朱户重开，黄枢再造，拨云雾而见青天，扫欃枪而来紫气，国家咸登，人民歌颂，愿效手足之劳，得荷和平之禄。"恭维一通之后，狐狸尾巴露了出来："如大总统顾问、谘议等职，处栖一枝，至生百感。静待青鸟之使，同膺来凤之仪。"黎元洪对他这位老乡，半点不感兴趣，而且相当反感，将这封伸手要官的信，让在座的人传阅，无非是当作笑话看的。并且说："看，这个樊樊山又在发官瘾了。"有人问，"你拿他怎么办？"黎元洪一瞪他那大眼珠子，"不理！不理！"

等候佳音的樊樊山，在打磨厂寓所里，总竖着耳朵倾听，是否有人拉他家的门铃。那时没有手机，不能发短信，只好干等。十天半月过去，他实在沉不住气了，托人去打探。这就是老而不知其老，老而失去自知之明的讨没趣了，竟然不顾面皮，腆颜责询，袁世凯请我做参政，为什么就不能当你的顾问？黎元洪反唇相讥，我不是汉武帝，也不是汉光武，你为什么不找他们去要官做？据刘禺生《世载堂杂忆》："元洪严词拒之，且加以责难。樊山恚甚，又函致元洪，大肆讪骂。"黎元洪收到这封骂他"自惭无德，为众所弃，唯有束身司败，躬候判处"的信，一笑，又交给在座的人传阅。大家也都觉得这个樊樊山，一不知丑，二不知耻，忘乎所以，也太能闹了。为省心计，有人建议，干脆每月支给他一点薪金算了。黎元洪还是老一套，瞪眼珠子，"不给！不给！"

老先生着实郁闷了好一阵子,幸好,军阀统治的北洋政府,是一个狗咬狗一嘴毛的政权,段祺瑞赶走黎元洪,冯国璋代理两天总统后,北洋大佬徐世昌被推到这个位置上。因为徐世昌为前清翰林,号水竹村人,发起"晚清簃诗社",与林琴南、王国维唱和,乃诗、书、画俱晓的通家。樊樊山一看此公上台,大喜过望。一是名儒,二是同道,必有空子可钻。立刻使出看家本领,不知写了多少阿谀奉承的诗篇,献给这位新科大总统。文人起家的徐世昌,到底与行伍出身的黎元洪不同,颇有些雅量,晓得此人讨厌,可也不愿惹他,官虽不给他做,但钱倒是按月支付的。这不明不白的既非束脩,也非薪俸的百十块大洋,前门外打磨厂的樊府,又成为市井小民饭后茶余的笑料谈资。

"民国七年徐世昌任总统,樊山又为贺表。京师遍诵其贺函,且目为三朝元老。予友陈颂洛,搜集北京旧物之有关掌故者,曾在徐世昌家获得樊山亲笔贺文,并媵以诗云:'明良元首焕文阶,会见兵戈底定来。四百余人齐署诺(两院议员四百余人),争扶赤日上金台。''南北车书要混同,泱泱东海表雄风,七年九月初三夜,露浥槃珠月帐弓。'曲尽颂扬之能事。"(据刘禺生《世载堂杂忆》)

由袁世凯,到黎元洪,到徐世昌,这位不甘没落的老文人,一而再、再而三地沉渣泛起,也一而再、再而三地贻人笑柄,其匪夷所思的执着不二,其没完没了的死不罢休,也许确实与他上了年纪有关。人一老,表现有二,其一曰木,其二曰呆。为什么木?思维僵化;为什么呆?反应迟钝?为什么思维僵化?是脑细胞在萎缩;为什么反应迟钝?是感觉神经在失灵。

于是，他只能记住他想记住的东西——光荣，而忘记了他绝对不应该忘记的东西——缺失。

说到底，文人的没落，是再正常不过的事情。樊樊山的三万首诗，与他满洲主子乾隆的四万首诗，像插在历史照相簿的夹页中，那一张张发黄褪色的照片，除了收破烂的、淘古董的感兴趣，除了到潘家园旧货市场光顾者，再也无人问津。这也是绝大多数文人的最终宿命，谁也难以逃脱。不管你老人家生前如何声名鼎沸，如日中天；不管你老先生死前如何张牙舞爪，努力抓捞；不管你老前辈活着时爬得多高，混得多红；不管你老爷子健在时面子有多大，脸皮有多厚，死了死了，死即是了，这是颠扑不破的真理。

当一位作家离开这个世界以后，他的那些曾经掌声雷动，曾经满城传诵，曾经上排行榜，得文学奖，曾经封为不朽，誉为绝响的作品，其保鲜程度，其耐久程度，怕是比不上罐头食品的保质期长。很多情况下，作家还在，作品已死，送到造纸厂化为纸浆，再生为擦屁股的手纸，也是这多年来屡见不鲜的事情了。

大幕即将落下，阁下的戏已经演完，那就没有必要，再从大幕缝中挤出一个脑袋现眼了。所以说，一个文人，倘不自量自尊，无论做什么样式的沉渣泛起，除了搞笑外，屁也不顶。

谭嗣同与菜市口

那是一个冬日的小阳春，我从报上得知，琉璃厂海王村的中国书店在出售一批旧书，遂去到那里。翻了半日，凡想买的书，定价都偏高；便宜的书，又不值得买。这样，乘兴而去，兴尽而返，因为空着手，而且时间富裕，便信步往虎坊桥走去。

自打两广路修成以后，一年有余，尽管有时坐车路过，但匆匆一瞥，未暇细品，常以为憾。趁着雪后新霁，空气清新，便迈开老腿，打算一步步地体味一番。俗话说"走路""走路"，大概只有走，安步以当车，用自己的脚问候大地，才能找到这条路的具体感觉。

真是变化万千啊！

说老实话，走在这条极其敞亮，极其光鲜的展得特宽的新马路上，恍若来到陌生地界。如果不是一些老字号的牌匾，一些公交车路的站名，提醒我这是原来的骡马市大街，原来的果子巷，原来的米市胡同，等等，几乎不敢认了。尤其，沿途不少旧房子拆掉，新房子未盖，已经面貌全非的工地，站在那里，难辨东西，焉知南北，举步迟疑，不觉踟蹰。

由此可见，北京市在旧城改造方面，决心之大，魄力之大，动作之大，因而，城市面貌变化也着实是非常之大。不知不觉间，明代权奸严嵩题写牌匾的中药店"西鹤年堂"四个大字，映在眼前，金碧辉煌，阳光灿烂，自然，这就是菜市口了。

菜市口，可是一个拥有特殊历史的地段。

其特殊，因为它曾经是近代史上，拥有很大知名度的秋决场所。由于春夏季节，草木萌发，而到了秋冬季节，则万物肃杀，所以古代行刑，选择秋天，也是适应天时的这种变化。明朝秋决的刑场，在今西四牌楼一带，而清朝则改在菜市口，因而成为京城一景。清人和邦额《夜谭随录》："适过菜市口，值秋决，刑人于市，阻不得进。"但眼前焕然一新的菜市口，已是繁华喧闹的商业区，不但没有当日刑场肃杀的气氛，连前些年南城的萧条痕迹，也看不出来了。

然而，谈大清朝，不能不谈杀人；谈杀人，不能不谈菜市口。这些年来，电影、电视剧中的清宫戏，长篇小说中的清代帝王题材，用得上"泛滥成灾"这句成语来形容，这也给菜市口做足了广告。于是，这个原来矮趴趴、拥挤狭窄的丁字街，借着秋决的血腥镜头，遐迩闻名，世人皆知。与英国伦敦泰晤士河口塔桥旁那座16世纪的监狱，成为东西方世界两处酷刑文化的重要遗址。

我记得1949年秋天来到北京，住在国会街老北大的工字楼。有人告诉我，出宣武门，一路往南，就是当年戊戌维新六君子殉难的刑场。于是，我想起六君子之一的湖南浏阳人谭嗣同，被慈禧太后抓起来，并在大牢里，写在狱中墙壁上的一首诗。

望门投止思张俭，忍死须臾待杜根。

我自横刀向天笑，去留肝胆两昆仑。

诗中的张俭、杜根都是东汉名士。张俭因党锢之祸，被迫逃亡，但人们景仰他的高风亮节，都冒着危险收留他。杜根因为触怒邓绥太后，被命摔死，但行刑者出于同情，虽摔而不死，而活了下来。谭嗣同的诗，反映戊戌维新失败以后，他之慷慨就义，以鲜血和生命唤醒麻木国人的牺牲，与康有为、梁启超所采取的流亡海外，重图再起的策略不同。他诗中的张俭、杜根，正是这些维新党人失败后的两种不同的应对方式。这位湖南汉子，所以要去留下肝胆，化为巍巍昆仑，也是对于这个国家，这个民族的贡献。

在中国封建社会中，任何一次改良运动，最后无不以失败告终。这次康梁戊戌变法，因前后历经一百零三天，而又被称之为百日维新。公元 1898 年 6 月 11 日，光绪颁布《明定国是诏》，宣布变法自强，便接连发出开学堂、停科举、办实业、练新军的新政。西太后对他们迫不及待发出的一系列未经她首肯的改革措施，当然不满，而被种种改革措施所触动，害怕失去一切的保守派、顽固派，尤为不满，6 月 14 日，住在颐和园的慈禧，禁不起这帮守旧势力的哭诉、告状、小报告、咬舌头，老太太第一手，赶走光绪的老师翁同龢；第二手，安排荣禄为直隶总督兼北洋大臣。

9 月 18 日，谭嗣同走了一着险棋，与袁世凯密谈，某种意义上是寄希望于这位手握新军实力的将领，实施政变。袁世凯是什么东西,他马上向荣禄告密;荣禄又是一个什么东西,马上向西太后报告。知识分子的最大弱点,就是理想加幻想,就是自信加轻信。老太太当下软禁了光绪,这回岂止是不满,而是愤恨,9月20日逮捕新党,康有为逃脱,梁启超避难日本公使馆。9月21日西太后"临朝训政"。维新变法宣告终止。

谭嗣同本有逃脱的机会,不知因何,他以承担一切的大无畏姿态,9月25日,于浏阳会馆被抓。

三天之后,9月28日他与林旭、杨锐、康广仁、杨深秀、刘光第等"六君子",押赴菜市口刑场,未经审讯,直接砍头,英勇就义。据民国姜泣群《朝野新谭》:"圣旨下,将六人从狱中提出,上堂点名,并不讯供。饬令登车,刘光第曾任刑部司官,知事不妙。亟询承审官为谁,我至今未曾认得康有为,尚可容我申辩否?众曰不必言矣。乃径解赴菜市口。由提督衙门派来哨弁兵役二百人护之行,抵法场三下半钟。先杀康广仁,次谭嗣同,次林旭,次杨深秀,次杨锐,次刘光第。事毕已薄暮矣。……菜市口距广东会馆最近,康广仁死后,粤人竟莫敢过问。谭嗣同、林旭殓俱迟。……谭嗣同死不瞑目,李铁船京卿慰之曰:'复生头上有天罢了。'"

康广仁便衣无服,被杀后刽子手将其首抛之极远,林旭穿补服未挂珠,余均便衣。杨锐血最多,刘光第至死呼冤,杀后点血俱无,但觉有白气一道冲出。刽子手曰:"是实大冤枉者,方如此白气上冲,其神上升于天也。"

谭嗣同(1865—1898),字壮飞。湖南浏阳人,生于北京。其父为湖北巡抚。因为童年患时疫险死得活,又号复生。他的妻子李闰在他就义后,以其《狱中题壁》之"忍死须臾待杜根"句，自号"俄生"，其悼亡诗，极悲怆。"盱衡禹贡尽荆榛，国难家仇鬼哭新。饮恨长号哀贱妾，高歌短叹谱忠臣。已无壮志酬明主，剩有俄生泣后尘。惨淡深闺悲夜永，灯前愁煞未亡人。"

临刑时，谭嗣同从容慷慨，激越豪壮，只说了十六个字："有心杀贼，无力回天，死得其所，快哉快哉！"

我在想，当谭嗣同戴着枷锁，在槛车里，向围观者大呼时，希望得到觉醒的回应，希望听到愤怒的反响，希望看到同情的眼光，希望他的血没有白流……然而这班一脸亢奋的观众，会有什么呼应吗？他们只对马上就要砍掉的头颅感兴趣，而对这位革命先驱的豪言壮语，绝对是无动于衷的。本意以一死令国人警醒的这位革命者，其最大悲哀，莫过于他脑袋被砍掉时，京城市民的无动于衷了

19世纪40年代末，这座城市，南城一带，居民稀疏，街市冷清，破房旧院，路窄巷挤，很难想象清末百姓的民谣，"到菜市口看杀人去"时，那万人空巷的场面，竟堵塞在这样仄隘湫陋的地段，不免为烈士临终场面之局促、之龌龊，感到窝囊。对好看热闹的中国人来说，戏文是主要的，角儿更为主要，至于戏园子的好赖，是无所谓的；京剧翻译成英文，叫作"Beijing Opera（北京歌剧）"，尽管北京歌剧出现过梅兰芳等许多名演员，而大清朝历经三百多年，民国又历经三四十年，这座城市从来没有一间像点样子的戏院。这就是北京人既能穷讲究，又能穷凑合的习性了。

几百年来，他们很满足这份厂甸庙会式的看杀头的娱乐，这份不花钱、不打票的血淋淋的真实场面，这份可供好

些日子里，饭后茶余，对被杀头者或褒或贬的说话由头。挤就挤吧，挤着热闹；杀就杀吧，杀头好看。至于杀谁、谁杀，为什么杀，为谁而被杀，这些看戏的老百姓们，是不去想的。

谭嗣同一生觉悟追求，力主挽危图强，锐意改革维新，矢志献身中华，哪怕砍头，也死不瞑目。这最后一句令其闭上眼睛的抚慰之语，告诉冤魂"头上有天"，其实在那个昏天黑地的王朝末日里，上既无天，下也无地，那些看热闹者的浑浑噩噩，其实倒是对革命者苦心孤诣的暗讽。不过由此倒也证明，作为先知先觉者，与那些后知后觉的民众之间，确是存在着不被理解的鸿沟，这才是他九泉下无法排遣的寂寞和苦恼呢！甚至，一个世纪过去，又有多少人在菜市口时，会想起封建社会中，中国知识分子的这场百日维新，士子们的最后的孤注一掷呢？

然而，1898 年，六君子之死，清廷的丧钟随之敲响；1911 年辛亥革命成功，从此，菜市口作为行刑开杀的法场历史，也就结束。但是，回顾三百多年的大清王朝，那刽子手的大刀片儿，到底在这里砍下了多少人头，恐怕是永远也统计不出的数字了。

1949 年秋天的一个傍晚，我为了寻找这段并不久远的历史，竟无人指点得出杀场何在，而更多的人颇讶异我的好奇。也许那时革命成功，建国在即，对于改良主义的失败者，懒得提它，不屑提它，大家竟十分生疏起来。颇费几分周折，才打听到"我自横刀向天笑"的谭嗣同掉脑袋的地点，已无任何标志，更甭说纪念物了。

想到那些抛洒在菜市口的血，对于甚嚣尘上的、几成定论的康雍乾三朝，为中国历史上最兴旺繁荣的盛世说法，很不以为然，相当不以为然的。窃以为这是一些急功近利者，故作惊人语，说得太过头的大话。

事实并非如此，这三位皇帝，在奠定中国的一统局面，划定国土的疆域版图上，是做出巨大贡献的。然而，盛世二字，是加冕不到他们头上的。

第一，在经济上，并未达到汉代孝文、孝景年间"都鄙廪庾皆满，而府库余货财；京师之钱累钜万，贯朽而不可校；太仓之粟陈陈相因，充溢露积于外，至腐败不可食"的丰足。

第二，在政治上，也不曾达到唐代贞观年间，"终岁断死刑才二十九人，东至于海，南极五岭，皆外户不闭，行旅不赍粮，取给于道路焉""帝亲录系囚，见应死者，闵之，纵使归家，期以来秋来就死。仍赦天下死囚，皆纵归，使至期来诣京师。……（次年）去岁所纵天下死囚凡三百九十人，无人督帅，皆如期自诣朝堂，无一人亡匿者"的清明。（以上均见《资治通鉴》）

第三，公元1662年至1796年，闭关自守的康雍乾三朝，故步自封，自以为是万邦来仪的中央之国，老大自居，维护传统的农本主义，不求进取，拒绝整个世界的变革潮流，这才是他们最大的甚至是不可饶恕的失误。16世纪起，资本主义发展较早的西欧国家，采取重商主义，已经积极向外拓展，而且人文精神的张扬，自由思想的提倡，促进科学技术的发达，处于方兴未艾之势。而康雍乾三朝，一以贯之的是一种少数民族统治者的防范心理，偏窄心态，对民众实施严密的极权统治，对士子进行严酷的文化钳制，对海外保持严锁的封闭格局，对汉人精英分子加以极其严厉的，无所不用其极的镇压，尤其可怕的，是最广泛、最深入、最彻底、最持久的"奴才"教育，使得中国人，都成了失去思想，失去活力，失去神气，失去自我，永远匍匐在地，永远不敢抬起头来的磕头虫。

甚至，到了18世纪中叶，近邻日本开始明治维新，而康雍乾三朝的继承人，仍以祖宗规矩不可改变的死硬，顽固抵制以大机器生产和广泛采用蒸汽动力为标志的工业革命，贻误良机，磨耗时光。直到列强用坚船利炮，敲开国门以后，才明白所谓的"盛世"光景，所起到的历史作用，只是使中国落后于欧洲一个半世纪。

人们不禁要问，何盛之有？

时下一些作家，一些编导，伪造历史，鼓吹圣明，掩盖真相，胡编乱演，热衷于推销清代帝王题材，这种见钱眼开的商业行为，倒也不值得当回事。最令人匪夷所思的，莫过于一些清史专家，应该是有学问、有识见的人，也跟着罔顾史实，颠倒是非，大弹康雍乾"盛世"高调，颇令人质疑其实用主义的治史学风。

"在齐太史简，在晋董狐笔"，这些文天祥《正气歌》中耳熟能详的诗句，秉笔直书，据实求真，不附不阿，严谨审慎，至少是为史者最起码的操守哇！尽管冷板凳成为热板凳，也不能为了吃满汉全席，便歪嘴净拣好听顺耳的话说，这不正应了胡适所言，历史是一个任人打扮的小女孩儿吗？

这也是北京人，或者中国人，只注意台上的戏子，而不注意破烂戏园子的整体环境，以偏概全的毛病。这些清史专家就是闭眼不看，也不承认这三朝，其实很不怎么样的，无论如何够不上盛世的败象。正如这一时期最伟大的作家曹雪芹在《红楼梦》一书中描写的贾府一样，外面看起来轰轰轰烈烈，其实，内囊早尽上来了。

但16世纪前后，在最初的起跑线上，中国那时的国力，差不多相当后来成为殖民国家的英、法、德、葡、意的总和。因此，彼时的西方世界，还是很在意东方的中国，不敢怠慢的。对这个庞然大物，认为是举足轻重的存在。因此，雍正登极，教廷连忙派人，不远万里，前来北京，祝贺这位皇帝登基。大典过后的1725年，雍正三年的冬十月，罗马教皇的特使，要归国复命了。这位新皇帝，刚刚铲除掉他认为尾大不掉的年羹尧将军，心情相当不错，特地接见来自罗马的使节，并颁布了一纸敕书，交其带回。

西洋寓居中国之人，朕以万物一体为怀，教以谨饬安静。伊等果能慎守法度，行止无愆，朕自推爱抚恤。兹赠妆缎、锦缎、大缎六十匹，次缎四十匹。（《清通鉴》）

就是这样，你越说他胖，他越喘；你越巴结他，他也越自觉了不起。文书中那盛气凌人的大皇帝口吻，很难用最起码的外交礼貌来衡量。雍正以为是唐太宗李世民，是那个真正盛世的天可汗呢！

那时的中国，真强，可开始由强而弱；那时的西方，真弱，但开始由弱而强，这就是16世纪的唯物史观。套用"文革"间一句口头禅，他们一天天好起来，我们一天天烂下去。

就在雍正登极这年，资产阶级政治经济学的创始人，资本主义理论的奠基者，亚当·斯密出生在英国。16世纪的伦敦天气，应该和今天没有什么不同，那类似北京南城古刑场菜市口的伦敦塔，院子中间的断头台，院子外塔山上的绞刑架，尽管继续处决人犯。但莎士比亚时期那种在伦敦桥上用长长的铁矛，插着被枭首的头颅，以警吓市民的做法，已不再执行。

他们开始把人当成人，然而，在东方，仍旧不把人当成人待。雍正三年十二月辛巳（十八日），一位名叫汪景祺的文人被"弃市"。

那时在北京，只要"弃市"，就是押往菜市口杀头。雍正嗜杀，当然，康熙和乾隆也并不少杀，不过，雍正更残忍更可怕些，手段和花样也更促狭更阴损些。这次杀汪景祺，大家原以为看一场热闹，随后作鸟兽散，回家喝二两，庆幸自己脑袋还在脖子上，也就罢了。谁知到得菜市口，才晓得花头精多的雍正，又出了新点子。朱批上还有"立斩枭示"字样，这个"示"字，什么意思呢？臣僚们琢磨了半天，才明白，不光要砍下脑袋，还要把这颗脑袋悬挂在菜市口示众，也就是公开展览。

枭首砍头，戮尸燔骨，这是康雍乾三朝时不乏见的场面，然而像雍正如此忮刻酷暴，将汪的头颅一直挂到他驾崩，也没说一句免了、去掉、拿下的话，在中国文人受迫害的全部历史上，还真是少见的暴虐。

菜市口大街上挂着的这颗头颅，直到乾隆上台，左都御史孙国玺才敢上书，认为："京师为首善之区，菜市口又京师之达道，枯骨中途，髑髅上悬，不惟有碍观瞻，且不便牵车服贾之辐辏，亦有碍商旅行贩之交通……"这样，才恩准将这颗风吹雨淋，鸟啄雀粪，朽烂腐毁，形质不存的颅骨，择地掩埋。

然而，当19世纪，严复以《原富》书名，将此书译为中文问世，介绍到中国，适值他的维新同志谭嗣同、康广仁等六君子，在菜市口被砍掉脑袋的日子。

三百年原封不动的大清王朝，现在所差的，恐怕就是在尸首脸上盖一张纸，给棺材钉上最后一根铁钉了。

严复翻译《原富》时，著《斯密亚丹传》，他曾经说过："顾英国负虽重，而盖藏则丰，至今之日，其宜贫弱而反富强者，夫非掊锁廓门，任民自由之效欤？"这句话极其深刻，一针见血，值得深思。试想，康雍乾三朝，锁不掊，门不廓，民不自由，而且还是一个动辄把知识分子，把民族精英，送到菜市口去枭首示众的政权，能成盛世，实在是很难想象的。

梁鼎芬的孤直

一

一个人能理直气壮喊出来"我就是我"，应该为他鼓掌。

"我就是我"，说起来轻巧，做起来却并不容易，尤其一直坚持到底，不管别人否定、反对、骂娘、拂袖而去，"我就是我"，不变初衷，那是很难很难的。社会如网，人生似缕，在其中的你，想绝对不被波及牵动，想绝对不受左右影响，几乎是不可能的。李白有诗："吟诗作赋北窗里，万言不直一杯水。世人闻此皆掉头，有如东风射马耳。"很提气，也很给劲。可是这位唐朝第一号诗人，他的一生，实际未能完全做到"我就是我"。由于有了这样或那样的私念，就不能"我就是我"，而违心地做出别人认为应该这样，或者不应该那样的改变。他为之很郁卒，最后投江而死。

因此，民国初年北京城里，曾为逊帝溥仪师傅的晚清遗民梁鼎芬，他那"我就是我"的精神，就很值得高看了。

虽然他活着的六十年，被世人目为"梁疯子"；虽然他死后的百余年，仍有人以"怪物"视之。但是，此公从大名鼎鼎开始，一直到寿终正寝为止，他那晚清第一保皇党的实质，可谓"吾道一以贯之"；他那死不开窍的花岗岩脑袋，可谓"万变不离其宗"。其执拗，其别扭，在北京城里，堪称地道的"一根筋"。无论风口浪尖之上，抑或众目睽睽之下，这位断不了制造出烈烈轰轰的新闻人物，我行我素，我山我执，"我就是我"，从来不变，这是实在了不起的。

对绝大多数人而言，一时一事，大概可以做到"我就是我"的；一生一世，就绝对做不到"我就是我"了。所以，梁鼎芬确实是这个大千世界中的难得一见的人物。他这一辈子认准两条，说起来倒很简单，一是大清王朝万岁，二是光绪皇帝万岁，乃绝对顽固的原教旨主义者。你可以不赞同他的愚忠，但你对他愚忠至死，死了以后，还要埋在河北易县清西陵的梁格庄，守望着光绪崇陵的一抔土中。他的目标明确，生生死死不变，活着保皇，死后保皇。他的意志坚定，自始至终如一，我就是我，死硬到底。

梁鼎芬一生，不断受到浮谤非议、恶言秽语的滋扰，时刻陷在芸芸众生的讥刺嘲笑之中，其原因说来倒也并不复杂。因为数千年来的中国人，已经习惯于孵豆芽那样的生长方式，努力做到一致、一律、一齐、一般，是木桶里每一根豆芽菜的终极使命。你不能各色，你不可异端，你不该出头，你不应特殊，也就成了每一根豆芽菜的戒律。因此，"我就是我"的梁鼎芬，第一不买账，第二不听邪，第三不按常规出牌，第四不进盐酱，这就让那些循规蹈矩的、按部就班的、克己复礼的、磕头作揖的豆芽菜相当忌恨。所以，说风凉话、看乐子取笑者有之，饭后茶余、当下酒菜消遣者有之，看他倒霉，而咧嘴大笑称心者有之，甚至，得机会踹上一脚、啐上一口者也有之。

中国人恨别人成功，怕别人出头，嫉妒别人的名声超过自己，胜过自己，担心别人的光彩遮住自己，掩没自己。所以，再没有比看到别人被杀、被关、被批、被斗，被恶心，被糟蹋，被啐口水，被踏上千万只脚，而自己安然无恙，能给豆芽菜们带来的超越感和幸福感了。

梁节庵就因其"我就是我"，有别于绝大多数豆芽菜而不合时宜，成为被嘲笑的历史人物。

二

梁鼎芬（1859—1920），字节庵，号星海，广东番禺人。自幼失怙，赖亲戚抚养，得以成人。从小就以天资聪颖，才禀出众而名闻乡里，成年后更以腹笥丰赡，博学多识而声震一方。光绪二年（1876）乡试，他18岁，即中举人。光绪六年（1880）会试，他22岁，又中进士，是科场发达较早的年青才俊，可以想象他的得意。随后，殿试点翰林，散馆授编修，享七品衔，少年得志，暴得大名，那就更牛了。唐代进士及第，例行曲江宴的风光场面，清代大概也有吏部摆宴的类似举动，作为天子门生，嗜酒善饮的他，该是多么风光、风头、风流了。

何况他也确实不弱，自有他骄傲的本钱：第一，诗写得不错，汪辟疆《光宣诗坛点将录》云，"其髯戟张，其言妩媚。梁髯诗极幽秀，读之可令人忘世虑，书札亦如之"。第二，字写得漂亮，麦华三《岭南书法丛谈》云，"笔力则力透纸背，而墨彩则凸出纸上，秀逸之气，扑人眉宇，匪唯用笔之精，兼处用墨之妙"。第三，楹联，中国文人最爱玩弄的文字魔方，他也很拿手。"独坐须成霜，那有高名惊四海；多年襟似铁，勉修苦节过余生"，这副楹联，大概是他晚年的手笔了，看得出来，对于豆芽菜们折磨他不痛快的一辈子，很是感慨系之。不过，诗好，字好，对联做得好，也非任何一个文人，都拥有如此基本功。因此，折磨归折磨，牛归牛，自信、自大、自恋、自负的他，浑不在乎别人怎么看怎么想，"我就是我"，益发张狂。

翰林院是个清水衙门，知识分子扎堆，在没有出任有油水的官职之前，只好坐冷板凳。而冷板凳坐久了，屁股就痒痒，难免满腹牢骚，于是，笔墨问政，议论风生，说长道短，纠弹时弊，清流自任。梁鼎芬在这样一个大环境下，飞文染翰，饮酒纵诗，恣意放肆，挥斥方遒，自然不让侪辈，遂也成为一个目无下尘的清狂分子。要知道文人凑在一起，你狂，我比你更狂，你闹，我比你更闹。你不服我，我不服你，乃是一种时尚。很快，梁鼎芬就显现出来与豆芽菜们的不同，还不到 25 岁的他，开始蓄须。二十出头的光鲜年纪，留一部于思于思的大胡子，难免别人用异样的眼神打量。

到了他 27 岁那年，光绪十二年（1885），这个按捺不住的年青翰林，更来劲了，竟不知天高地厚，干出了一件让整个北京城目瞪口呆的事情。

他上疏光绪皇帝，参奏李鸿章，认为他在 1883—1885 年的中法战争中，一味主和，迁延观望，坐失良机，本是胜方的中国，却在签约中输于败方的法国，有"六大可杀之罪，请明正典刑，以谢天下"。于是，闯下滔天大祸。

李鸿章何许人？直隶总督兼北洋大臣，西太后最为倚重的枢密顾问。你一个翰林院的新科编修，竟敢对当朝一品发难，太岁头上动土，简直是绝顶的荒唐，天大的笑话。尽管那时京城既无互联网，也无声讯台，既不能发手机短信，也不能出报纸号外，可一夜之间，满城传说大胡子梁鼎芬出了大名。敬他者尊称髯翁，臭他者直呼梁疯子，成为京城第一新闻人物。一方面，由于李鸿章搞洋务，历来多以割地赔款了事，不满者颇多，对梁之敢摸老虎屁股，大为赞赏，甚至比之明朝嘉靖年间的杨继盛参奏严嵩。一方面，胆小怕事的豆芽菜们，从来是护着卵子过河，小心过甚（肾）之辈，这个梁疯子，倘不是鬼迷心窍，就是脑袋进水，耗子抓猫，螳臂当车，岂非找死不成？摇头不迭，不以为然，跌足长叹，看他完蛋。

这个世界，常有许多意想不到的巧合，就在梁鼎芬上书声讨李鸿章卖国求和之罪愆，而落了一身不是。几乎同一时期，北欧挪威的剧作家易卜生，他的代表作《国民公敌》，也于奥斯陆公演。剧中人史铎门汤姆医生，道出浴场毒水真相，不也被所有镇上赖此谋生的公民，所唾弃、所排斥吗？真理，有时在少数人手里；大众，很大程度上是被政客操纵的愚氓。那时，顿成众矢之的梁鼎芬，好不尴尬，到宣武门虎坊桥湖广会馆访亲问友，奚落者有之，排揎者有之。他只好闭门不出，静候处置，自斟自酌，等待发落。

据黄濬《花随人圣庵摭忆》，梁之参劾李鸿章之举，似有另外隐情："节庵何以劾合肥，相传顺德李若农侍郎（文田）精《子平风鉴》，有奇验，且谓节庵寿只二十有七，节庵大怖，问禳之之术，曰：必有非常之厄乃可。节庵归，闭门草疏，劾李鸿章十可杀。其舅张某力阻，不可，意谓疏上必遣戍，乃竟镌五级，二十七岁亦无恙。此说流播已久，存之而已。"

我不大相信梁之劾李鸿章，只是为了禳解。黄濬说"存之而已"，也是持保留态度，未足凭信的意思。因为这位大清王朝的原教旨主义者，不光弹劾过李鸿章，嗣后还弹劾过袁世凯，弹劾过奕劻，甚至连慈禧欲废光绪而立的大阿哥溥儁，也不放过。看来，梁鼎芬不一定爱大清王朝之所爱，却一定要恨大清王朝之所恨。在攸关社稷安危、疆土完整、国体根本、帝制长久这类大是大非的问题上，他是要做忠臣的，也是不怕杀头的。尤其在捍卫大清王朝江山完整上，"我就是我"，是一点也不含糊的。"禳解"一说，可能是因素之一，性格决定命运，才是起决定作用的必然结果。

晚清时期，民谣如此说："左宗棠做事，曾国藩做人，李鸿章做官。"在中法战争中杀得法国远征军丢盔卸甲的，恰是左宗棠的湘军一部黑旗军刘永福，谁知攻下谅山，即将收复河内之际，李鸿章签署和约，下令撤军。气得左宗棠大拍桌子："对中国而言，十个法国将军，也比不上一个李鸿章坏事。""李鸿章误尽苍生，将落个千古骂名。"梁鼎芬所以跳出来弹劾，不能排除他在爱国与卖国之间的断然抉择，必然要受到左宗棠的影响，站在左宗棠一边。尽管豆芽菜们会觉得匪夷所思，你算老几？用着你管？但"我就是我"的梁鼎芬却认为，虽然我也是豆芽菜，却不能不关注我们身在其中的桶。桶完了，大家都完，他不想完，所以很关心这只桶。

中法战争，主和者实为西太后。老太太不点头，李鸿章敢把安南的宗主权出卖？一个会做官的人，一定会以顶头上司的意志为意志。李鸿章洞穿老太太的内心恐惧，她害怕法国因败而怒，加派军舰北上，重蹈第二次鸦片战争覆辙，于是这场战争遂以败方法国成为胜者，胜方中国成为败者而终结。因此，梁鼎芬惹毛的不是李鸿章，而是西太后。慈禧一看这篇奏折，勃然大怒。这是一个什么阿物儿，竟敢说三道四。"旋又追论妄劾，交部严议，降五级调用。"

翰林院重新给他安排工作，当然是寒碜梁鼎芬了，任太常寺司乐，管理十来个吹笙箫管笛的乐工。他一气之下，辞了吹鼓手头儿之职，光绪十三年（1887）刻了一枚闲章"二十七岁罢官"，回广东去了。

三

时任两广总督的张之洞，一直关注梁鼎芬的动向。

开始对他好奇，哈！这小子真浑；随后就是惊骇，喝！这小子真敢；接下来，不但敬佩他的人品才学了得，道德风范了得，而且很能理解他的所作所为，果是天地间一丈夫，马上引为知己，大有相见恨晚之憾。张之洞，晚清的杰出政治家。他主张改革，不主张革命；主张师夷之所长，不主张动摇王朝之体制，更反对洋务派的卖国主义。一听说这个梁疯子，竟不自量力地挑战李鸿章，更是渴慕敬重不已。

梁节庵告别京城，甫回家乡，马上收到张的邀请，要他出任广雅书院讲席，希望他能从事一些他愿做的事情。

随后，张之洞即去惠州见他，从一早谈到中午，又从下午谈到夜晚，意犹未尽，接着隔日再谈，可见宾主投契的程度。一为封疆大吏，一为免职官员，品级悬殊，地位不一，但在维护封建制度，巩固王朝正统，引进西方工业，借以强国固防等一系列话题上，两个人却能达到高度一致。

张之洞（1837—1909），字香涛，号壶公，河北南皮人。是一位有抱负、有胸襟、有胆识、有能力的帝国栋梁，也是一位立志救国，主张新政，力图中兴，匡扶大清的封疆大吏。他之赏识梁鼎芬，因为他在光绪五年（1879）清朝与俄国签订《里瓦几亚条约》时，也曾经是一个强烈的反对派，曾上疏奏劾过丧权辱国的三口通商大臣崇厚。所以对劾李鸿章有十可杀之罪的梁鼎芬，视为同道之友，忘年之交，惺惺相惜，也就不奇怪了。不仅函件往返，还亲自造府敦请，这当然是很犯忌的事情。首先李鸿章反感，其次老太太不高兴，但张之洞不畏得罪权贵，不顾朝野侧目，硬是将梁疯子纳入幕下。

毛泽东说过："提起中国民族工业，重工业不能忘记张之洞。"而提到张之洞的长长短短，又不能忽略梁鼎芬为他运筹帷幄的重要作用。民国初年，拖着一条清朝辫子，在北大讲学的辜鸿铭，张之洞湖北任上造汉阳兵工厂，引进德国克虏伯公司的设备和技术时，因为他精通多国文字，也曾重金敦请他入幕。他就说过："凡张文襄的是处，大家都不提及梁节庵的作用，凡张文襄的不是处，大家无不以为是梁节庵的主意。"在辜汤生看来，梁鼎芬岂止是张之洞的一个智囊，一个文胆，实际是张之洞的高级政治顾问，人称"小之洞"，可见其位置之重要。

张之洞待梁，从善如流，言听计从，大胆放手使用；梁鼎芬对张，倾心吐胆，出谋划策，以报知遇之恩。时人有言，梁是张的影子，也就了解张之如何重用，梁之怎样卖力了。梁鼎芬在张之洞幕下，长达十六年之久，同声相应，同气相求，相互默契，得心应手。光绪十五年（1889），张之洞调补湖广总督，梁也随之赴武昌，任两湖书院山长。光绪二十年（1894）张之洞署理两江总督，梁又去南京主持钟山书院。《清史稿》据此称张之洞，凡"言学事惟鼎芬是任"。其实张南皮一生始终抓紧的三件大事，一办教育、二建实业、三练新军，哪一桩都少不了梁的调和鼎鼐。

光绪二十四年（1898）的戊戌变法运动中，张南皮能够立于不败之地，很大程度得归功于这个一点也不疯的梁疯子。

百日维新，是晚清最后一场政治决战，垂死王朝的回光返照的挣扎，变法成功，不能扭转乾坤；变法失败，则覆亡得更快。然而，摆在每个官员面前的这道选择题，你是帝党，还是后党，二选一，却是必须回答的。此时已是两江总督，南洋大臣的张之洞，他不能"我就是我"，也不敢"我就是我"，自然是要两面下注，这是其政治动物的保护本能，也是其官场老手的投机手法。一方面对老太太竭诚效忠，他不想做，也得捏住鼻子做；一方面也向维新派联络拉拢，他很想做，也只能打枪的不要去做。

其实，张之洞先就对维新派投注了，早在光绪二十一年（1895），公车上书后的康有为，来到上海，张之洞就将这个炙手可热的大人物接到南京，上宾款待，导师视之。强学会的成立，《强学报》的发行，实际是得到张之洞的解囊相助。

这时的康有为，如日中天，不可一世，但小人得志，终究浅薄，文人有权，头脑膨胀。据《康有为自编年谱》："入江宁居二十余日，说张香涛开强学会，香涛颇自任。隔日一谈，每至深夜。香涛不信孔子改制，频劝勿言此学，必供养。又使梁星海来言。吾告以孔子改制大道也，岂为一两江总督供养易之哉？若使以供养而易其所学，香涛奚取焉？"又："在江宁时，事大顺。吾曰，此事大顺，将来必有极逆者矣。与黄仲弢、梁星海议强学会章程，出上海刻之，而香涛以论学不合背盟。电嘱勿办……"为什么谈崩？为什么决裂？根本分歧在于：洋务派主张师夷人之所长，维新派主张实施西方政治体制。在强国这个大目标下，洋务派和维新派是一致的，怎么强？如何强？往哪个方向强？张之洞和康有为就找不到共同语言了。

康的自编年谱中，多次出现梁鼎芬的名字，可以想见，他所扮演的消防队这个角色，所起到的灭火作用。

光绪二十四年五月，以"四品卿衔在军机章京行走"的维新派谭嗣同、杨锐、林旭、刘光第等人，以光绪的名义发出一道道诏书，下令各地方推行学堂、商务、铁路、矿务……短短三个月，其颁发的新政谕旨，达二百八十多件。这几位新贵，暴得权力，浪得大名，就忘乎所以，就不知自己吃几碗干饭，这就是中国文人成不了气候的致命伤了。其雷厉风行，其迫不及待，连宋朝的改革家王安石也自愧不如。维新派脑袋一热，不但忘了可能的友军洋务派，也忘了退缩到颐和园里，围着老太太转的保守派。如此肆无忌惮，毫无顾忌的大动作，实际上也是将自己推上宣武门外菜市口的断头台。

戊戌失败，大开杀戒，秋后算账，砍头一堆。你简直想不到，这个百分百的帝党，这个维新派的后台，这个掏出五千大洋办强学会的金主，竟然毫毛也不损一根。

第一，张之洞"中学为体，西学为用"的《劝学篇》，乃梁鼎芬参加策划，与张之洞共同合作的产物。《劝学篇》最早版本，付梓时书名为《强学篇》，但在维新派组织"强国会"，创办《时务报》以后，梁鼎芬为了避免误会，立刻采取措施，改书名之"强"为"劝"，一字之易，泾渭分明，恪守祖宗规矩，立场坚定，岂能受其蛊惑，为张之洞与维新派划清界限。第二，康有为的只保中国，不保大清，让"我就是我"的梁鼎芬，大为恼火。撰《康有为事实》一文，列罪状三十二款，批判其政见，揭露其隐私，称康有为乃是一贪鄙狂悖、苟图富贵之人，才庸质劣、招摇撞骗之徒，焉能与他同流合污，也为张之洞与康有为划清界限。

西太后本是人精，她会弄不清谁该杀头？谁该关押？她会不在意那几位方面大臣，背后搞的鬼？不过，她也不想扩大打击面，何况她也知道梁鼎芬乃张的心腹。既然梁的文字如此，张的看法应该也是如此，于是轻轻放过，不予追究。尤其吊诡的是，在帝、后摊牌的前夕，光绪突然以急电召其进京。不知为什么，张之洞竟未成行。是有人给他打了什么招呼，小心谨慎，还是他自己害怕去蹚浑水，欲行又止。这其中，"我就是我"的梁鼎芬，又会给他什么建议呢……这一切，大概是永远的谜了。

四

躲过戊戌政变一劫,张之洞很是感激梁鼎芬,说报答也好,说酬庸也好,让这位追随自己十多年的部属,得到他应该有的一切,便是唯一能做,必须要做的事情了。

梁鼎芬当年参劾李鸿章,惹恼过慈禧,被罢了官。这个前科,使张之洞未敢造次行事。第一步,光绪二十六年(1900),他先请托其同僚湖北学政王同愈奏荐,试探上峰的态度。当年十二月,学部居然点头,赏还其"翰林院编修"的原衔,这就等于当下的平反改正,不再打入另册。第二步,光绪二十七年(1901),他再拜求他的同事,时为布政使的满洲大臣端方保举,起复为直隶州知州,虽非实缺,级别待遇因此相应提高,很有一点落实政策的意思。第三步,这年的三月,张之洞亲自出马,上《保荐人才折》,称其"学富五车,才高八斗,赤胆忠心,直言敢谏。大清朝不兴,正是缺少此类人才也"。建议送部引见,优与录用。于是,梁鼎芬官运亨通,数年间,"用知府,发湖北,署武昌,补汉阳。擢安襄郧荆道、按察使,署布政使"。(《清史稿》)

二十七岁罢官,并镌印章存念的梁鼎芬,是张之洞大胆容纳了他;四十二岁复出,获得为布政使相当于省长的职务,又是张之洞鼎力斡旋的结果。对张之洞这一份天高地厚之恩,世间难得之情,能不刻骨铭心而没世不忘吗?所以,光绪三十五年(1909),张之洞病逝北京,作为知己、知遇、知友、知音的梁鼎芬,能不急如星火地由南方奔丧而来吗?据说:一进什刹海旁白米斜街三号张府,二话不说,扑到恩公的寿材前面，号啕大哭，长跪不起。大家以为他哭两声，站起来该劝张家后人节哀顺便的。谁知他一哭，就不可收拾，就大张旗鼓，其间有执事附耳提醒，梁大人，您稍微压一压嗓门，您哭的声音太响，正经八百的孝子哭声，反倒听不见了。通常在这样的奉劝下，也应该就此打住。大胡子不，"我就是我"的他，眼睛一弹，我是哭给死人听的，也没要你听，用你管什么闲事。反而呼天抢地，哭得更加厉害。然后就是安葬，从京城到南皮二庙村张之洞老家，二百多里，一路扶灵，一路恸哭。下葬以后，他还坚持按古礼"居倚庐，寝苫枕块"，非要在墓前守制，露天寄宿。谁也劝不住，谁也拦不住。嗣后，梁节庵往返京鄂、京粤之间，乘坐火车，路过南皮，他一定会从座位上站起，在车厢里向东肃立，以示敬意，直到列车开过南皮以后，他才肯落座。你可以说他演戏，也可以说他作秀，但是，倘无一点真情，很难做到，更难坚持。他做到了，他坚持了，这就得另眼相看。

　　光绪三十二年（1906），鼎芬升任湖北按察使。这位怀大清情结的原教旨主义者，认为当前列强欺凌，内乱纷起，时政日坏，败象丛生的国难，纯系朝廷中虎狼当道，豺狗主事，结党营私，欺君蒙上所致。他要值此谢恩入觐面奏的机会，将败类面目揭穿。也有人劝他，你不讲话，人家不会将你当哑巴卖掉的，他不听。更有人说他，好容易得归正果，没必要瞎折腾，再弄得血本无归，他还不听。那时，张之洞尚健在，已还京，即将任体仁阁大学士，就宰相之位，他也不去征询一下意见。这个"我就是我"的梁鼎芬，与当年弹劾李鸿章一样，谁脑袋大，弹谁，谁块头大，弹谁，他上朝谢恩，却袖出一纸奏章，"面劾庆亲王奕劻通赇贿，请月给银三万两以养其廉。又劾直隶总督袁世凯'权谋迈众，城府阻深，能诏人又能用人，自得奕劻之助，其权威遂为我朝二百年来满、汉疆臣所未有，引用私党，布满要津。我皇太后、皇上或未尽知，臣但有一日之官，即尽一日之心。言尽有泪，泪尽有血。奕劻、世凯若仍不悛，臣当随时奏劾，以报天恩。'诏诃责，引疾乞退。"（《清史稿》）

因为他"我就是我"，而不能"我不是我"，他的人生，重又归零，回到起点。

辛亥革命以后，他不出仕民国，做大清遗民。"自原留守陵寝，遂命管理崇陵种树事"，人称"种树大臣"。他就住在崇陵旁边的梁格庄，每天一早起来，拖着一条病腿，扛着一把铁锹，在陵墓周围的山上，刨坑栽树，如是数年如一日地坚持不懈，确也应该得到尊敬。由于经费不足，不得不到处筹款。后来，他想出一个绝招，自掏一千光洋，在琉璃厂烧制瓷瓶二百。让家人装上崇陵的雪水，拉进城来，礼送给那些王公贵族，高官豪门，求其赞助。多给者，他感谢，少给者，他骂街，谁也不愿惹这个梁疯子，纷纷解囊。这样，募得一大笔善款，终于使崇陵绿树成荫，松柏常青。

民国三年（1913）隆裕太后死，合葬于崇陵，梁鼎芬主持这场送葬仪式。最后礼成，当地宫石门将要掩闭时，人们这才发现操办葬礼的种树大臣，还在地宫未出来。赶紧提着灯笼，打着火把，进去寻找，终于发现了他，跪在棺椁前，决心殉葬，拖也拖不走。官员们拿他没有办法，只好下令数名膀大腰圆的工匠，强行将其扭出地宫。这一回，"我就是我"

未能坚持得住，操劳过度，严重缺氧，已无一点抗争的力气。在太阳底下，那张出现紫绀的脸，人们也看得出来，这个"我就是我"梁疯子，也将走到生命尽头了。

然而，他的戏码还没有完，民国六年（1917）张勋复辟，这个原教旨主义者，居然死灰复燃，沉渣泛起，跳梁着让他的学生溥仪登大位。可没兴头两天，辫子军作鸟兽散，他遂一病不起，民国十年（1920）逝世。这就是《清史稿》所写的："丁巳复辟，已卧病，强起周旋。事变忧甚，逾年卒，谥文忠。"

我估计，从此而后，像他这样一根筋的愚忠者，大概是不会有了。不过，作为一介文人的他，能够守着自己所信仰的主义，做着自己想要做的事情，难道不应该为他的孤直精神，喝一声彩吗？

辜鸿铭的傲岸

辜鸿铭，民国初年文人。当时，他不但是文化界议论的焦点人物，因其民国以后还留着的清朝辫子，更是一个老百姓瞩目的风头人物。

20世纪初，在北京的洋人生活圈子里，流传这样一句口头语，来到这座古城，可以不看紫禁城，不逛三大殿，却必须要看辜鸿铭。这也许还不足以说明他牛，举一例便了然了。此公在东交民巷六国饭店做演讲，入场是要收费的，并且价值不菲。那时，梅兰芳已出道，红得不得了。看他的戏，包厢雅座的票价，至少也需大洋一元二角，可要听辜鸿铭的演讲，两块银元，比梅兰芳的票价多出八角，而且你未必买得到，因为海报一出，驻北京的外交使团就全给包圆儿了。

这让中国人有点傻，一看洋人对 Amoi Ku（辜厦门的英文名字）如此高看，灵魂中，那崇洋媚外劣根性，总是按捺不住，会蠢蠢欲动地表现起来。第一，眼露诏媚之光；第二，脸现仰羡之色；第三，圆张着的嘴，再也合不拢。直到今天，你就看文化知识界的某些精英，只要隔洋的洋大人放个屁，立刻凑上去呼应曰好香好香的西仔相，就说明鸦片战争、八国联军以后，西方列强对中国人精神上的戕害，是何等久远和沉重。于是，你便会了解在民国天地里，还留着辫子的辜鸿铭，因洋人的特别眷注，该是怎样引人在意了。

辜鸿铭的黄包车夫刘二，与他一样，也留着辫子，堪称天下无二，举世无双。可以想象，这一对主仆，从东城柏树胡同寓所出来，穿过王府井，穿过交民巷，直奔六国饭店，去发表演讲的这一路上，在闹市该造成多大的惊动了。那些附庸名流、巴结邀好的人，那些点头哈腰、鞠躬致敬的人，那些认为他牛得连老外也在乎的人，是多么想与他搭讪、与他攀谈、与他拉关系，借得一点洋人的仙气，好风光风光，肯定 Good morning（早安），或者 Good afternoon（午安），来不及地趋前表示崇敬了。

辜鸿铭不理这一套，或者也可以说，他压根儿不吃这一套，眼珠子一弹，招呼他的车夫刘二，愣着干吗，给我走人。

六国饭店的礼堂里座无虚席，听众翘首以盼，并不完全因为这硕果仅存的辫子，人们乐意花两块大洋，好奇是一面，但来听他的精彩演讲，为的就是享受一次语言的盛宴，则是更重要的一面。据说，他很看不起胡适，鄙夷地说，此人只会一点"留学生英语"，不识拉丁文和希腊文，居然要开西方哲学课，岂不是误人子弟吗？而他在演讲中，时而英语，时而法语，时而德语，时而古拉丁文，时而"之乎者也""子曰诗云"地文言，从盎格鲁—撒克逊，到条顿、日尔曼、高卢鸡，到那个在新华门内做着皇帝梦的袁大头，一路横扫过来，统统不在话下。

他之所以能够这样粪土一切，就因为他有足以粪土一切的本钱。这位在中国近代史上极为少见的学者，不但通晓汉学典籍，熟知中华文化的传统精神，更娴习英、法、德、拉丁、希腊、马来等9种语言，深谙西方世界。他富有文学天才，自是不用说的了，哲学、法学、工学，兼及文理各科，均有深刻造诣。像他这样有大学问，有真学问的文人，在中国，他之前，肯定是有的，他之后，肯定是没有的了。至少，一直到现在，敝国尚未有一位称得上享誉全球的文史哲方面的大师出现，实在是很令人汗颜的。

当下，在中国，带引号的"大师"，还真有的是。碰上文坛聚会，大家一齐吃饭，你会发现到场的"大师"，要比端上来的干炸丸子还多，一个个脑满肠肥，油光水滑。因为这班"大师"，倘非自封，便是人抬，若非钦定，必是指派，难免有一种假钞的感觉，水货的嫌疑。那些在文史哲方面的权威、名流、前辈、大佬，好一点的，饫饤治学，獭祭为文，顶多是一架两脚书橱而已；差一点的，狗屁不是，浪得虚名，一群文化骗子而已。由于在物质社会里，做婊子要容易些，立牌坊就比较难了，这就使得不做学问者，要比做学问者，活得更滋润，混得更自在。于是，那些权威、名流、前辈、大佬，也都来不及地脱裤子下海，所以，在这一界，假大空盛行，伪恶丑当道，也就不值得奇怪了。

大概民国初年，真正有学问的人，还是很被看重的。于是，1917年，就有辜鸿铭应蔡元培之邀请，到北京大学讲授《英国诗》之举出现，大家觉得可乐，大家也等着瞅这场可乐。果然，他首次出现在北大红楼教室中时，戴瓜皮帽，穿官马褂，登双脸鞋，踱四方步，好像刚从琉璃厂古董店里发掘出来的文物，配上那一根系着红缨的滑稽小辫，引起哄堂大笑。等到众学生笑到没力气再笑时，他开口了，声调不急不徐，声音不高不低，"诸位同学，你们笑我的辫子，可我头顶上这根辫子是有形的，而你们心中的辫子却是无形的"。顿时，全场哑然。

从那一天开始，他在北大讲授英国诗，学期开始的第一堂，叫学生翻开 Page one（第一页），到学期结束，老先生走上讲台，还是 Page one（第一页）。书本对他来讲，是有也可，无也可的，他举例诗人作品，脱口而出，不假思索，若翻开诗集对照，一句也不会错的，其记忆力之惊人，使所有人，包括反对他的，也不得不折服。据女作家凌淑华回忆，辜鸿铭晚年，曾是她家的座上客，这位上了年纪的老人，犹能一字不移地当众背出上千行密尔顿的《失乐园》，证明他确实有着非凡的天才。

他对学生说："我们为什么要学英文诗呢？因为诗乃文之精粹。只有得其要领，通其全貌，这样，才能将中华文化中温柔敦厚的诗教，译为西文，去开化那些四夷之邦。"在课堂上的他，挥洒自如，海阔天空，旁征博引，东南西北，那长袍马褂的穿戴，不免滑稽突梯，但他的学问却是使人敬佩的。他讲课时，幽默诙谐，淋漓尽致，嬉笑怒骂，皆成文章。用中文来回答英文问题，用英文来回答中文之问，学识之渊博，见解之独到，议论之锋锐，阅历之广泛，令问者只有瞠目结舌而已。因此，他的课极为叫座，教室里总是挤坐得满满的。

辜鸿铭（Thomson），字汤生，1857 年生于马来西亚槟州，1928 年终老北京。祖籍福建同安，故有"辜厦门"之称。幼年成长于槟洲种植园，十岁赴英伦，以优异成绩考入爱丁堡大学，随后又赴德国莱比锡大学深造。这位生在南洋，学在西洋，婚在东洋，仕在北洋，获得过13个博士学位的中国文化巨人，与大部分学有所成的中国学人不同，先在国内奠定深厚的学养基础，再到国外充实提高。人是有一种喜新厌旧的趋向，先前耳熟能详的一切，常常会被后来才了解的事物的新鲜感所压倒，所以，辜老先生与那些到了外国以后盛赞月亮也是外国的圆，而对中国则视之若敝屣的假洋鬼子不一样，对于中华民族的文化，表现出强烈的尊崇。

光绪年间，他从国外归来，在张文襄幕府当洋务文书，任"通译"二十年。他一面为这位大臣统筹洋务，因为张之洞提倡实业救国，支持改良维新，一面精研国学，苦读经典，自号"汉滨读易者"。时值这位总督筹建汉阳兵工厂，他参与其事。张之洞接受另一洋务派，也是东南大买办盛宣怀的建议，委托一个外国商人总司其事。辜鸿铭和洋人接触几次以后，封了一份厚礼，请他开路了。过了几天，张之洞想和这个洋人见见面，他的下属告诉他，那洋老爷早让辜师爷给打发了。他把辜鸿铭叫来责问，辜正色地对他说，不一定凡洋人都行，有行的，也有不行的，我们要造兵工厂，就得找真正行的。辜鸿铭遂委托他的德国朋友，请克虏伯工厂来建造，结果，汉阳兵工厂在各省军阀建造的同类厂中，是最好的。这个厂出品的步枪"汉阳造"，一直很有名气。

所以，他对于洋人的认识，和那个时候普遍的见了外国人先矮了半截的畏缩心理，完全相反，他是不大肯买外国人账的。"五四"以后，文化人言必欧美，一切西方，恨不能自己的鼻子高起来，眼珠绿起来，是很令人气短的。直到今天，贩卖洋人的唾余，吓唬中国同胞的假洋鬼子，络绎不绝于道；

外国什么都好，中国无所不糟的候补汉奸，可谓层出不穷，实在是让辜老先生九泉下不会很开心的。

鸦片战争之后，中国人被列强的坚船利甲，打得魂不守舍，崇洋羡洋，畏洋惧洋，已为国民心理常态。中国人对于西方的认识，已由过去的妄自尊大变为自卑自轻，更多的人甚至转而崇洋媚洋，这也是被列强欺压得快没有一点底气的表现。一见洋人，膝盖先软，洋人说了些什么，必奉之为圭臬。

独这位辜鸿铭不买账，不怕鬼，不信邪，从1883年在英文报纸《华北日报》发表题为"中国学"的系列文章始，便以发扬国学，揶揄西学为己任。他先后将《论语》《中庸》《大学》译为英文，推介到国外。据说，在他之前，因未有更好的译本，孔子的这三部经典著作，在西方知识界未得广泛反响，至此，才有更多的传播。从1901年至1905年，他的一百七十二则《中国札记》，分五次发表，反复强调东方文明的价值。

辜鸿铭认为，"要懂得真正的中国人和中国文明，此人必须是深沉的、博大的和纯朴的"，因为"中国人的性格和中国文明的三大特征，正是深沉、博大和纯朴，此外还有灵敏"。在他看来，美国人博大，纯朴，但不深沉；英国人深沉、纯朴，却不博大；德国人博大、深沉，而不纯朴；法国人没有德国人天然的深沉，不如美国人心胸博大和英国人心地纯朴，却拥有这三个民族所缺乏的灵敏；只有中国人全面具备了这四种优秀的精神特质。所以，辜鸿铭说，中国人给人留下的总体印象为"温良""那种难以言表的温良"。在中国人温良的形象背后，隐藏着"纯真的赤子之心"和"成年人的智慧"。

他用英文写成的《中国人的精神》（The Spirit of the Chinese People）一书，对于西方世界，产生的反响，据说，一些大学哲学系将其列为必读参考书。其文章受到欢迎的热烈程度，还没有一个其他的中国文化人，可以相比拟。托尔斯泰与他有书信往还，圣雄甘地称他为"最尊贵的中国人"，罗曼·罗兰说他"在西方是很为有名的"，勃兰兑斯说他是"现代中国最重要的作家"，英国作家毛姆亲自来到北京，到他柏树胡同的寓所拜见他，向他求教，可见世人对他评价之高。

由于辜鸿铭非常了解西方世界，又特别崇尚中国文化，所以才有力斥西方文化之非的言论，如"美国人研究中国文化，可以得到深奥的性质；英国人如果研究中国文化，可以得到宏伟的性质；德国人研究中国文化，可以得到朴素的性质；法国人研究中国文化，可以得到精微的性质"。对于中国文化的推崇，到了如此地步，姑且不对这种趋于极端的一家之言，作出是非的判断，但在本世纪初，积弱的中国，已经到了殖民地半殖民地的地步，他能够说出这番中国文化优越论的话，也还是有其警世之义的。

当时，严复和林纾把西方的文化，翻译和介绍到中国来，多多少少是带有一点倾倒于西方文明的情结，但是，这位辜老先生，却努力把中国的文化，向西方推广，或许是对这种膜拜风气的逆反行为吧？他不但将《大学》《中庸》《论语》翻译出去，他还著有《中国人的精神》，或译作《春秋大义》，介绍中华文化的博大精深。这些译文，在国外有很大影响，德国、英国，甚至有专门研究他的俱乐部，不能不说是他对中华文化的杰出贡献。

他的名字曾经很响亮过的，虽然现在已不大被人提起，可在 20 世纪一二十年代，他却是京师轰动，举国侧目，世所尽知，无不敬佩的一位大学问家。而且他的幽默，他的行径，他的狂飙言论，他的傲岸精神，也曾制造出许多轰动效应，而脍炙人口。凡知道辜鸿铭这个名字的人，首先想到的，是他的那根在民国以后的北平知识界中，堪称独一无二的辫子，那是辜鸿铭最明显的标识。辛亥革命，推翻清朝，第一个成就，便是全中国的男人头顶上那个辫子，一夜之间，剪光推净，独他却偏偏留起来，自鸣得意。他在清廷，算是搞洋务的，按说是维新一派，但皇帝没了，竟比遗老还要遗老，这也只有他才能做出的咄咄怪事。周作人说过，辜鸿铭是混血儿，父为华人，母为欧人，所以他头发有点黄，眼珠有点绿，更像洋人的他，却一身大清王朝的装扮，不是在戏台子上，而是走在光天化日的马路上，能不令人有目睹怪物之感吗？

蔡元培任校长的北京大学，主张学术自由，主张开明精神，不光请这位拖辫子的遗老来讲课，也请胡适、傅斯年、陈独秀、周树人兄弟这些新派人物执教。这些新文化运动者，尽管不赞成他的保守的、落伍的主张，但对他的学问，却是敬重的。当时，学校里还有不少的外国教授，也都是世界上的一流学者。这些洋教授，在走廊里，若看到辜老先生走过来，总是远远地靠边站着，恭迎致候，而辜氏到了面前，见英国人，用英文骂英国不行；见德国人，用德文骂德国不好；见法国人，则用法文骂法国如何不堪，那些洋人无不被骂得个个心服。就是这么一个有个性的老头子，不趋时，不赶潮，我行我素，谁也不在他的话下。一个人，能照自己的意志生存，能以自己的想法说话，活得有滋有味，有声有色，达到这样境界，你能不为这个老汉，喝一声彩吗？

有一次，一位新应聘而来北大的英国教授，在教员休息室坐着，见这位长袍马褂的老古董，拄着根手杖，坐在沙发上运气。因为不识此老，向教员室的侍役打听，这个拖着一根英国人蔑称为"Pig tail"（猪尾巴）的老头是什么人。辜鸿铭对此一笑，听他说自己是教英国文学的，便用拉丁文与其交谈，这位教授对此颇为勉强，应对不上，不免有些尴尬。辜叹息道："连拉丁文都说不上来，如何教英国文学？唉！唉！"拂袖而去。碰上这么一位有学问的怪老爷子，洋教授拿他有什么办法？

辜鸿铭的一生，总是在逆反状态中度过。大家认可的，他反对；众人不喜欢的，他叫好；被大众崇拜的事物，他藐视；人人都不屑一为时，他偏要尝试。追求与众不同，不断对抗社会和环境，顶着风上，就成了他的快乐和骄傲。他说，蔡元培做了前清的翰林以后，就革命，一直到民国成立，到今天，还在革命，这很了不起。他说他自己，从给张之洞做幕僚以后，就保皇，一直到辛亥革命，到现在，还在保皇，也是很了不起。因此，在中国，他说，就他们两个人堪为表率。

因此，他的言论，嬉笑怒骂，耸人听闻，他的行径，滑稽突梯，荒诞不经，无不以怪而引人瞩目，成为满城人饭后茶余的谈资。民国以后，宣统本人都把辫子剪掉了，他偏要留着，坐着洋车，在北京城里招摇过市。他的喜闻小脚之臭，赞成妇女缠足，更是遭到世人诟病的地方。他也不在乎，还演讲宣扬小脚之美，说写不出文章，一捏小脚，灵感就来了，令人哭笑不得。不仅如此，他还公开主张纳妾，说妾是立和女两字组成，如椅子靠背一样，是让人休息的，所以，要娶姨太太的道理就在这里，完全是一个强词夺理的封建老朽形象。一位外国太太反对他赞成纳妾的主张，问他，既然你辜先生认为一个男人，可以娶四个太太，那么一个女人，是不是也可以有四个丈夫呢？这个拖小辫子的老头子，对她说，尊敬的夫人，只有一个茶壶配四个茶杯，没有一个茶杯配四个茶壶的道理。

诸如此类的奇谈怪论，不一而足的荒谬行径，连他自己都承认是 Crazy Ku（辜疯子）。这里，固然有他的偏执和激愤，也有他的做作成分，和不甘寂寞之心。他的性格，不那么肯安生的，几天不闹出一点新闻，他就坐立不安，说他有表演欲、风头欲，不是过甚之词。然而，他也不是绝无政治头脑，慈禧做寿，万民颂德，他却指斥"万寿无疆，百姓遭殃"，公开大唱反调；辛亥革命，清帝逊位，他倒留起小辫，拜万寿牌位，做铁杆保皇党。袁贼称帝，势倾天下，他敢骂之为贱种，并在当时的西文报纸上著文批袁；张勋复辟，人皆责之，他倒去当了两天外务部短命的官。后来，辫帅失意，闭门索居，他与之过从甚密，相濡以沫，还送去一副"荷尽已无擎天盖，菊残犹有傲霜枝"的对联，以共有那"傲霜枝"的猪尾巴为荣。五四运动，社会进步，他又和林琴南等一起，成为反对新文化、反对白话文的急先锋；但是他却应蔡元培之邀，到"五四"发源地的北大去当教授，讲英国诗，鼓吹文艺复兴。北洋政府因蔡元培支持学生，要驱赶这位大学校长时，他支持正义，领头签名。他反对安福国会贿选，却拿政客的大洋，可钱到了手，跑到前门八大胡同逛窑子。那些窑姐来了，一人给一块大洋，打发了事，但妓女送给他的手绢，却收集起来，视若珍藏。

正是这些哗众取宠之处，使辜鸿铭成为人所共知的一个怪人。当时人和后来人所看到的，全是他的这些虚炫的表象。一叶障目，而对他的中外文化的学识，他的宏扬中国文化的努力，他在世界文化界的影响，也都给抹杀掉了。公元1896年，湖广总督张之洞六十岁寿辰，祝贺客人中有一位进士出身，誉称为"中国大儒"的沈曾植，作为张的幕僚，自然要应酬接待，尽主东之谊。在席中，辜鸿铭高谈阔论东方文化之长，大张挞伐西方文化之弊，他发现自己讲了许多许多以后，却不见这位贵宾张嘴说过一句话，无任何反应。他不禁奇怪起来，先生为何缄默，不发一言？没料到沈曾植的回答，差点将他噎死。沈说，你讲的话我都懂，可你要听懂我讲的话，还须读二十年中国书。两年以后（请注意"两年"这个时间概念），辜鸿铭听说沈曾植前来拜会张之洞，立即叫手下人将张之洞所收藏的典籍，搬到会客厅里，快堆满一屋。几无站脚之处的沈曾植，问辜鸿铭，这是什么意思？辜鸿铭说，请教沈公，你要我读二十年中国书，我用了两年全读了，现在无妨试一下，哪一部书你能背，我不能背？哪一部书你能懂，我不懂？沈曾植大笑说，这就对了，今后，中国文化的重担，就落在你的肩上啦！

如今，敢有一位中国文人，说出这番豪言壮语否？

当然，辜鸿铭的中国文化一切皆好论，连糟粕也视为精华，成为小脚、辫子、娶姨太太等腐朽事物的拥护者，是不足为训的。在政治上成为保皇党，成为五四运动的反对派，则更是倒行逆施。然而，这位骨格傲岸的老先生，对于洋人，对于洋学问，敢于睥睨一切，敢于分庭抗礼，从他身上看不出一丝奴婢气，这一点，作为一个中国人来说，应是十分要得的。

ⓒ 李国文 2016

图书在版编目（CIP）数据

李国文说清 / 李国文著 . —沈阳：万卷出版公司，
2016.5
ISBN 978-7-5470-4177-2

Ⅰ.①李… Ⅱ.①李… Ⅲ.①中国历史 – 清代 – 文集
Ⅳ.① K249.07–53

中国版本图书馆 CIP 数据核字（2016）第 113640 号

策 划 人：刘一秀
出版发行：北方联合出版传媒（集团）股份有限公司
　　　　　万卷出版公司
　　　　　（地址：沈阳市和平区十一纬路25号　邮编：110003）
印 刷 者：北京鹏润伟业印刷有限公司
经 销 者：全国新华书店
幅面尺寸：146mm×210mm
字　　数：338千字
印　　张：10.75
出版时间：2016年5月第1版
印刷时间：2016年5月第1次印刷
责任编辑：孙郡阳
装帧设计：刘萍萍
责任校对：丁建新
ISBN 978-7-5470-4177-2
定　　价：42.80元

联系电话：024-23284442
传　　真：024-23284448
E－m a i l：vpc_tougao@163.com
网　　址：http：//www.chinavpc.com